U0947953

贵州省高等学校人文社会科学研究基地学术文库
贵州省高等学校人文社会科学研究基地建设项目资助
贵州省重点学科（教育原理）建设成果

当代教师专业发展研究

Research on the Contemporary Teacher Professional Development

王中华 著

中国财富出版社

图书在版编目（CIP）数据

当代教师专业发展研究／王中华著．—北京：中国财富出版社，2015.11
（贵州省高等学校人文社会科学研究基地学术文库）
ISBN 978-7-5047-5786-9

Ⅰ.①当… Ⅱ.①王… Ⅲ.①师资培养—研究 Ⅳ.①G451.2

中国版本图书馆CIP数据核字（2015）第157673号

策划编辑	王淑珍	责任编辑	孙会香　惠　婳		
责任印制	方朋远	责任校对	梁　凡	责任发行	斯　琴

出版发行	中国财富出版社		
社　　址	北京市丰台区南四环西路188号5区20楼	邮政编码	100070
电　　话	010-52227568（发行部）		010-52227588 转 307（总编室）
	010-68589540（读者服务部）		010-52227588 转 305（质检部）
网　　址	http：//www.cfpress.com.cn		
经　　销	新华书店		
印　　刷	北京京都六环印刷厂		
书　　号	ISBN 978-7-5047-5786-9/G·0624		
开　　本	710mm×1000mm　1/16	版　　次	2015年11月第1版
印　　张	22.75	印　　次	2015年11月第1次印刷
字　　数	396千字	定　　价	58.00元

前　言

《当代教师专业发展研究》是笔者多年来对教师专业化研究的成果，主要集结了42篇平时发表在国内学术期刊上的论文，并从七个维度进行了思考和探究。具体而言，就是如下几个方面。

第一部分主要是从教师专业发展的名家教师思想研究来思考专业发展。在这个部分中主要通过《陶行知的教师思想及其启示》《鲁迅的教师思想及其启示——解读鲁迅作品〈藤野先生〉》《钱伟长的大学教师观及其启示》《如何做个好教师：苏霍姆林斯基的智慧与借鉴》《马卡连柯的教导员思想及其启示》《魏书生的教师观及其启示》几篇论文从名家的教师思想来揭示教师专业发展的理论，从而为本书的研究提供一个历史的高度。

第二部分主要是探讨教师专业发展的文化视角研究，并收集了《论积极心理学视域下的新建本科院校教师文化——基于教师文化选择的视角》《个性化教学视域下的教师文化冲突与化解》《新建本科院校教师文化危机及其化解——以铜仁学院为个案》《教授治学的文化困境与出路》《教师参与课程决策的文化障碍及其对策》《教师游戏精神的缺失与养成：文化视角的反思》《后现代文化语境下的教师观》《个性化教学视域下的教师文化策略建构》《当前新建本科院校教师文化建构策略——基于积极心理学的考量》几篇论文来思考教师专业发展的文化视角研究。探讨教师文化和文化对教师的影响，从而揭示出文化对教师的价值，以及如何在后现代文化语境下进行教师专业发展。

第三部分主要是从教师专业发展的心理视角研究教师的专业发展，该部分包括《新课改纵深阶段的教师心理冲突与调适》《论中小学教师情绪管理》《论教师参与新课改的心理资本》《个性化教学视域下教师问题意识的缺失与养成》《中小学教师焦虑心理及其化解》《农村特岗教师的心理冲突与调适》《新媒体时代教师的心理危机及其化解策略》《高校教师亲和力的缺失及其反思》《师爱与班级管理工作》几篇论文。从心理学的视角来反思教师心理在教师专业发展过程中的价值，以及如何形成教师情绪智慧和强大的心理免疫力。

第四部分主要是从教师专业发展的培训研究视角来进行研究，以《论终身教育理念下的中小学教师培训》《“世界咖啡”汇谈：一种中小学教师培训模式》《当前民办中小学教师培训的问题与对策》《情境认知理论及其对中小学教师培训中的启示》《论学习型组织理论关照下的地理教师继续教育》《试论当前我国高师教育专业地理课程存在的问题与对策》《循环学习理论及其对中小学地理教师学习的启示》几篇论文来反思教师专业发展。

第五部分主要是从教师专业发展的信息化研究视角来进行研究，并以《体验教育信息化》和《班级管理信息化》两篇论文来反思教师专业发展需要进行信息化，需要教师具备教育信息素养和加快教育信息化进程。

第六部分主要是从教师专业发展的评价研究视角来进行研究，并以《新建本科院校教师教学激励机制的特色研究——基于铜仁学院的个案》《高校教师教学激励的问题影响因素与对策——基于铜仁学院的个案》《质量观转型视域下的大学教师评价制度》《论终身教育理念下的教师终身教育体系构建》《“教授治校”的检视与反思》几篇论文来进行探讨。通过将教师的评价体系和评价理念的转变来反思如何通过评价来促进教师专业发展。

第七部分主要是从教师发展的专业化研究视角来研究教师专业发展，并以《让教师成为知识资本家》《在参与课程决策中实现教师的专业化发展》《当前我国中小学教师流动研究的述评》《试论教师专业化背景下的教师流动》几篇论文来思考专业化视角下的教师专业发展。

本书是笔者对教师专业发展的一些理解和研究，虽然得到一些肯定和认同，但是，还是存在一些不足之处，在本书出版之际，以此来共勉。

王中华

2015 年 3 月

目　录

第一部分　教师专业发展的名家教师思想研究

第二部分　教师专业发展的文化视角研究

第三部分　教师专业发展的心理视角研究

第四部分　教师专业发展的培训研究

第五部分　教师专业发展的信息化研究

第六部分　教师专业发展的评价研究

第七部分　教师发展的专业化研究

第一部分

教师专业发展的名家教师思想研究

陶行知的教师思想及其启示

陶行知，作为我国的著名教育家被载入史册。陶行知先生在人生忙碌的几十年里，兢兢业业为教育，勤勤恳恳为大众，“捧着一颗心来，不带半根草去”，为民众的幸福与国家的富强鞠躬尽瘁，死而后已。他在研究教育、思考教育、从事教育实践活动的过程中，总结了许多教育教学思想。时至今日，其精神光芒仍然熠熠生辉，对我们具有重大的启迪作用。特别是在今天教师专业化思想日益形成，“教育是一门科学，非专业人才不能去办”。[1]陶行知那种远见卓识，早就提出教师专业化思想的精神让人钦佩与折服，在感叹之余，我们更要学习他那种教师专业化的思想，为我国教师队伍建设打好基础，为教育现代化的发展创造条件，为实现整个中华民族的伟大复兴奠定基石。

一、陶行知教师思想的主要视点

（一）教师职业道德方面

1. 热爱教育事业

陶行知强调教师需要树立职业理想，做教育家式的教师。他身体力行，以人民的教育事业为职业，先后拒绝高师校长、教育厅长职务，放弃大学教授的优厚待遇，在极其艰苦的条件下创办了晓庄师范、山海工学团、育才学校、社会大学等，一辈子为我国教育事业奔波。

2. 教师的爱满天下

陶行知主张教师的博爱，能够“爱满天下”，他想达到“知识化成甘霖，使大地处处受到润泽，知识化成太阳，使所有民众都得到照耀”的境界。

3. 热爱祖国

教师是学生的榜样，教师需要热爱祖国，他在《中国人》一诗中写道：

"我是中国人，我爱中华国，中国现在不得了，将来一定了不得。"[2]进一步强调为整个民族的利益造就人才。

4. 热爱集体

陶行知认为学校是一个组织，一个集体，教师需要去关心与热爱，"晓庄是从爱里产生出来的，没有爱便没有晓庄"。[3]

5. 热爱真理

教育是一个追求真理的过程，教师需要将真理教育给学生，主张"千教万教教人求真，千学万学学做真人。"

6. 热爱学习

教师要有敬业精神，更需要进行不断学习，"要学生好学，必须先生好学。惟有学而不厌的先生，才能教出学而不厌的学生"。[4]

（二）教育创造方面

1. 创办学校

创造是陶行知所强调的一个关键词，创造是"第一流教育家"[5]所应该具备的。适合适宜的改革与创办学校也是一个教师所具有的精神，他所创办的一系列的学校都证明了他的观点。

2. 课程改革

陶行知根据教育教学实际的需要，不失时机地进行了课程编制与课程改革，突出儿童的心理发展，讲究实际需要，体现"教学做合一"的课程改革思想。

3. 教法改革

陶行知强烈主张改革教学方法，将教授法改为教学法，事怎样做就怎样学，怎样学就怎样教，教的法子要根据学的法子，主张重视学生的主体性，学习的积极主动性与自觉性。

4. 考试改革

陶行知反对那种学生与教师都是围绕考试而进行，抵制"读书是为了赶考"[5]的想法和做法，主张创造性的考试，把理论考试与实践考试结合起来。

（三）主张赏识教育方面

作为一个教师，时刻需要面临学生各种的行为，对于好的表现需要教师去表扬，而对于坏的行为教师需要进行惩罚，而陶行知主张教育无痕，众所周知，“四颗糖果”的故事中，陶行知对犯错误的学生的教育是无痕的，让学生自己去认识与改正错误，采取赏识学生的教育方法。

（四）教师教育方面

1. 教师的学习

陶行知主张，教师需要不断学习，只有学习，才能更好地教育学生，“我们做教师的人，必须天天学习，天天进行再教育，才能有教育之乐而无教学之苦”。[3]

2. 教师的终身学习

陶行知早就提出了终身教育思想，并强调教师需要进行学习，主张教师的继续教育、终身学习的思想与理念。

3. 教师的培养

陶行知非常看重教师的培养，他当时针对农村教师的缺乏的现状，创办了晓庄等一系列的师范学校，进行教师教育工作。并呼吁“师范教育之彻底改革”，[5] 为适应当时教育事业的发展需要培养更多更好的教师。

（五）师生关系方面

1. 民主平等

陶行知认为，建立良好的师生关系，平等对待每个学生，体现民主平等。他反对“有些教师不惜使用强迫手段要学生朝教师指定的路线走，结果造成师生对垒，变成势不两立”[3] 的状态，主张师生之间的民主平等。

2. 教学相长

教师与学生是可以相互学习，学生是有创造力的，并提出“向小孩子学习”的观点，实现教学相长。

（六）教师的素质与能力方面

1. 知识方面的素质

陶行知认为，教师需要具有广泛的科学文化知识与扎实的专业知识，不仅具有理论方面的知识，而且还要有实践方面的知识。

2. 身体素质

陶行知提出了“健康第一”的思想，主张教师需要具备较强的身体素质，要有农夫的手，科学的头脑。

3. 协作能力

陶行知反对传统的教师那种没有组织的现象，重视教师的协作能力。

4. 研究能力

陶行知重视教师的研究能力，研究学生，同时研究课程，研究教学，进行研究与创新。

（七）教育公平思想

陶行知主张教师重视教育公平。他认为，教师需要关注社会的公平，农村与城市二元结构的现象，重视农村教育工作，“在乡村扎根办好教育”，关心乡村教师的培养，积极推进教育公平。

二、陶行知教师思想对当今教师专业化的启示

（一）树立良好的教师专业伦理

教师不仅是一门职业，也是一门事业，更是一门专业，教师需要具备良好的职业道德与专业伦理，就如陶行知先生所说的“各人一举、一动、一言、一行，都要修养到不愧为人师的地步”。[6]

1. 热爱祖国

“作为社会角色的教师”[7]，需要将社会的道德与政治思想观念教育给学生。教师是社会的代言人，需要将热爱祖国作为自己的个体伦理，从而更好地教育学生热爱祖国。

2. 爱岗敬业

“我在此宣誓，我将把我的一生献给教育事业。”[8]美国师范院校每年毕业时进行宣誓的做法给我们有巨大的借鉴意义，教师需要将自己的一生奉献给教育事业，做到干一行、爱一行、钻一行、精一行，踏踏实实地教书育人，爱岗敬业。

3. 热爱学生，关爱学生

教师与学生是教学活动中的矛盾的两个方面，两个主体，学生需要尊敬教师，教师需要爱护学生，关心学生的成长，做到“关心爱护全体学生，尊重学生人格，平等公正对待学生”。[9]

4. 为人师表

"学高为师，身正为范"，教师作为学生学习的榜样，需要树立良好的个体形象，在言行举止方面都需要注意修养，做一个学生心目中的好老师，形成高尚的人格。

（二）具备精而博的教师专业知识

陶行知强调教师的知识要广泛、要有专业的思想，对我们具有重要的启迪作用，使我们进一步认识到教师不仅应具有高尚的专业伦理，更需要具有精而博的专业知识。教师专业知识主要包括本体性知识、条件性知识、实践知识和文化知识。本体性知识，主要指教师所具有的特定的学科知识。条件性知识，主要包括学生身心发展的知识、教与学的知识、学生成绩评定的知识。实践知识，是指教师在面临实现有目的的行为中，所具有的课堂情景知识以及与之相关的知识。广博的文化知识，是陶冶人文精神，丰富人的文化底蕴，提高人文素质的知识。一般来说，理论知识是教师职前阶段学习的主要知识内容，它是从事教育实践的必要条件。而实践知识则是教师在教育教学实践中真正使用的知识，同时也是教师专业发展的主要知识基础。在教师专业化过程中，教师需要不断夯实自己的专业知识，不仅具有理论思维方面的智慧，更加重视教师的实践智慧。

（三）培养教师所具备的专业能力

教师作为一门专业，"第一流的教育家"，需要具备比较强的专业能力才能胜任该项工作。

1. 教学反思能力

教师需要时刻反思，"反思也是一种能力"，教师需要不断反思自己的教学，就如陶行知所主张的"每天四问"。

2. 课程与教学改革的能力

课程与教学改革的能力也是教师所需要的，教师"敢探未发明的新理"。[5]特别是在当前"为了中华民族的伟大复兴，为了每个孩子的发展"，所以进行的基础教育课程改革的过程中，教师需要培养自己的教学改革的勇气与能力。

3. 教学合作能力

教师与教师之间的合作，进行教学合作，开展教学研究合作，形成坚强的教学团队。教师与学生建立“学习共同体”，实现教师与学生的学习层面上的合作。

4. 教师的教学幽默能力

现代教学不仅要求学生“学会”“会学”，而且要使学生“乐学”。要达到这样的目的，途径是多种多样的，而教学幽默就是一条重要的途径。因此，在教学过程中，教师需要“提高教学幽默艺术的修养，掌握教学幽默艺术的必要技巧”。[10]

（四）形成教师的专业意识

教师需要逐步形成专业意识。“教师是否拥有相当程度的自主决策的权利，是学术自由和教师专业的一部分，也是衡量教师专业化水平的一项重要指标。”[11]

1. 专业自主权力

教师在课程设计、教学过程、学生动机、学生管理、学生评价等方面具有自己的专业自主权力。教师可以参与课程改革，进行教学方法改革，进行校本课程研究等方面的专业自主。

2. 专业服务意识

“教育是一种服务”的理念逐步被人们所接受，教师像医生、律师一样作为一种专业，也需要具备专业服务意识，正如陶行知所言，“教育者所具有的机会，纯系社会服务的机会，贡献的机会”。

3. 专业组织

严格教师资格准入，《中华人民共和国教育法》第 34 条规定：国家实行教师资格、职务、聘任制度，通过考核、培养和培训，提高教师素质，加强教师队伍建设，从而保证教师招聘的公开、公平、公正、合理、有序的进行，改进教师招聘与合理流动的管理工作。

（五）具有良好的教师专业素质

1. 身体素质

“身体是革命的本钱”，这个观念已经耳熟能详了，但是据调查，“58% 的教师自我感觉身体状况一般，18.7% 的教师自感身体比较差，认为自己身体健康的教师仅占 20%。而在自感身体比较差的教师中，26 ~ 35 岁的占 19.4%，在各年龄中最高，其次为 36 ~ 45 岁，占 19.3%。”[12] 这些客观的事实表明需要加强教师的身体素质，“每天锻炼一小时，健康工作四十年，幸福生活一辈子。”尽管教师的教育教学任务繁重，但需要计划每一天抽出一些时间来锻炼身体，参与各自兴趣爱好的活动，如舞蹈、打拳、乒乓球、篮球、跳绳、羽毛球、跑步、搭搭球、排球等一系列丰富多彩的活动项目，通过身体锻炼来增强体力和生命活力，提高身体素质。

2. 心理素质

根据《湖北日报》2007 年 3 月 27 日报道：中小学教师的心理问题检出率达 40.4%，明显高于正常成年人。一些教师的身体处于亚健康状态，急需要自我心理调试或进行相关的心理咨询，维护正常的心理健康。

3. 信息素质

在今天教育信息化的境域下，教师需要积极培养自己的信息素养，掌握基本的信息技术知识与技能，具备一定的教育信息技术应用与创新的能力。“在教育信息化的过程中，同时进行着教师专业化发展。”[13]

（六）形成民主平等的师生关系

传统的师生关系是不民主不平等的，也是我们新课程所要扬弃的。在陶行知教师思想的指导下，需要形成民主平等的师生关系。第一，要形成民主平等的师生关系，需要教师不断转换自己的角色，即从由中心权威转变成为“平等中的首席”，教师与学生在平等的基础上共同探究，进行平等对话与交流，德国著名教育家雅斯贝尔斯在《什么是教育》一文中指出：“人与人之间的交往是双方（我与你）的对话和敞亮，这种我与你的关系是人类历史文化的核心，可以说，任何中断这种我与你的对话关系，均使人类萎缩。”[5]第二，教师要转变为学生的倾听者，善于听取学生的心声，了解学生的心理状态，“谈天谈心，谈出真理来”。[5]第三，教师也需要由裁判学生成绩的“法官”转变为学生成长的引导者和促进者。第四，由教学的管理者、控制者转变为学生学习与发展的指导者、合作者。第五，教师需要学会赏识学生，陶行知一直坚持“你的教鞭下有瓦特，你的冷眼里有牛顿，你的嘲笑中有爱迪生”的赏识教育，对待学生多采用激励与鼓舞，少用贬低性的语言，增强学生的自信心。

（七）推进教师教育进程

1. 教师的终身学习

“教师的职前教育和在职教育应该整合起来，从而有利于终身学习的理论和回归教育的需要”[14]教师的专业发展需要教师的不断的持续学习，需要将职前教育与在职培训整合起来，教师需要进行终身学习，将工作、学习、生活结合起来，不断在生活中接受教育，正如陶行知所说：“生活教育与生俱来，与生同去，出世便是破蒙，进棺材才算毕业。”[15]

2. 教师教育的本土化

教师教育体现民族性与地方性，突出本土特色，在今天的教师教育中，特别是一些地方师范院校的教师教育需要进行改革，把地区性与民族性结合起来，为本地区经济与社会的发展培养教师专业人才。

3. 进一步规范与管理免费的师范教育学生

2007年开始，全国6所部属师范大学招生免费师范生，对于免费师范生的入学、学习、就业等工作都需要进一步加强管理，为我国教师教育的发展创造条件。

（八）实现教育公平思想

“教育是民族振兴的基石，教育公平是社会公平的重要基础。”[16]的确，教育领域需要积极推进教育公平思想，而教育公平思想的落实需要教师去实践。教育公平领域中的不公平现象需要教师去进行研究，去进行改正，需要广大教师像陶行知那样心系民生，关心平民的教育，关注社会上的弱势群体的发展。为促进社会政治、经济、文化的发展，提高中华民族的整体素质，需要教师去推进教育的公平。

三、结语

陶行知先生的教师思想内涵丰富，对推进我们今天的教师专业化进程具有重大的启迪与关照意义，我们需要审视之。

参考文献

[1] 陶行知. 陶行知全集（第一卷）[M]. 成都：四川教育出版社，2005：548.

[2] 陶行知. 陶行知诗歌集 [M]. 北京：生活·读书·新知三联书店，1984：

206.

[3] 陶行知．陶行知文集［M］．南京：江苏教育出版社，1981：254，817，324.

[4] 陶行知．陶行知全集（第八卷）［M］．成都：四川教育出版社，2005：140.

[5] 方明．陶行知名篇［M］．北京：教育科学出版社，2005：4，219，101，4，92，335.

[6] 陶行知．陶行知全集（第二卷）［M］．成都：四川教育出版社，2005：275.

[7] 鲁洁．教育社会学［M］．北京：人民教育出版社，1990：422.

[8] 王中华．美国教育者誓词的精神内涵及启示［J］．班主任之友，2008（8）：9.

[9] 教育部．中小学教师职业道德规范（2008 年修订）.

[10] 孙改仙．论教学幽默［J］．教育科学，2000（4）：21.

[11] 刘捷．专业化：挑战 21 世纪的教师［M］．北京：教育科学出版社，2001：73.

[12] 杨金玉．浅析教师的身体素质［OB/OL］. http：//www. zxccjy. cn/Html/jyky/084409250. html.

[13] 张传燧，王中华．教育信息化与教师专业化［J］．临沂师范学院学报，2007（5）：112.

[14] 赵中建．全球教育发展的历史轨迹：国际教育大会 60 年建议书［M］．北京：教育科学出版社，1999：398.

[15] 陶行知．陶行知全集（第三卷）［M］．成都：四川教育出版社，2005：247.

[16] 胡锦涛．高举中国特色社会主义伟大旗帜为夺取全面建设小康社会新胜利而奋斗［M］．北京：人民出版社，2009.

鲁迅的教师思想及其启示

——解读鲁迅作品《藤野先生》

一、前言

鲁迅（1881—1936），浙江绍兴人，原名周树人，字豫山、豫亭，后改为豫才。鲁迅是我国伟大的文学家、思想家、革命家，同时也是一位著名的教育家，他在师范学堂、府中学堂等校任教师，还当过学堂监督（校长），后又在教育部任部员，还在北京大学、北京师范大学等校兼任过教职。他不但有教育实践方面的具体经验，对教育问题也有许多重要论述，大多数教育思想散见于他的一些杂文、书信中，有些思考和见解是表现在一些小说、散文创作中。总之，鲁迅具有丰富深刻的教育理论和教育思想。《藤野先生》是鲁迅教育思想，特别是其教师思想的一个重要缩影。从该文章中，我们可以管窥其教师思想。在我国教师专业化过程中，鲁迅的教师思想对我们具有重要的启示价值。

二、鲁迅教师思想的主要内容

（一）精专和渊博结合的教师专业知识结构

鲁迅在《藤野先生》一文中指出：作为一名教师，不仅需要具备精通熟练的专业知识，同时也拥有广博的文化科学知识。《藤野先生》一文探讨到藤野先生“那时大大小小的书，便是从最初到现今关于这一学问的著作”。[1]而且他在讲解日本国的解剖学历史的时候如数家珍。我们更可以从藤野先生一见鲁迅画的解剖图的一根血管位置的变动，就能纠正过来等事例中，充分说明了教师需要扎实的专业知识和渊博的社会文化科学知识。

（二）科学求真的教师专业态度

鲁迅在《藤野先生》一文中谈道：藤野先生说话，做事很讲究科学，不迷信，不盲从，他总是采取一副实事求是的姿态去追求科学、真理以及学问学识。我们可以从他帮助鲁迅修正解剖图上血管的位置中得到证明，也可以从他担心鲁迅害怕而不敢解剖尸体的事件中看出他的科学精神，更加能够从他对中国妇女裹足一事的追问中窥见他的科学求真的教学态度。

（三）诲人不倦的教师专业情操

鲁迅在《藤野先生》中讲道：教师需要诲人不倦的教师专业情操。藤野先生多次帮助鲁迅改掉缺点和错误，并不厌其烦地修正鲁迅的听课讲义，而且“他所改正的讲义，我曾经订成三本厚，收藏着的，将作为永久的记念”。[1]在他讲完课后，总是耐心地检查学生的讲义，鲁迅用了“从头到尾”“添改过了”“增加”“文法错误也都一一订正”等这样几个词语再现了藤野先生那种诲人不倦的高尚教师专业情操。

（四）教学与研究结合的教师专业能力

鲁迅在《藤野先生》中讲道：教师需要较强的专业能力。藤野先生是边教学边进行教学研究的典范。他不仅担任血管学课程的教学，还担任骨学和神经学的教学，其教学任务比较繁重，但他还是一边教学，一边从事教学研究活动，鲁迅还提及了藤野先生的一篇学术研究论文《关于兹生的茎状突起》在学校的杂志上发表的事件。

（五）较强的教师教学专业艺术与技能

鲁迅在《藤野先生》中探讨道：教师需要较强的教师教学专业艺术与技能。藤野先生具备丰富的教学艺术。他的话语是那么的平和，声音充满“顿挫”“抑扬”，语气是那么的“和蔼”。从他对学生说话中的语言里能见到他讲话的艺术和教学的艺术，通过富有艺术水平的教学来达到良好的教学效果。

（六）激励学生，给学生以希望的教师专业理念

鲁迅在《藤野先生》中说道：教师需要具备激励学生，给学生以希望的

教师专业理念。作为鲁迅的老师，藤野先生时刻鼓励他，给他以热心的希望。尽管当时求学的鲁迅缺点和错误有很多，但他仍然鼓励他的学生克服学习上的困难，继续前进，时刻不忘给他的学生以希望的曙光，而不是去打骂和压制那些犯错误的学生，也不是去讽刺和讥笑有缺点有错误的学生。

（七）关注弱势群体与一视同仁的眼光的教师专业教育公平思想

鲁迅在《藤野先生》中提到：教师需要具备关注弱势群体与一视同仁的眼光的教师专业教育公平思想。藤野先生一直保持平等、公平、公正的态度来一视同仁地对待每个学生。对于鲁迅求学的时代而言，中国是一个积贫积弱，备受外国列强欺凌的时代，中国人在他们的眼里是“东亚病夫”，而藤野先并没有因为中国是弱国，中国人是所谓的“东亚病夫”，而采取异样的眼光来歧视或忽略鲁迅，而是一视同仁地对待他和其他的学生，并且还特别关注作为弱势群体的鲁迅，把爱与温暖倾注给鲁迅，让他能更好地学习和发展。

（八）兢兢业业的教师专业伦理

鲁迅在《藤野先生》中提到：教师应该具备兢兢业业的教师专业伦理。藤野先生对待教学工作兢兢业业，心中充满了为教育事业而献身的精神。他不计较个人的名利与得失，他可以上课穿衣服模糊，忘记打领结。但他给学生上课却认真备课，仔细检查学生的作业，在研究方面也勤奋刻苦，全心全意地为教育工作。

三、鲁迅的教师思想对当代教师的启示

（一）教师需要具备奉献精神

教师作为一种社会职业，一种社会角色，不仅承担着教书的责任和义务，更加重要的是在于为社会未来的发展与进步培养出更多的、更高质量的人才。如果教师只满足于按部就班的上课，批改作业，而没有那种奉献于教育的热心，这种教师只能是把教书作为养家糊口的工具的“教书匠”，而一个真正的教育家式的教师，需要一颗执着教育事业，为了教好书育好人而忘我的投入工作的奉献精神，就会像藤野先生那般忘记打领结等这类生活中的小节。同

样，教师职业是一门良心的职业，在课堂教学中，可以给学生一些知识，也可以少讲一点知识，可以讲课绘声绘色，鞭辟入里，也可以粗略的讲解。笔者认为，教师需要坚守奉献的原则，“在其位，谋其政”。既然为人之师，就需要把书教好、把人培育好，想尽一切办法和手段，尽自己最大努力去干好自己的教学本职工作，促进教学品质的提升。

（二）教师应具备科学求真的态度

毋庸置疑，科学求真的态度是每个知识分子都要具有的，教师也不例外。一个教师自身要具备科学求真的态度，从事教育事业，对于学问中科学知识的是与非，对与错都有一个科学的标准，而不能盲目的迷崇。在教学过程中，教师应如藤野先生那样不能因为移动一条血管的位置好看一些而将解剖图改变，而应该坚持科学的态度和实事求是的精神，“解剖图不是美术，实物是那样的，我们没法改换它”[1]，只有当教师具有了科学求真的态度，才会有学生的科学求真的态度和养成。在今天课程教学改革中，新课标强调探究式学习，即研究性学习。这种学习方式更加倡导一种科学求真的教学方式和学习方式。所以教师在课堂教学中须具备一种科学求真，实事求是的态度去进行教书育人，去进行“千教万教教人求真，千学万学学做真人”。

（三）教师须增强自身的人格魅力

教育史上从孔子到杜威，再到陶行知，一直到今天无数的案例都证明了：教师自身的人格魅力是一种非常重要的教学相关因素。如果一个教师具有独特的人格魅力，就会深刻地影响学生的学习，甚至学生的生活态度和做人方面，正因为藤野先生伟大的人格魅力，才让鲁迅先生能在若干年后还非常清楚觉得当年就学时的美好韶光，也足以见其影响之深刻。那么，怎么样增强教师人格魅力呢？笔者认为，藤野先生给予我们以下启示：首先，教师需要加强自身的内在道德修养。“学高为师，德正为范。”教师作为学生的典范和榜样，需要加强自身的修养，不仅把凝聚在教学内容中的智慧、情感和世界观内化为自身的智慧、情感、世界观，并通过自身的知识与才能，运用自身的德性、人格，情感、意志等方面来感染学生。其次，教师需加强自身知识素养的修炼。一个教师需要不断加强和改善自己的知识结构，不仅具备精而专的专业知识，而且需要不断涉猎与自己专业相关或相邻领域的知识更需要比较扎实的教育科学知识，懂得如何去进行有效教学，实现教学最大优化。在今天课程与教学改革中，教师需不断输入新的信息来更新知识结构，更好地运用教育信息化手段去开展教学活动。同时，教师还要不断加深和拓展实践性知识。最后，教师需不断增强自身的能力素质。新的教育时代需要教师能力的日益增强，教师不仅需要懂得“教学有法，但无定法，贵在得法”这样的教学技能和教学方法，更要知道教学的艺术，形成教学的智慧和教学机智，还需要有洞察学生的心理世界，给学生进行心理调适和心理咨询的能力。在今天20世纪80年代的教师遇到20世纪90年代出生的学生的时候，教师更需要知道如何快捷地获取和处理信息的能力，如何跟学生进行沟通，进行交流与合作，共同分享。总之只有当教师的自身素养日益提升，教师的人格魅力不断彰显，教学的效果才会有更加明显的提高。

（四）教师须教研结合

不可否认，教师是知识分子中的一个重要组成部分。教师不仅从事教学工作，而且进行着教学的反思，进行着科学的研究工作。在今天新的课程与教学理念下，教师不是“照本宣科”的简单的课程计划的执行者了，更应转为课程与教学建构者和研究者，教师需要充分发挥自身的主动性、自动性、创造性，去组织指导带领学生开发教育的资源，否则“不懂教育资源开发的教师就不是一个合格的教师”。[2]同时还须结合本校实际和学生的现状去研究如何调整课程进程和课程结构，不断研究和设计教学活动，实现边教学边研究，达到“教学即研究”“教师即研究者”的效果，以研究活动促进教学活动，并且能够指导学生进行研究性学习。

（五）改善师生关系

教师与学生之间的关系，即师生关系，这是教学活动过程中亘古不变的话题。良好和融洽的师生关系不但有助于学生的学习，更有利于学生健康的、个性的、全面的发展，而且也有益于教师自身的发展，正所谓“教学相长”。而要树立良好的师生关系需要不断调整和转换教师的角色，更新教师的观念。第一，教师需要用一视同仁的眼光来对待学生。在教师的心目中，每个学生都有他的应有的发展潜能，每个学生都是独特的完整个体，所以教师应一视同仁，而不能因为某个学生暂时处于优势而对他关怀有加，处于弱势的学生就轻视甚至忽略，藤野先生已经为我们教师做好了榜样：他并没有因为鲁迅是一个弱国的学生而对他轻视与忽略，而是以一视同仁的眼光来对待他。因此，在教育学生过程中，教师需要采取一视同仁的态度来对待学生，而且更需要重视那些处于弱势的暂时落后的学生。第二，赏识学生，给学生以希望。在今天的多元智能理论关照下，教师需要赏识每位学生。教师赏识学生，这不仅是教师的基本要求，更体现出教师的能力和水平。在赏识学生的同时，还给学生以希望，鼓励学生，让学生具备更加积极的、主动的态度进行愉快的学习，去健康的生活，去与他人进行交流与合作，让学生体验到教育的成功与希望。第三，爱与严的结合。教师不仅要对学生进行严格要求，对学生的错误与缺点进行严格的批评如藤野先生指出鲁迅的纰漏，而且需要平易近人的姿态呵护、爱护学生如藤野先生对鲁迅的“和蔼”，对鲁迅放弃学医的“悲哀”“凄然”。在爱与严的教育教学过程中，让学生感受教师的关切，从而改善师生之间的关系，实现“教学相长”的良性循环。

四、结语

《藤野先生》一文集中反映了鲁迅先生的教师思想，他丰富的教师思想对我们今天的教师专业化带来了诸多的启迪，我们需要借他山之石为我所用，以便更好地推进教师专业化发展，实现教育品位的提升。

参考文献

［1］中央教育科学研究所．鲁迅论教育［M］．北京：教育科学出版社，1986：72，75，73.

［2］郭东岐．教师的适应与发展［M］．北京：首都师范大学出版社，2001：37.

钱伟长的大学教师观及其启示

钱伟长（1912—2010），江苏无锡人，是著名的科学家、教育家、社会实践活动家、中国近代力学之父。他曾是中国科学院院士、上海大学终身校长。清华大学毕业后，他留学加拿大多伦多大学和美国加州理工学院，分别获得硕士和博士学位。1946 年回国担任清华大学教授，1956 年担任清华大学副校长，1983 年调任上海工业大学校长，1994 年担任上海大学校长至去世。在他读书、留学到从事大学教学与科研、大学管理等教育理论和实践中，形成了丰富的教育理论，其中关于大学教师的教育理论是其中一个重要组成部分，也涵括了许多方面。笔者从钱伟长关于大学师资队伍建设的方面来挖掘其对当前大学教师队伍建设具有重要借鉴的内容，以便促进我国当前大学教师队伍建设，推进我国大学教育改革，提升大学教育的品质，让大学“又好又快，更好更快”的出人才，出高水平的人才。

一、钱伟长大学教师观形成的基础

（一）读书期间老师的影响

钱伟长大学教师观的形成与其在大学读书期间受到教师的深刻影响是分不开的。第一，在国内读书期间的大学教师对他的影响。在他清华大学读书期间，他受到了体育老师马约翰的深刻影响，他自己承认“马约翰教授是一位使我终生难忘的长者”。[1] 当然，还有物理系主任吴有训教授，叶企孙教授等大学教师的教学姿态、人格魅力和爱国热情、严谨的科学态度等方面对他大学教师观的形成都具有很大的影响。第二，留学期间大学教师的影响。1940 年到加拿大去留学，在导师——著名的应用数学家辛祺（J. L. Synge）教授指导下进行流体力学和弹性力学方面的研究工作。1942 年获得博士学位。

后来他又投身美国的冯·卡门教授门下继续博士后学习。在国外留学期间，辛祺和冯·卡门两位教师对他的影响也很深远，特别是对他形成对大学教师要进行科研的教育思想影响很大。

（二）作为大学教师教育实践的影响

在担任大学教师期间，他发现了大学教师上课过程中的问题，如照本宣科，一些教师只会“灌输”“填鸭”等教学中的问题，又如他发现我国当时大学课程与教材相对落后等情况，提出大学教师需要具有创新精神，加强大学教师的“公开、公正、公平”的教学竞争，改革教学管理制度等方面的想法和理念。

（三）担任大学校长期间进行教师管理实践的影响

钱伟长担任过清华大学副校长，1983 年开始担任上海工业大学校长，1994 年担任上海大学校长至去世前。在作为高等学校管理者的过程中，他接触过许多教师，也了解到大学教师教学与科研的现状，如他发现很多教师不去图书馆看外文资料的情况，因此，他建议大学教师需要学习外语。因此，在他担任大学管理者的过程中，从更高的角度，来反思大学教师的招聘、大学教师的教学、大学教师的管理、大学教师的学习、大学教师的科研等方面来定位大学教师，从而形成系统的大学教师观。

（四）站在一个具有爱国主义精神科学家的立场对大学教育和大学教师进行反思的影响

作为一个爱国的科学家、教育家，他想以科技兴国，教育兴国，关注科技人才的培养，重视应用性和实用型人才的培养。因而，他作为一个科学家来说，他深刻体会创造的价值，理解到教学的创新对大学生未来的发展的意义，感觉到大学教育的应用性价值，因此，形成了他所说的大学教师需要教会学生的学习能力和让大学教师做到“教书育人”等观念。

二、钱伟长大学教师观的主要内容

（一）师资队伍建设是大学建设的根本

钱伟长指出：“办好一所学校最根本的一条是抓好教师队伍的建设。要培养和造就一支素质精良、学术造诣较高的师资队伍，各个学科和专业要有优秀的学术带头人。”[2]可见，他是非常重视大学师资队伍建设的。具体而言，第一，他认为现有的教师队伍很重要，学校需要创造各种条件，促成现有教师队伍的成长。第二，他重视人才的引进，引进院士、博士生导师、博士后等高层次人才。他认为，因为博士和博士后等高层次人才在科研方面具有优势，所以学校需要从国内外引进具有较高学术水平的高层次人才，以便在学术方面起带头作用，并强调以后年轻人尽量引进国内外的博士和博士后。第三，形成学科带头人。他认为每个学科都需要有学科带头人，对学科的发展起领导和带头作用。

（二）推进大学教师的教学改革

1. 大学教师教学的目的是教会学生学习

在钱伟长看来，大学教师不只是作为“教书匠”，大学教学的目的不只是为了传授知识，而是作为人类灵魂的工程师，作为学生学习的榜样，在于对学生以后的学习和生活产生重要的影响。常言道：“授人以鱼，不如授人以渔。”因此，在大学教学过程中，教师需要“教会学生怎么学，而不是仅仅传授知识，这是非常重要的一点”。[1]

2. 明确大学教师的教学任务是教书育人

他认为，大学教师教学有两个任务，一个是教书，一个是育人。教书只是一个形象说法，教书并不是照本宣科。他认为，在大学教学过程中，大学教师传授知识是必要的，因为知识是进行学习和科研的基础，但是除了“教书”的任务以外，更重要的是“育人”任务，他举例马约翰老师培养他的拼搏精神。同时，他还指出，大学培养出来的学生应该是具有爱国主义的人才。

3. 在教与学的关系上，重视以学为主

他认为教是外在的，学是内在，外因通过内因起作用。大学生需要培养自己去发现问题、分析问题和解决问题的能力，教师需要培养学生的学习能力。

4. 大学教师教学方法上的改革

第一，掌握引导学生学习的方法。针对大学教师“缺乏引导学生的方法，只用分数、考试压学生，压是压不出学习积极性的，还会造成学生考试作弊的现象”[3]他主张大学教师需要具有引导学生进行学习的方法，而不是盲目地以考试来吓唬学生去学习。第二，将抽象的理论知识与实际案例结合起来。

他认为，法律、经济、管理等专业的教学，不能空讲理论，需要将理论与案例结合起来。他并举大数学家陈景润上课过程中将深奥的理论与实例结合起来，讲得学生都喜欢听课，效果较好。

5. 教学方式的改革

他主张大学教师的教学方式的变革，反对“满堂灌”“填鸭式”的教学，倡导“教会学生用自己的劳动来获得所需要的知识，从一个被动的先生教学生听，不教不会、一教就会的教学方式，变成一个不教也会这样一种教学方式”。[2]

6. 大学教学内容

第一，大学教师需要重视人文教育。他认为，大学需要培养全面发展的人，首先将学生培养成一个爱国者，一个辩证唯物主义者，一个有文化艺术修养、道德品质高尚、灵魂美好的人，其次将学生培养成拥有学科专业知识的人，一个未来的工程师、专家。因此，需要加强大学生人文素养的培养，重视人文教育。第二，教给学生做人的道理。交给学生以知识是大学教学的一个内容，同时，大学要培养合格的社会所需要的人才，还需要教给大学生做人的道理，他指出：“大学里的教师不仅是知识的传授者，而且还应该是学生思想人格的影响者。一个好的大学教师应该给知识以生命，在传授知识的过程中，让学生懂得做人的道理。”[4]

（三）必须重视大学教师的科研

1. 科研能解决理论与实践中的问题

他认为，科研是解决学问发展和生产需要、社会变革所产生的问题。“你能去解决，就是科研。”

2. 科研是做好一个好教师的充分条件

在他看来，大学教师教好书是必要条件，而进行科研是大学教师的充分条件，他指出“科研是非常重要的”，并认为一个教师在大学里能否教好书，与他搞不搞科研关系很大，因为一个大学教师靠着一本讲义、一本教科书过日子不是一个好教师，对于学生没有任何推动作用。所以我们的教师不光要把课讲好，还必须了解当代科技的发展情况，结合你那门学问的东西首先要了解更清楚。“所以科研很重要，再忙也不能停下来。”[5]

3. 科研与教学相辅相成

第一，科研有助于大学教师更好地进行教学，“大学教师教书是天职，非做好不行，可真正要做好要靠提高你的学问”。[6]第二，教师要进行大量的科研工作，这是提高教学质量的保证。他指出：“教学如果没有科研作为底子，就是一种没有观点的教育，没有灵魂的教育。”[3]因此，大学教师需要进行科研，以教育研究和科学研究作为进行教学改革和教学发展的基础与动力。

4. 科研与师德并重

他将大学教师的科研与师德相提并论，可见其重视大学教师的科研，并认为：“教学要提高，应有强大的高水平的师资队伍，其关键是教师要加强两方面的建设：一是教师对社会有高度责任感；二是教师应积极进行科研。”[4]

（四）促进大学教师的学习

1. 大学教师需要学习必要的外语

第一，学习外语有利于更好学习外国的科研成果，理解国外学术研究的进展，改进自己的教材，“我们要求教师每年改善自己的教材，你看不懂人家的东西，如何改善和充实自己的教材”。[5]因此，他指出只有学习好外语才能更好地了解学术前沿，学习和借鉴他人学术成果。第二，学习外语有利于与国际上学术交流。他还举例自己的博士生英语论文写得好，但是口语表达的不好，导致与外国专家交流困难，在国际会议上很吃亏。第三，努力为大学教师学习外语创造条件。针对很少大学教师去图书馆看外文资料的现状，他倡议大学教师去翻阅外文资料，并创造条件让大学教师学习外语。同时，他还组织教师、职员学习英语。

2. 大学教师需要学习计算机

他认为计算机是信息化时代的重要工具，不懂得计算机就会落后，因此他要求教师学习计算机，并安排教师去进行计算机学习。

3. 倡导大学教师看杂志

他认为，大学教师通过看国际会议杂志、期刊能更好地去了解学术动态，更好地从事研究工作，他指出“第一你们得看杂志，否则你们想的不是人家已经研究过的东西，就是根本不值得研究的问题”。[5]

4. 大学教师需要终身学习

他认为“终身教育”口号不太好，将其改为“终身学习”，并强调大学教师要教好学生，必须自身加强内在的知识和学术修养的提升，需进行终身学习，不然，大学教师就会出现知识老化。他并举自己的亲身例子坚持不断地学习，以便不使自己的知识老化。

5. 大学教师需要创造性，形成创新精神

“要有大批具有创新精神的教师，才能培养有创新精神的学生。”[1] 他认为，培养学生的创造性是大学教师的重要使命，而要培养那种创造性人才，就需要培养大学生的创新精神，而大学教师首先自己需要具有创新精神，“如果我们每个系、每个教研室都在不断创新，学生就会受到熏陶，让学生在创新气氛中学习，将来到社会上他也会创新”。[5]

（五）加强大学教师的管理

1. 大学教师的招聘

第一，他提倡大学教师进行“公开招聘，择优录取”，坚持将优秀的人才录用到大学中来。第二，他倡导提高大学教师的教学和科研水平，主张招聘具有较好科研素养的博士和博士后。

2. 大学教师的教学与评价

为了更好促进大学教学活力，提高大学教学的效率，推进教学改革，他倡导采取“公正、公平、公开”的原则进行教学竞争，并推行选课制度、学分制度来开展教师之间的教学竞争。他指出“选课不是一种简单的事情，它意味着竞争，只有竞争才能出成果、出人才、出水平”。[5]

（六）大学教师需要加强体育锻炼

钱伟长认为，有了好的体质会长盛不衰的，要不到 40 岁就不行了。他还列举了国家表扬的两弹元勋 24 人中 18 个是清华学生，都是他当时的同学，现在都 90 多岁，他们身体很好，并指出“体育运动使我终身受益”。[1] 因此，他比较重视终身体育，强调大学教师的体格锻炼的重要性。

三、钱伟长大学教师观对当前大学教师队伍建设的启示

（一）重视大学教师队伍专业化建设

1. 认识到大学教师队伍建设对大学教育发展的重要性

我们都知道，百年大计，教育为本，而教育大计，教师为本。当前我国

高等教育正在蓬勃的发展，是当代世界上大学教育的大国，人才培养数量居世界前列，但还存在“为什么我国培养不出杰出人才”（俗称“钱学森之问”）的问题。究其原因有很多，但笔者认为大学教师队伍建设是重要的一个方面。因为，更高水平、高质量的大学教师在从事教学和科研，才会有好的大学教育，才会培养出更高水平的人才。原清华大学校长梅贻琦就告诉过我们：“所谓大学者，非谓有大楼之谓也，有大师之谓也。”钱伟长先生在大学教师理论中也非常重视大学中要有“大师”。可见，大学教师队伍建设是非常重要的。

2. 加强大学教师队伍专业化建设

1966 年，联合国教科文组织提出，“教师是一种专业”。教师专业化已经成为当代教育领域中的一个关键词，大学教师也需要加强其专业化建设。在大学教师队伍专业化建设中，需要做到“严格教师资质，提升教师素质，努力造就一支师德高尚、业务精湛、结构合理、充满活力的高素质专业化教师队伍”。[7]具体而言：第一，加强大学教师的教师教育，重视大学教师的职前教育；第二，注重大学教师的在职教育与培训。

3. 为大学教师队伍专业化建设发展创造一定的宏观环境

根据新华网的调查[8]：2011 大学校长全球峰会暨环太平洋大学联盟第 15 届校长年会在清华大学举行，来自五大洲近 40 个国家和地区的 130 多所大学校长齐聚清华园。“中国建设世界一流大学”成为中外校长热议的一个话题。在他们的眼中，中国建设世界一流大学最缺的是什么？答案是缺少对科研、教学的卓越追求；缺少全球化视野；缺少宽松环境与平和心态。可见，要建设一流大学，就需要构建一个有利于教师和学生发展的环境。因此，在大学教师队伍专业化建设过程中，我们需要构建一个有利于大学教师专业化发展的环境。

（二）促进大学教师教学改革

1. 明确大学教育目的

“教育是有意识的以影响人的身心发展为直接目标的社会活动。”[9]根据这个理解，我们认为大学教育就是对大学生的身心发展进行有目的有意识地影响，也就是钱伟长先生所主张的大学教师不仅需要教给学生以知识，更重要的是培养学生的全面发展，培养学生的完全人格。因此，作为大学教师应认识到，进行大学教育不同于中小学教育，大学教育不是基础教育，而是为适合经济的发展培养应用型人才，为社会发展培养合格的人才，正如古代所讲的“大学之道，在明明德，在亲民，在止至善”。

2. 明确大学教师教学的任务

大学教师的教学任务就是教书育人。第一，大学教师需要教好书，这里的教书，不是“照本宣科”，而是大学教师不仅教给学生以知识，更加重要是教给学生自学的能力和发现问题、归纳问题与解决问题的能力，正如钱伟长先生多次讲到的，即使学生离开了老师也可以继续进行学习与从事研究工作。第二，大学教师的教学任务是育人。大学教师不是教给学生冷冰冰的知识，而重要的是注重大学的健康的心理，积极乐观的人生态度，坚强的意志和拼搏精神，即在培养学生的学习能力之外还需要培养大学生的非智力因素，形成大学生完全人格。

3. 大学教师需要加强教学内容的改革

加强大学通识教育，巩固大学生的基础知识，这个方面也是钱伟长先生给予我们的重要启示。大学不仅是专业教育，同时也需要加强人文教育和通识教育，“在高等教育，尤其是在本科教育中倡导和践行通识教育，是 20 世纪大学文化精神觉醒的一个重要标志，并且必将成为 21 世纪东西方文化对话、交融和高等教育建设、发展中的一大趋势”。[10]因此，大学教师在培养大学生的专业教育同时需要加强大学通识教育。

4. 大学教师需要进行教学方法改革

第一，大学教师需要重视案例教学。钱伟长提出法学、经济学、管理学等专业教育需要加强案例教学，帮助学生的学习。他的这种案例分析方法给予大学教师很多启示，因为案例分析是“一种连接实践情境所产生的现实问题的解决与相关科学知识而提供的专业教育中有特色的教育方法”。[11]通过对案例的分析，将抽象的空洞的理论知识与具体的情景化的实践充分结合起来，更有利于大学生对理论知识的理解和应用。可见，案例分析方法在大学教学中具有重要的价值，大学教师需要加以重视。第二，大学教师教学需要重视大学生的参与课堂，形成学习共同体。“倡导启发式、探究式、讨论式、参与式教学，帮助学生学会学习。”[7]大学教学需要改变那种教师独白，教师在“唱独角戏”的现象，即教师一个人在讲台上讲得头头是道，学生并不以为意，甚至在下面搞小动作或者干一些与课堂无关的事情。我们认为，大学生需要积极参与大学课堂，与教师共同探讨问题，形成“学习共同体”。

（三）重视大学教师的科研

毋庸置疑，教学、科研和社会是大学的三项职能。当然，在当前社会发展的新形势下，需要增加“知识转化”“促进就业”和“终身教育”新三大职能。[12]不论是原有的大学职能也好，新三大职能也罢。科研在大学中具有的位置是不可小觑的，正如钱伟长先生所讲的，教学需要科研作为底蕴，没有科研，教学就没有灵魂。当前，我们国家的科研数量是不少的，根据报道，近些年来，中国科研论文发表数量突飞猛进。最新数据显示，中国的期刊论文数量已超过美国，位居世界第一。数量第一的背面竟然是，这些论文的平均引用率排在世界 100 名开外，有价值的论文极少。[13]面对这样的科研现状，我们大学教师需要反思，去重视我国学术创新性，关注知识的创造，而不是虚假繁荣的“科研”。因此，大学教师需要重视科研，更需要重视真正意义的科研，一方面提高教学质量，另一方面去推进学术创新，以便实现大学教育人才培养的目标。

（四）关注大学教师的继续教育与学习

1. 大学教师需要具有终身学习的理念

当前社会已经逐步进入学习化社会，学习已经成为一种工作和生活的需要，党的“十六大”就开始提倡构建学习型社会，推进终身学习。大学作为知识的殿堂，更是学习型社区，大学教师更加是终身学习理念的践行者。因此，大学教师需要具有终身学习的理念，学习新的知识与技能，不断创新，更新自己的知识体系，以便不使自己的知识老化，做到“活到老，学到老。”这样一来，大学教师才能教给学生新的知识，而不是过时的知识。

2. 重视大学教师的可持续发展能力

可持续发展是当今时代的一个重要方面，大学教师的可持续发展就是既要关注当前的教学与科研，更要关注大学教师的以后发展，与大学教师的创新性是不谋而合的。“大学教师的可持续发展，归根结底就是要提高教师可持续发展能力，即加强教师可持续发展能力的建设。”[14]

3. 关注大学教师的自学与反思

钱伟长先生告诉我们，自学是一种重要的能力，是需要一点本事的。大学教师也需要自学，去学习和探究学术前沿，去学习提高自身的综合素养。同时，“学而不思则罔”，当前，大学教师需要去思考、思索和反思，大学教师需要思考“我为什么是大学教师”、“大学教师是怎么样的”等论题。当前，大学教师出现从“技术熟练者”转型到“反思性实践家”，也就是说大学教师需要改变那种“技术型”形象和教学生“死记硬背”的做法，而是由“中间人”成为课堂教学的“介入者”，成为学术学习的引导者，学术学习的合作者与参与者，需要由“制度论逼近”（教师是怎样一种职业？教师的责任与作用是什么?）向“存在论逼近”（我为什么是教师），去寻求大学教师的“实然方式”与“存在方式”。因此，大学教师需要反思作为专业化教师的应然状态，从而更好地去开展学习，提升自身的专业素质。

4. 关注大学教师的交流与学习，如出国深造等

钱伟长先生说过，我是很愿意我们的教师去出国学习与深造的，只要能回来就可以。可见，出国深造对大学教师成长和发展是有好处的。大学教师需要进行交流与学习，通过进修与深造，有利于提高教师的学术修养，改进教师的教学水平和科研能力。

（五）加强大学教师的管理

1. 注重大学教师的招聘

在大学教师招聘过程中，需要做到“公平、公正、公开”原则，关注大学教师人才的学术道德，重视其科研能力，而且大学需要引进一些高层次的人才。我们认为，根据大学的类型定位如研究型大学、教学型大学、研究—教学型大学等大学类型差异性去招聘适合本大学特点和需要的教师人才。

2. 促进大学教师的评价制度改革

我们的大学评价制度需要改革，从促进大学教师专业发展的角度来看，当前大学教师评价需要“从‘鉴定与分等’到‘改进与发展’”[15]转变，形成一种有利于大学教师内涵式发展的评价和管理制度。

3. 处理好大学行政权力与学术权力关系

当前，“去行政化”已经成为吸引人们眼球的词语，也备受社会人士和学术界所津津乐道。“大学去行政化”，实现“教授治校”，提高学术权力在学校管理中的地位，这也是原北大校长蔡元培所倡导的。我们认为，在我国大学教育管理改革过程中，需要正确处理好学术权力与行政权力之间的关系，让大学教师参与到大学管理决策中来，提高大学教师在学校管理中的作用，提升大学管理的民主化程度。

总之，钱伟长先生的大学教师思想内涵丰富，对当前我们大学教育改革和大学教师的专业发展具有重要的启迪价值，我们应予以重视之。

参考文献

[1] 钱伟长．钱伟长文选（第五卷）［M］．上海：上海大学出版社，2004：44，210，40，24.

[2] 钱伟长．教育和教学问题的思考［M］．上海：上海大学出版社，2000 卷首语，19.

[3] 钱伟长．论教育［M］．上海：上海大学出版社，2006：346，156.

[4] 顾传青．钱伟长校长和钱伟长教育思想［M］．北京：科学出版社，2011：109，106.

[5] 钱伟长．钱伟长文选（第四卷）［M］．上海：上海大学出版社，2004：48，117，53，44，120.

[6] 钱伟长．钱伟长文选（第二卷）［M］．上海：上海大学出版社，2004：104.

[7] 教育部．国家中长期教育改革和发展规划纲要（2010—2020 年）［N］．中国教育报，2010－07－30（1）．

[8] 李江涛，孙伟丽．中国建设世界一流大学最缺的是什么［OB/OL］．(2011－04－24)．http：//news. xinhuanet. com/2011－04/24/c_ 121341383. htm.

[9] 叶澜．教育概论［M］．北京：人民教育出版社，1991：8.

[10] 桑新民．创新学习文化回归大学精神［J］．教育研究，2010（9）：75.

[11] 佐藤学．课程与教师［M］．钟启泉，译．北京：教育科学出版社，2003：249.

[12] 王洪才．大学“新三大职能”说的缘起与意蕴［J］．厦门大学学报：哲学社会科学版，2010（4）：5.

[13] 郭文斌．论文数量世界第一背后的学术造假［N］．羊城晚报，

2011－02－13.

［14］王菲，楚江亭．提高大学教师可持续发展能力［N］．中国教育报，2010－09－16.

［15］王向红，谢志钊．大学教师评价：从“鉴定与分等”到“改进与发展”［J］．江苏高教，2009（6）：121.

如何做个好教师：苏霍姆林斯基的智慧与借鉴

苏霍姆林斯基不仅是个教育理论家，也是个教育实践家，不但是个教师，也是个校长，不仅受到教师的欢迎与尊敬，也受到学生的尊重与喜爱。他是个教育者式的教师，他提出了许多充满教育智慧的教育理论，其中在《帕什雷夫中学》中讲到的“我们的教师和教育者”一章节，探讨了一个好教师该怎样和如何去做一个好教师等教育智慧。在今天的教师专业化进程中，如何成为学生欢迎、尊重和喜爱的好教师，如何去推动教师专业发展，如何不断打造中国特色的教育，这些问题的解答需要我们不断去思考与探索。苏霍姆林斯基丰富的“好教师”理论充满了教育智慧，其间许多思想值得我们去参考与借鉴。

一、苏霍姆林斯基的好教师思想

1. 好教师是个热爱孩子的人

苏霍姆林斯基指出，一个好教师是个热爱孩子的人，感到与孩子交往是一种乐趣，对孩子信任，相信每个孩子都能成为一个好人。同时，教师需要善于跟孩子们交朋友，关心孩子的心理到底是开心还是悲伤的，“了解孩子的心灵”[1]，教师热爱孩子也需要具备一个童心。

2. 好教师需要精通和热爱自己的专业

苏霍姆林斯基认为，一个好教师需要精通自己所教的那门学科，了解这个学科的历史发展和新的发现以及最近正在研究的动态。当然，好教师还需要热爱自己所教的专业学科，主动去找寻学科研究课题，并具备独立研究的能力，并保持对某些学科领域的特殊的学术兴趣。

3. 好教师需要深湛广阔的知识面

苏霍姆林斯基主张，一个好教师需要有深湛的知识和广阔的知识视野，这样有利于教学。他进一步认为，好教师在学生的心目中，应该是一个有智慧、有学识、善思考、酷爱学习的人。在这个方面上，他把一个具有精湛的知识，宽泛知识视野的教师称作“教育者”，而且教师的知识越丰富，他越能经常而又巧妙地开阔学生的学科视野，学生就会表现出越强烈的探索志趣和求知愿望，学生的问题和质疑之处也就越多，向老师问的问题也会“越有头脑、越有趣、难度也越大”[1]。

4. 好教师需要深知教育学和心理学

苏霍姆林斯基讲到了，一个好教师需要懂得教育学和心理学等教育科学知识，并且能认识到，孩子的教育工作是需要教育学和心理学等教育科学知识作为理论支撑的，如果缺乏这两方面的知识就不能很好地进行教学甚至无法开展教学工作。

5. 好教师需要精通某项劳动技能

苏霍姆林斯基强调，一个好教师需要精通某项劳动技能，并是这项工作的行家里手。在他看来，一个学校需要有部分教师具备良好的劳动技能素养。他还强调，学校的每个教师都应当有从事某项劳动的热情。

6. 好教师的发现和培养

好教师又是怎么样去发现和培养的呢？面对这个问题，苏霍姆林斯基谈了几个方面：第一，校长有独立自主的权力去选配教师；第二，注意选择那些具有全面素养的发展条件的教师，并对其耐心细致的培训；第三，创设一个具有创造性的劳动环境；第四，校长选择教师时需要对他们进行了解，对他们的兴趣、眼界和精神生活做到胸中有数，与他们进行毫无拘束的谈话。

二、苏霍姆林斯基的好教师思想对教师专业化发展的启示

1. 教师需要热爱教育工作

“好之者不如乐之者。”[2]大家都知道，兴趣是最好的老师，一个教师只有自己喜欢的教育工作才会做得更好，而在喜欢的基础上能感觉到教育工作是一种快乐，那才是更高一个层次了，能感受到一种发自心灵深处的战栗、欣快、满足、超然的情绪体验，就如心理学家马斯洛所说的“高峰体验”。作为教师能爱一行，干一行，钻一行，精一行，这样才会为教育事业的发展有利。在选择教师的行业时就需要具备这样的理想和准备，如当前北京师范大学、

华东师范大学、东北师范大学、华中师范大学、陕西师范大学和西南大学六所部属师范大学实行师范生免费教育，这些学生在报考时就有思想准备能按照国家师范生免费教育的相关政策，履行国家义务，毕业后一般回生源所在地省份从事中小学教育工作不少于十年。到城镇学校工作的，应先到农村义务教育学校任教服务两年。所以，作为一个教师需要热爱自己的教育工作，具有为我国教育事业发展而献身的理想和热情，这是做好教育工作的前提。

2. 教师需要热爱和研究学生

教育活动是教师与学生之间的双边活动。教师和学生是教育中的两个主体，他们通过教学活动进行交往。大教育家雅斯贝尔斯说过，“所谓教育，不过是人对人的主体间灵肉交流活动”[3]。教育活动需要教师与学生进行生活交往，具有一颗童心，同时需要进行精神交往，更需要教师对学生的热爱，因为爱是进行教育工作的前提，没有爱的教育是无法进行的。教师在热爱学生的过程中，还需要对自己的学生进行研究，就如苏霍姆林斯基所说的去了解孩子的心灵，发现学生的个性特点，去了解学生的心理发展动态，关注学生的思想发展，重视学生的非智力因素的培养，从而为教育教学活动创造条件，能做到因材施教。

3. 教师需要不断优化专业发展的内在结构

“学高为师，德高为范。”作为一个好教师，需要不断优化专业发展的内在结构，这是教师专业化的重要条件。对于教师专业发展的内在结构，当然也有不同的理解，如下表所示。

教师专业发展的内在结构

研究者	教师专业发展的内在结构
艾伦	1. 学科知识　2. 行动技能　3. 人格技能
叶澜	1. 专业理念　2. 知识结构　3. 能力结构
曾荣光	1. 专业知识　2. 服务理想
林瑞钦	1. 所教学科的知识（能教）　2. 教育专业知识（会教） 3. 教育专业精神（愿教）

在教育教学实践中，教师需要不断优化自己的内在结构，特别是知识结构，教师不仅具备条件性知识和学科专业知识，还需要具备实践性知识，不仅具有精深的专业知识，还要有广博的文化科学知识，更要有教育学和心理

学等教育科学知识。只有教师具备了不断优化了的专业发展的内在结构，学生才会有更多的“探索知趣和求知愿望”[1]，学生的问题意识才能更好地出现和培养，教学的效果才会更明显。

4. 教师需要培养自己的特长和个性

“术业有专攻”[4]，这是唐朝韩愈先生在《师说》中对教师与学生之间的互相学习的理解。在教师的教学活动中需要不断去钻研自己的专业，培养自己的特殊兴趣和学科特长，能做某个学科领域和某个方面的行家里手，就如苏霍姆林斯基所讲的那样，一个学校需要有专门研究园林的教师，有专门研究机器的教师。个性和特长是一个教师能否受到学生喜欢的重要条件，实践证明，一个有个性的教师会给学生留下深刻的印象，也会给学生带来更高效率的教学效果。

5. 校长正确领导

在进行教师专业发展和好教师的形成的过程中，校长的领导是个重要的保障。校长的领导首先表现在教师的挑选上。世上千里马常有，而伯乐难求。一个学校校长需要成为一个伯乐，会选择和发现“千里马”，即需要学会招聘教师，什么样的教师才适合自己学校的发展，校长心里需要有个底，与前来应聘者进行毫无拘束的谈话，了解他们的意愿和心理状况，不然招聘过来的人才，高不成低不就，或者心不甘情不愿的，那样于教师发展不利，于学校发展不利。其次，校长领导教师培训。对学校的教师，特别是新来的教师需要加强培养和培训，引领教师的专业成长。最后，校长需要领导对教师的评价。苏霍姆林斯基在谈到对教师的评价时，认为让学校教师集体进行评价，如果教师的评价结论不合格，就让他走下教学岗位，在这个过程中，校长需要做到公平、公正、公开，引导教师的评价，从而更好地促进教师的专业发展，培养出大量的好教师。

6. 创造一个良好的教师团队

在培养好教师和进行教师专业化过程中，需要加强教师的团队建设。合作、分享的理念已经成为时代的主旋律，教师队伍需要不断的进行团结，教学资源不断进行整合，教育智慧不断融合。在学校内部，既有利益之间的差别和各自的竞争，又有学校共同利益，创设一种让教师充分享受到一种被信任、被尊重、被理解的环境。在教学和科研方面，能形成研究性的教学队伍，学习型组织，形成一个创造性的学校环境。在教师群体，在各项教育活动中，在有机会让教师展示才能，实现自我的过程中，努力去倡导，学会分享和学会欣赏。这样有利于教师的培养、学生的发展和学校的发展，也有利于教师的专业发展。

7. 推进教育信息化

推进教育信息化，能为好教师的培养和教师专业化发展创造条件。在教育信息化背景下，教师改变传统的教师权威角色，运用现代信息技术，以互联网为平台，与学生进行平等对话与交流，打破传统教育教学观念的束缚，从自我封闭状态走向自由、开放、澄明的交互状态，在一个开放自由的系统中与学生进行“视界的融合”。在教育信息化条件下，教师与学校内外进行广泛的联系，能获得更快、更多的教育信息资源，从而更好的发展自己、完善自我，实现自我，促进专业化发展，真正做一个教育者。

三、结语

今天我国正在进行大张旗鼓的教育改革，教师专业化发展也从教育理论向教育实践转向，不断开展和推进。在这个过程中，我们需要不断探索新的理论和开展新的实践，而教育家苏霍姆林斯基的好教师理论对我们具有重要的参考与借鉴价值。

参考文献

[1] 苏霍姆林斯基．苏霍姆林斯基选集（五卷本·第四卷）[M]．赵玮，等，译．北京：教育科学出版社，2001：58，71.

[2] 论语·学而．

[3] 雅斯贝尔斯．什么是教育[M]．邹进，译．北京：生活·读书·新知三联书店，1991：3.

[4] 韩愈·师说．

马卡连柯的教导员思想及其启示

伟大的教育家马卡连柯在他的教育实践中总结了丰富的教育教学理论，而《教导员的工作》一文，提出了一个如何去做好教导员的教育思想。其思想内涵丰富，笔者把它概括为七个方面。在高校的具体学生管理工作中不断推进辅导员专业化理论与实践发展，马卡连柯关于教导员的工作理论具有重要的启示作用。马卡连柯认为，每个教导员的工作都可能有两种形式，即整个集体的工作和集体的个别部分的工作。对于教导员工作的性质，他的看法是，教导员与队长、副队长组成一个特殊的管理机构，这使得教导员工作具有行政的性质，但是教导员在学生眼中不应当是一个行政人员，因为把教导员工作看作行政工作，会导致部分软弱无能的工作者就找借口而把直接的教育职责完成得很差，而那些能干的教导员就会转移到行政工作岗位去。

一、马卡连柯教导员工作思想的主要内容

（一）了解自己的学生

马卡连柯觉得，一个教导员需要充分了解自己的学生，只有充分了解学生才能更好地做好学生工作。具体而言，他认为教导员需要了解学生的下列几个方面：①学生的身体健康状况；②学生对学校的态度，是否爱护它，是否有决心积极参加改善学校的生活，还是把它当作生活琐事对它漠不关心甚至敌对的态度；③学生对自己的情况和力量是否能够清楚；④学生对待同伴的态度，喜欢什么人，不喜欢什么人；⑤学生如何对待自己的技术的提高；⑥学生的阅读情况；⑦学生的才能；⑧学生对工作的态度；⑨学生的消费；⑩学生的习惯；⑪学生的学习态度，学习失败的学生会产生自卑、情绪低落，而学习成功的学生会产生自满、自私等态度，中间阶段的学生会有单调和灰

色的生活情调；⑫学生的人际关系。

（二）善于写教育日志

在马卡连柯看来，一个好的教导员一定要写工作日记，去记录对学生的一些观察、能够反映某一个人的特点的事件、和他们谈话、学生的进步，以便分析学生身上出现的危机或转变的现象，在每次获得学生新的情况时，都应当把它变为实际行动、实际的忠告，去帮助学生。同样，教导员通过写日记能促进自身的成长。

（三）充分了解辅导工作的性质和目的

马卡连柯讲到了教导员在与学生初次见面时就需要给自己提出一个明确的、实际的目标，通过教导员的工作让学生成为有用的、有技术的、有学识的、有政治修养和高尚道德的身心健全的社会所需求的人才，马卡连柯还告诉我们，教导员需要关注学生的未来，教导员应当知道学生想成为什么样的人，为此学生又是怎么努力的，他的志愿实现的可能性有多少，总之，教导员需要关注学生的人生选择。

（四）辅导员需要掌握工作方法

马卡连柯提到了谈话法对学生工作的解决，但是他进一步指出找学生谈话是最手工业式的教育方法，不要把每一种批评都变成道德说教，因为教导员无止境的找学生谈话使得学生不得安宁，会使他们讨厌和反感，只有在极个别的场合下，才应当对个别学生直接进行“教导”，特别是在学生犯错误以后，需要对学生的事件进行“惩罚”，但是他认为惩罚不是目的，惩罚是一种教育，通过做学生的思想工作让学生自己认识到行为的错误，从而改正。

（五）辅导员需要树立自己的威信

马卡连柯指出，教导员需要具备自己的威信，没有威信是不够资格当教导员的，在学生的心目中，教导员应当是个说话算数的人，而不是一个口是心非的人。教导员的威信是做好辅导工作的重要条件，一个没有威信的教导员，得不到学生的信任，这样工作起来就起不到管理和教育的效果。

二、马卡连柯《教导员的工作》的智慧对当前高校辅导员专业化建设的启示

（一）不断推进高校辅导员专业化建设

在高等教育管理改革的过程中，不断推进高校辅导员专业化建设不仅是社会人才培养的需要，也是学校内部管理改革的需要，高校辅导员是高等学校教师队伍和管理队伍的重要组成部分，具有教师和干部的双重身份，也是开展大学生思想政治教育的骨干力量，是高校学生日常思想政治教育和管理工作的组织者、实施者和指导者，所以高校应当把辅导员队伍建设作为教师队伍和管理队伍建设的重要内容，推进辅导员队伍专业化建设，应当坚持育人为本、德育为先，促进高等学校改革、发展和稳定，促进培养造就有理想、有道德、有文化、有纪律的社会主义建设者和接班人。具体而言，有这几个方面。

1. 加强高校辅导员教育和职前培养、在职培训工作

教育部已经出台《2006—2010 年普通高等学校辅导员培训计划》，并专门设立辅导员培训和研修基地，把“北京师范大学、南开大学、河北师范大学、辽宁大学、东北师范大学、哈尔滨师范大学、复旦大学、南京师范大学、浙江大学、安徽师范大学、福建师范大学、山东大学、郑州大学、武汉大学、中南大学、湘潭大学（联合）、华南师范大学、广西师范大学、西南大学、西南交通大学、陕西师范大学、延安大学（联合）、西北师范大学”[1] 等大学作为 21 个基地，建立专门的组织领导机构，加强统筹规划和协调，提供相应的政策支持和配套措施。

2. 重视高校辅导员选拔工作，严格高校辅导员资格准入，规范高校辅导员队伍

我国教育部已经颁布的《普通高等学校辅导员队伍建设规定》要求在选拔高校辅导员过程中，高校辅导员需要具备：第一，政治强、业务精、纪律严、作风正；第二，具备本科以上学历，德才兼备，乐于奉献，潜心教书育人，热爱大学生思想政治教育事业；第三，具有相关的学科专业背景，具备较强的组织管理能力和语言、文字表达能力，接受过系统的上岗培训并取得合格证书。

3. 促进高校辅导员的管理

高校辅导员实行学校和院（系）双重领导。高校要把辅导员队伍建设放在与学校教学、科研队伍建设同等重要位置，统筹规划，统一领导。同时，“学生工作部门是学校管理辅导员队伍的职能部门，要与院（系）共同做好辅导员管理工作。院（系）要对辅导员进行直接领导和管理。”[2]

4. 促进高校辅导员发展性的评价

各高等学校要制定辅导员工作评价和考核的具体办法，健全辅导员队伍的评价体系，坚持评价是为了促进学生管理工作的发展、学生的发展、高校辅导员自身的发展，对辅导员的评价应采取多元评价方式，评价主体应由组织人事部门、学生工作部门、院（系）和学生共同参与。

（二）丰富和优化高校辅导员专业化的内在结构

在推进高校辅导员专业化的过程中，需要不断丰富和优化高校辅导员专业化的内在结构。学生管理工作是一项复杂而繁重的工作，而高校学生管理工作更是一件棘手的任务，特别是在今天信息发达、大学生就业压力与日俱增的背景下，作为一个高校辅导员是不那么容易的，需要不断增长自身的素养，以便实现专业化发展。具体而言，高校辅导员需要具有：

1. 专业理念

高校辅导员专业理念主要包括：第一，热爱学生。高校辅导员是一项学生工作，因此需要热爱学生，愿意与学生打交道。第二，研究学生。“应当了解每一个学生的生活和性格特征，了解他的志向、疑虑、弱点和长处”[3]，高校辅导员需要关注学生的身体状况、心理发展动态、学习态度、生活态度、人际交往关系等生活、学习、心理多个方面的发展情况。第三，引导学生。高校辅导员不仅是管理学生，更重要的是懂得如何去引导学生的发展，新生开学时搞好入学引导，学期结束引导学生总结，学生毕业引导学生自主选择自己的前途。第四，教育学生。高校辅导员工作是教学管理、生活管理和心理辅导、思想道德教育等方面的工作。面对学生中出现的问题，高校辅导员需要进行教育，以便改正错误。

2. 专业知识结构

高校辅导员专业化过程中，还需要具有专业的知识结构。高校辅导员不仅要具有与要管理的学生相关学科专业的知识，还需要懂得教育科学知识

(教育学知识、心理学知识),更需要广泛的文化科学知识(如管理学知识、社会学知识、法律法规知识、经济学知识、信息技术知识等)。

3. 专业能力

高校辅导员不仅需要先进的、科学的、专业的教育理念,而且需要具备多方面的能力如创新能力、协调能力、设计能力、表达能力、说服能力等,还需要加强自身的政治理论修养、道德修养等,高校辅导员不仅是一个学生工作管理者,还是一个教育者、心理咨询者、交际者,更是学生的朋友。

(三) 重视高校辅导员的教育叙事研究

在推进高校辅导员专业化的进程中,需要加强高校辅导员的教育叙事研究。教育叙事研究已经成为一种重要的研究方法,并广泛应用于教育学领域。加强对高校辅导员的教育叙事研究,以高校辅导员的故事为手段,通过对过去事件的发生、现在的影响以及未来的期待的描述来建构教育生活的意义。高校辅导员的教育叙事研究有利于高校辅导员的教育活动与管理活动的开展,马卡连柯指出"一个好的教导员一定要写工作日记,记载对学生的一些观察、能够反映某一个人的特点的事件、和他们的谈话、学生的进步,分析学生身上出现的危机或转变的现象"[3],而且有利于高校辅导员专业化发展,更加有利于教育理论的繁荣。在具体的高校辅导员的教育叙事研究中,我们需要注重下列几个方面:①关注高校辅导员的日常生活。这方面是教育叙事研究的应有之义,主要考察高校辅导员本人的故事,从他的日常管理工作以及生活方面去进行研究,从而关注高校辅导员的发展进程。②关注高校辅导员上级管理部门的看法。高校辅导员经常需要与上级管理部门打交道,因此,我们通过对他们的上级部门的考察来进行研究高校辅导员的发展。③关注学生的日常生活。大学生的每个方面的变化都可以折射出高校辅导员的管理策略的改革与嬗变,通过对这些方面的考察,来研究高校辅导员,从而更好促进高校辅导员专业发展。

(四) 推进高校学生管理工作的信息化建设

随着社会经济和科学技术的发展,以互联网为标志的现代信息技术越来越深地渗入到社会的各个领域,教育领域也不例外。我国的教育领域在20世纪90年代中后期不失时机地开始了教育信息化的征程,现在我国高校基本普

及校园网络，取得了教育信息化的初步胜利，但只是“万里长征走完了第一步”，教育信息化的道路还需继续。高校学生管理工作也刻不容缓的需要进行信息化建设。具体而言，有以下几个方面。

1. 高校辅导员树立信息化的教育理念

在树立信息化的教育理念后，高校辅导员的角色定位发生改变。高校辅导员应该改变传统的教师权威角色，运用现代信息技术，以互联网为平台，与学生进行平等对话与交流，打破传统教育教学观念的束缚，从自我封闭状态走向自由、开放、澄明的交互状态。当今世界科技日新月异，已经是一个网络无处不在的时代。高校辅导员作为教育管理系统的一个重要组成部分，应该在一个开放、自由的系统中与学生进行“视界的融合”，高校辅导员与学生之间的关系与角色将会发生变化，高校辅导员要适应网络带来的改变，重新认识高校辅导员的角色。

2. 高校辅导员要掌握教育信息化的基本知识与技能，形成信息化素养

高校辅导员应掌握的基本知识包括：了解教育技术的基本概念；理解教育技术的一些主要理论基础；掌握教育理论的一些基本内容；了解基本的教育技术研究方法。高校辅导员在掌握教育信息化的基本知识与技能后，能做好“上传”与“下达”的工作。

3. 高校辅导员要具备一定的应用与创新的能力

高校辅导员能够利用互联网查找资料，利用互联网与学生进行交流与联系，能够利用信息技术进行教育教学管理、学生管理，及时、快速、正确的了解学生的学习、生活、就业（如把就业信息发布到网上让学生了解就业信息）等方面的信息。

4. 继续推进校园信息网络建设

在整个校园内部建设一个开放的学生管理工作系统，学生可以进行内部交流沟通与管理，积极推进大学生宿舍信息化建设，以学生宿舍为主体，学生在信息化的赛博空间中进行学习、生活，促进高校辅导员与学生的交流以及学生与学生之间的交流。

三、结语

在高校辅导员专业化已经备受广大教育理论工作者的重视与关注的今天，

《教导员的工作》显示了马卡连柯的教育家的风范，其间的许多思想值得我们借鉴。

参考文献

［1］教育部. 2006—2010 年普通高等学校辅导员培训计划.

［2］教育部. 普通高等学校辅导员队伍建设规定.

［3］吴式颖，等. 马卡连柯教育文集［M］. 北京：人民教育出版社，1985：325.

魏书生的教师观及其启示

一、魏书生的教师观

（一）要努力改变自我

作为一个班主任，要努力改变和调整自我，魏书生认为主要有以下几个方面。第一，班主任需要积极地进行投入，不断地进行学习，即终身学习，做到“多学习，少批判”。[1]第二，班主任需要与学生进行互助，坚信每个学生的心灵深处有班主任的助手，班主任也充当学生的助手，不应把时间浪费在互相争斗上面。第三，选择积极角色进入生活。班主任在生活中扮演多种角色，如心理医生、路人，等等。在班主任工作中，他需要扮演一个积极的角色。第四，提高笑对人生的能力。班主任需要多做实事，与学生为善，看到自身的长处，做感兴趣的事情，笑对人生。第五，多挑重担，少推卸责任。

（二）科学管理班集体

在科学管理班集体的过程中，魏书生认为可以从下面几个方面去进行。第一，创办了《班级日报》，提高班级管理自动化的能力。第二，每天点亮一盏思想的明灯。思想之光，能照亮人的观念，照亮人的思想道路和人的精神世界，班主任通过让学生抄写格言、警句来指导自己的言行。第三，让学生坚持写日记。通过日记来分析自己，改造自己，磨炼意志，这个是一种道德长跑。第四，条条道路通罗马的策略。面对一个问题，让学生去思考多种问题的解决方法。第五，采用治病救人的方法。他主张利用治病救人、控制“三闲”的方法，来帮助学生自己去认识和改正错误与缺点。第六，让学生自己去组合座位。通过自愿组合有利于学习，有利于学习感情的培养。第七，让学生自己担任责任。他提出了班级要有“八有”，即教室里要养花，要养鱼，窗户上还要有窗帘，教室前面要有脸盆、毛巾、香皂等洗手用具；还要有暖壶、茶杯等饮水用具；有推子、剪子等理发用具；有纸篓，有痰盂。加在一起是 8 样公用的备品，叫“八有”。通过让学生各司其职，培养他们的集体观念，增加班集体的吸引力。第八，一粒瓜子壳 1000 字的说明书。通过一粒瓜子壳 1000 字的说明书，来惩罚学生，让学生既学到知识，又知道维护班集体的秩序。最后，让学生学会关心。培养学生与学生之间的关心，从而形成关心他人和社会的精神。

（三）特殊情况采取特殊的育人方法

魏书生针对特殊的教育情境，进行不同的特殊教育方法。第一，在学生即将离开学校与送别的时刻，魏书生认为，班主任与学生共同送别，培养学生的关心与帮助，同时利用时机让学生写关于送别的作文，增加班级凝聚力。第二，面对后进学生，魏书生组成后进生互助组，消除学生的对立，形成学生与情感的合力。第三，当学生犯错误时，可以采用多种教育方法；如让学生写说明书，写心理病历，唱歌，做好事，选举“闲话能手”等。第四，让学生写信。“信为心之声、心之桥。”[1]通过让学生写信，加强感情沟通，处理问题与矛盾。第五，在必要的时候，留学生下来。第六，班主任需要调解家长与学生的关系，做到家庭教育与学校教育的连续性和一致性。

（四）提高学生的学习效率

在班级教学管理方面，魏书生提出了几个方面的提高学生学习效率的方法：第一，培养学生的效率感。让学生形成效率观念，最大限度地做实事。第二，锻炼学生的效率。魏书生采用一分钟竞赛，45 分钟写完 2420 字。第三，严防学生的考试抄袭。端正学风，首先端正考风，从而提高学习效率。

（五）组织与管理好学生的班级活动

班主任需要进行组织学生的班级活动，魏书生采用了如下方法。第一，让学生在课前进行唱歌一曲。第二，让学生轮流教歌曲。第三，组织学生进行体育活动与旅游，让学生课内外活动结合，放松一下神经。第四，组织学生做游戏。游戏是一种放松的方式，也是一种学习的方式。通过游戏，学生既可以学到知识与技能，又形成娱乐。

（六）充分依靠班级干部

魏书生采用了班级干部管理班级的方法，既可以培养学生的自治能力，又可以减少班主任的工作量。第一，选好常务班长、团支部委员、值周班长。魏书生认为班级管理自动化，首先需要培养一批热心班级管理工作的干部。第二，建立相应的班级干部的管理制度。让班级干部遵守班级制度，又管理好班级同学。

二、魏书生的教师观及其对当前的启示

（一）准确定位角色

“一个好班主任就是一个好班级。”班主任在班级组织中的作用是举足轻重的，这个道理是不言自明的。班主任在班级管理工作中究竟该是什么样的形象，充当什么样的角色呢？对于这个方面，正如魏书生所说的那样班主任需要积极进行角色投入，同时班主任需要有一个准确的定位，那么究竟如何定位呢？笔者认为，第一，班主任作为班级组织的管理者。班主任需要对班级组织的教学秩序进行管理，同时需要对班级组织的课内和课外活动进行管理。第二，班主任作为学生的示范与榜样。在班级组织中，学生与班主任在学习与生活中接触的时间与空间是比较多的，班主任是学生存在的“有意义的他者”。因此，班主任的言谈举止、举手投足，做人与做事各个方面都会给学生带来一定的影响，班主任是学生的示范与榜样。第三，班级建设的组织者。班级组织从设计到指导班级建设，一直到发挥班集体的作用都在进行组织。第四，班集体的领导者。从班干部的选举，到班级德育工作，班级的前进方向都需要班主任的作用的参与与介入，即需要班主任这个“领导”来指挥。第五，班主任作为协调者。班主任是学校的代表，也是一个班级的代表，对于学校与家庭的矛盾与冲突需要班主任进行协调，对于科任老师与学生的关系也需要班主任进行协调，对于家长与学生之间的关系问题也离开不了班主任的调解作用。第六，班主任作为“学习共同体”。学生的学习不断形成学

习共同体，同时班主任也应该参与学生的学习，引导他们并积极参与形成学习共同体。第七，学生心理的呵护者。班主任需要对学生的心理动态和状况进行关注，一旦发现学生的心理异常，需要即时进行纠正和处理，积极呵护学生的心理健康。

（二）形成人文管理理念

1. 培养学生的自信心

学生自信是学生取得进步和走向成功的重要因素之一。古人曾指出："学者须先立志""无志则不能学"。自信是学习成功的阶梯，自信能为学生的可持续发展提供有力的保证，作为班主任需要有一颗真爱学生的仁爱之心。在班级管理工作中，班主任需要给学生以自信，多表扬和鼓励学生，少打击学生的自信心。魏书生强调多"扬长"，多看学生的优点，让学生找到自己的闪光点，从而形成自信。在自信的基础上，再去开展学习。

2. 民主平等的理念

在班级管理工作中，存在三种状态。一类是专制型的班主任，对学生采取专横的行为和命令的语气，让学生服从他的权威，这类班主任不利于学生的意见的显现和个性的张扬。一类是放任型的班主任。这种班主任对班级事务放手，让学生自己去管理，导致班级管理处于"无政府状态"。还有一类就是民主型的班主任，这类班主任遵循着民主平等的理念，平等的对待学生，采取民主的方式去解决矛盾与冲突。班主任需要尊重学生的自主，尊重学生的尊严与人格，采取民主的方式去管理班级。

（三）树立科学管理理念

1. 班级管理的制度化

"不以规矩，不成方圆。"班级组织作为学校的一个基本单位，需要建立相应的管理制度，去维护班级正常教育教学活动。当然，班级管理制度有成文的制度与不成文的制度。成文的班级管理制度是实施常规管理，非成文的班级管理制度主要是指班级的传统、舆论、风气、习惯等约定俗成的非常规管理制度。学校需要学习魏书生在他的班级自动化管理系统里班级制度管理，推进和完善班级管理制度。

2. 充分发挥班干部的作用

班干部是班主任的得力助手，班干部生活在班级学生中，对于班级日常活动非常地了解，对学生的思想状态和学习动态都非常了解，因此，通过班干部能有效实现班级管理。在班级管理过程中，班主任需要建设好班级委员会，选拔好班级干部，通过班干部达到学生自治管理。

（四）了解与研究班上的学生

“所谓教育：不过是人对人的主体间灵与肉的交流活动。”[2]班级管理工作是教育教学的一个重要方面，班级管理工作也是班主任与学生之间的灵与肉的对话与交流活动。班主任对班上的学生需要进行沟通与交流，而前提是需要班主任去了解和研究学生。就班集体而言，班主任需要了解：第一，班级成员的构成比例，如性别比例、优秀中等落后学生的比例等；第二，班干部情况，包括分工、工作能力、个性特征、学习成绩等；第三，班中优秀、中等、落后学生的具体情况，尤其是落后学生的情况；第四，班集体校园环境和校外社会活动情况；第五，学生的校内住宿、饮食等生活条件和其他情况；第六，班级的历史与社会发展情况，尤其了解班中曾经出现的典型事件。就学生个体而言，班主任需要了解学生的社会关系、家庭背景、学生个性特征以及其他方面的表现等。

（五）不断进行教育教学反思与自我教育

班主任既是一个教学的老师，又是一个班级的管理者。对于班级组织中学生的学习，学生的管理工作，班主任需要不断进行观察，进行调查，进行反思，“吾日三省吾身”，反思是班主任进行改善班级管理工作的一个前提，如果一个班主任总是觉得自己的管理工作达到了尽善尽美，那么他的班级管理工作很难再有进步了。所以，班主任在班级管理工作中需要进行不断的反思。“班主任工作是一项发展性的专业工作，既要促进学生的发展，又要与时俱进，不断发展和完善自身。”[3]另外，班主任还需要进行自我教育，进行终身学习，不断提高自身的素养与能力。第一，在知识方面，主动建构自己的知识结构，既有丰富的学科理论知识，又有较高的实践知识，既有教育教学的知识，又有管理方面的知识，既有本体性知识，又有条件性知识。第二，在能力方面，既可以进行教育教学工作，又可以进行指导学生的活动，具有比较强的管理能力。第三，在人格魅力方面，班主任需要不断提高自身的人格魅力，进行言传身教，具有自我教育、自我约束的品质。

（六）掌握班级管理的方法与艺术

管理不仅是一门科学，也是一门艺术。班级管理同样是一门科学，也是一门艺术。在班级管理过程中，班主任需要充分的掌握班级管理之艺术。第一，学会正确关爱，营造温馨班级。对于不同的学生用不同的方法来对待，做到因材施教，因材而管，既关注品学兼优的学生，又关心中等学生，更要重视那种学习落后思想不上进的学生的教育与管理工作。争取做到“No child is left”即“不让一个孩子掉队”，让全班级的学生都取得应有的进步与发展。第二，奖罚分明。班级管理中需要做到“公平、公正、公开”等原则，凡是犯错的学生该惩罚的一定按班级制度去惩罚，不偏袒某个学生，该表扬的学生坚决进行表扬，鼓励学生继续努力。第三，教学生学会关心。关心是时代的主题，学会关心是教育的另一种模式，学会“关心自己，关心身边最亲近的人，关心与自己有各种关系的人，关心与自己没有关系的人”。[4]班主任需要教学生学会关心，让学生懂得去关心班集体，关心自己，关心同学，知道互相帮助与互相学习，班主任与学生形成“视界融合”，全班学生与班集体形成班级合力。

（七）促成班级管理信息化

教育信息化已是时代的主题，面对教育领域的信息化进程的班主任也需要将班级管理工作进行信息化建设，去实现班级管理信息化。对于班级管理信息化，笔者是在对教育信息化的理解上，进一步认为班级管理信息化是指班主任在教育领域全面深入地运用现代信息技术来促进班级管理工作的改革与发展的过程。班级管理信息化主要“包括班级管理设施信息化、班级管理资源信息化、班级管理制度信息化等方面”。[5]

在班级管理信息化过程中，班主任需要做到以下几个方面。第一，转变观念，营建环境。推进班级管理信息化，班主任必须确立以现代教育理论为指导的班级管理创新理念，对传统的班级管理理念、班级管理模式、班级管理方法和手段进行客观分析和取舍，根据知识经济时代对人才培养的要求，充分吸收借鉴国内外班级管理改革和实践的有益经验，探索与知识经济时代

教育改革发展相适应的班级管理的新路子。第二，建立科学的班级管理信息系统。班级管理信息系统的建设涉及信息技术和信息资源两方面的建设问题。班级管理的信息资源主要有：德育工作信息、班级活动信息、学生信息、教师信息、家长信息、班级档案信息等。班级管理信息资源的建设必须以现代教育思想为指导，合理规划、统筹安排，做好班级工作的采集和管理软件的开发。信息数据的采集，要注意数据的科学性和标准性，通过教学信息资源与信息技术的有机结合，建立起科学的班级管理信息处理系统，提高管理质量与效率。第三，班主任的角色定位发生改变。班主任需要改变传统的教师权威角色，运用现代信息技术，利用互联网这个平台，与学生进行平等对话与交流，从自我封闭状态走向自由、开放、澄明的交互状态。第四，提高班主任的信息素养和信息管理能力。随着我国中小学教育的发展，班级管理过程中的信息量迅速增长，以往的班级管理难以使各类信息得到及时处理，进行计算机网络化管理，才能及时高效地处理大量复杂的管理信息。随着当前中小学校园信息化进程的加速发展，班级管理信息化建设以校园网为依托，逐步建立班级信息管理系统，这就要求班主任能熟练地利用计算机进行电子文档、表格处理和数据库管理，利用校园网收发电子邮件、发布公文信息、进行文件传输与共享等工作。实现班级管理的信息化关键在班主任，只有把班主任的能动性和积极性充分发挥起来，才能使这项工作顺利开展下去。

三、结语

伴随教师专业化的进程班主任专业化逐步受到重视与关注，在推进班主任专业化的过程中，我们需要关注那些与之相近或相关的理论，而魏书生的班主任工作理论具有重要的借鉴价值。

参考文献

［1］魏书生．班主任漫谈［M］．桂林：漓江出版社，1993：11，206.

［2］雅斯贝尔斯．什么是教育［M］．邹进，译．北京：生活·读书·新知三联书店，1991：91.

［3］全国十二所重点师范大学．教育学基础［M］．北京：教育科学出版

社，2002：262.

［4］内尔·诺丁斯．学会关心是教育的另一种模式［M］．于天龙，译．北京：教育科学出版社，2003：3.

［5］王中华．班级管理信息化探究［J］．益阳职业技术学院学报，2008（1）：55.

第二部分

教师专业发展的文化视角研究

论积极心理学视域下的新建本科院校教师文化

——基于教师文化选择的视角

新建本科院校教师文化选择的意义在于影响到大学的发展、社会的进步、文化的变迁以及学生的发展。新建本科院校教师文化是按照社会的需要和大学发展需要来选择，同时也体现出从一元选择转向多元选择、从封闭式选择转向开放式选择的特点。新建本科院校教师文化选择还有引导大学文化发展、提供更多的文化元素和文化样式、提高教师选择能力和鉴别能力、影响学生文化发展的功能。在积极心理学视域下，需要从大学教育理念进行文化选择、在大学课程实施和德育活动中进行文化选择、提高教师文化选择的能力、促进高校的开放与民主化。

一、新建本科院校教师文化选择的意义

（一）影响新建本科院校的发展

一直以来教师在大学中处于什么地位备受关注，从大学本质上来说大学是有大师的地方，而不是有大楼的地方，这是梅贻琦所言的“所谓大学者，非谓有大楼之谓也，有大师之谓也。”可见大学里，教师是人才培养质量的决定者，也是大学办学的主体，还是优良学风的酿造者，更是学校声誉的建树者。[1]大学教师在大学的地位决定了其在进行文化选择过程中对大学的影响，包括教师的制度文化、教师的学术文化、教师的行为文化、教师的观念文化等都将影响大学的发展。特别是在当前所倡导的“教授治校”和“教授治学”的理念下，突破大学行政化所带来的不足与弊端，教师在治理学术、治理学风、治理教学、治理学科方面发挥主人翁的作用，而在此过程中，大学

教师选择什么样的文化将决定大学的发展性质和大学的特色。

（二）影响文化的变迁

文化的变迁主要遵循文化积累与文化突变的原则。不管是在文化积累过程中新建本科院校教师进行文化选择，将某种文化进行筛选，对文化中的精华与糟粕、先进与落后等进行一次次的选择，还是在文化突变过程中，新建本科院校教师通过对文化的选择，进行文化创新，实现文化新的飞跃。因为新建本科院校教师的角色决定其既是文化的学习者，又是文化的传播者，还是文化的创造者。在这些角色转换中，新建本科院校教师都进行职业教育的学习阶段文化选择，也进行教师阶段通过教学进行文化传播，还通过教育科研和学术探究等途径进行文化创新，总之，这是教师进行文化选择的过程，而这个过程也是文化变迁的过程。

（三）影响新建本科院校教师的专业成长

自从 1966 年，联合国教科文组织和国际劳工组织在《关于教师地位的建议》中指出，教师工作应被视为一门专门职业，是一门须经过严格训练而持续不断地研究才能获得并维持专业知识和专门职能的职业。自此，教师专业化的呼声日益高涨，新建本科院校教师作为教师群体的一个分支也逐渐探讨专业化。新建本科院校教师专业化主要包括新建本科院校教师的专业知识、专业能力、专业情感等方面的专业素养，而新建本科院校教师文化贯穿于教师的专业知识、专业能力与专业情感之中，深刻影响和左右着教师的专业素养。然而，新建本科院校教师专业文化的形成是一个文化选择的过程。新建本科院校教师专业发展与文化选择是一个过程的两个方面，两者是互为前提的。一方面，新建本科院校教师的专业素质的提高又有利于文化选择。另一方面，在文化选择过程中，新建本科院校教师通过塑造自身的文化知识和文化能力，提高自身的专业素养。

（四）影响新建本科院校学生的发展

尽管新建本科院校教师对新建本科院校学生的影响不如中小学生所受到教师的影响，但是新建本科院校教师是新建本科院校学生的重要影响者和重要“他者”，这也是不容置疑的。新建本科院校教师的教学思维方式将影响到学生的思维方式，新建本科院校教师的行为习惯也潜移默化地影响学生的行为方式，新建本科院校教师是否严谨治学等学术风格和学术道德情况也会对学生产生一定的影响，古今中外的历史反复证明了这一点，诸如鲁迅先生在《藤野先生》一文所提到的藤野先生做事很讲究科学，不迷信，不盲从，他总是采取一种实事求是的姿态去追求科学、真理以及学问学识。这样的教师文化形象深刻影响到鲁迅先生的发展，为其提供了可贵的教师榜样。可见，新建本科院校教师选择何种文化，对学生的影响是深刻和深远的。

（五）影响社会的发展

现代大学的三项基本功能是教学、科研、社会服务。大学通过教学与科研，培养社会发展所需要的适应性人才。在大学人才培养过程中，新建本科院校教师是关键。新建本科院校教师所具有的文化，即新建本科院校教师所承担的诸种角色及其表现，使得大学教师的思想、态度、行为、价值取向等有着不同于其他社会群体的特征，成为一种相对独特的文化形式，即新建本科院校教师文化。[2] 新建本科院校教师文化与社会上出现的文化是密切相关的，同时其形成是以社会发展为基础的。新建本科院校教师在形成其文化过程中，进行文化选择，选择哪种文化将会影响社会的发展，这是文化对社会的反作用。

二、新建本科院校教师文化选择的特点

（一）按照社会的需要进行选择文化

新建本科院校教师对文化的选择所带来的一种直接结果，往往就是一种文化或一部分文化被尊崇和被强化以及被竭力宣扬，而另一种文化或一部分文化则被压制与被淡化以至消失。这是选择的后果，而新建本科院校教师进行文化选择是按照社会的需要来进行选择的，首先其选择的文化是具有一定社会价值的文化。新建本科院校教师文化在进行文化选择过程中需要关注社会主流文化的发展，关注社会改革的需要，关注教师专业发展的需要等社会性命题，从下图可以看出，[3] 教师文化选择是遵从社会发展的需要。而在大学改革的现实中，我们也可以看得到新建本科院校教师的文化选择，例如当前

关注和重视“大学去行政化”的课题，于是乎，在当前的学术研究中关注大学去行政化的研究比较多，而且研究内容也越来越丰富。所以说，新建本科院校教师进行文化选择是根据社会的需要而开展的。

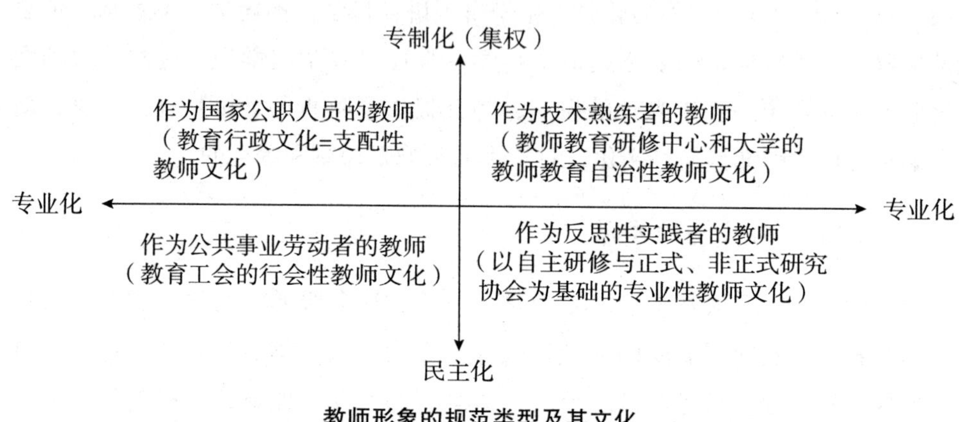

教师形象的规范类型及其文化

（二）根据新建本科院校发展的需要进行选择文化

存在决定意识，是一个普遍的道理。新建本科院校教师文化选择不是胡乱进行的，而是根据大学发展的需要进行的。在我国不同类型大学中其形成的文化也不一样，大学一般来分为教学型大学、教学研究型大学、研究型大学，又分为985新建本科院校、211新建本科院校和部属院校、省属院校等类型。而在这些不同层次和类型的大学，其文化也不同，如教学型大学往往更加注重教学文化的形成，研究型大学更加重视教师的科研文化，而教学研究型大学的文化处在两者之间。在进行文化选择过程中，新建本科院校教师需要充分考虑到新建本科院校的发展前途，而不是只是一味追求那种新出现的文化和那种流行的文化，而是需要根据大学存在的现实性来选择适合大学的那些文化。

（三）从一元的选择转向多元选择

在后现代文化语境下，文化最突出的特征莫过于对绝对理性和权威的颠覆，将是“非异化的、人道的、自由的、多元的、反本质主义的、非决定论的多种文化形式的混合体”。[4]可见，现代文化的被解构和后现代文化的建构将是当前社会文化发展的趋势。在多元文化的视域下，新建本科院校教育不再以传递稳定的传统文化为唯一的价值诉求，而是将学生引导到社会文化科学发展的前沿与未来，来适应文化信息迅速发展的需要，进行形成学生吸取不同特质文化的能力，因此，新建本科院校教师所选择的文化选择更加强调个性化、更重视多元性和复杂性。

（四）从封闭式选择转向开放式选择

随着信息与科技的发展，当代全球社会已经成为“地球村”，特别是互联网的普及与运用，以及 Web 2.0 技术的运用和 3G（第三代移动通信技术）网络的发展，移动学习的加强，云教育的出现，当前已经迈入“云时代”。云教育为新建本科院校教师进行文化开放式选择创设了一定的技术文化平台。在新的社会时代下，一方面技术文化得到了前所未有的发展，另一方面强调重视人和关注人，以人为本也被得到更多的关注。在技术文化和人文文化的交织中，文化变得更加开放和交互，因此，新建本科院校教师不能采取那种封闭式的进行文化选择，而是需要实现开放式选择。

三、新建本科院校教师文化选择的功能

（一）引导新建本科院校文化发展

在新建本科院校转型和变革过程中，新建本科院校文化在不断的变迁和重塑，目前存在许多困境与问题。有学者指出，当前新建本科院校文化的现状是重科技、轻人文；重硬件、轻软件；教师队伍结构裂化。[5]也有学者指出新建本科院校文化危机主要体现在教师价值取向的迷失、角色认同的困惑、合作意识的缺失及育人精神的式微。[6]面对这些文化方面的问题，而大学作为一种文化存在和精神存在，正如眭依凡教授所言“大学是有大学文化之谓也”。那么，新建本科院校教师就需要为新建本科院校文化的发展做出努力。所以，新建本科院校教师进行文化选择，就是对新建本科院校文化的形成做出自己的判断，进行文化创新和文化引导，从而促进新建本科院校文化的发展。

（二）提供更多的文化元素和文化样式

新建本科院校教师文化选择扩大了文化选择区。当代新建本科院校教师

各自根据自身的文化知识和文化能力，根据专业方向和专业兴趣，选择不同的文化，形成新建本科院校教师的多元化文化，能带来“百家争鸣”的现象，给新建本科院校学生提供更多的文化元素和文化样式。在这样的开放文化背景下，新建本科院校学生能在文化论辩中获得更好的发展。正如我国“五四”时期新文化运动那种“兼容并包”将我国文化发展与繁荣推上一个新的台阶。当前，我国新建本科院校教师在文化领域的争辩也越来越多，对于同一种文化现象，不同的新建本科院校教师具有不同的选择，而这种选择扩大了学生的文化选择区，新建本科院校学生在接受多元文化的过程中同样产生出许多衍生文化，而文化进入选择区的速率越高，文化选择区的元素和文化样式就越丰富，也就意味着文化发展的速度越快，从而丰富和繁荣新建本科院校文化。

（三）提高新建本科院校教师选择能力和鉴别能力

新建本科院校教师在文化选择过程中进一步形成了文化选择的主动性和创造性，发挥其人的主观能动性。一般来说，一种意识和一种能力的形成不能“纸上谈兵”。从知行观上，我们知道知与行是统一的，不去“行”，“知”也只能是一种虚无。新建本科院校教师文化选择既是一种文化意识的形成和对文化的“知”，即是对文化的深刻认知，认识到文化的理论，理解到文化价值观，更是一种文化的“行”，对文化的创新和自觉行为。因此，通过文化选择，新建本科院校教师能进一步从多元文化中选择出更加符合当前社会发展需要和满足大学发展的要求以及适合新建本科院校学生身心发展的文化，而此过程就是新建本科院校教师选择能力和鉴别能力的形成过程。

（四）引领学生文化的发展

新建本科院校教师文化选择也引导学生文化的发展。尽管新建本科院校学生是成人，具有自己独立的人格和思想，但是新建本科院校学生文化仍然需要新建本科院校教师的诱导，不然学生文化容易迷失方向。特别是在后现代文化意识流下，文化被解构和重构，一些诸如网络文化、媒体文化、草根文化等新时期的文化所呈现出网友自发的创新性、思想表征多元化、话语权力的公众化。[7]那么，面对多元化文化，学生该如何选择和如何形成自身的文化意识和文化能力，这就需要新建本科院校教师来对其进行引导。新建本科院校教师通过对文化的选择，为学生文化选择意识、文化选择能力的形成以及正确的文化价值观的形成和文化创造力的培养，提供榜样和师范作用，为学生文化的形成提供指引。

四、积极心理学视域下新建本科院校教师文化选择的优化策略

（一）坚持积极正面的导向进行文化选择

新建本科院校是培养国家发展与社会进步所需要人才的场所，而新建本科院校教师具有为社会发展与进步的责任，也需具有正确的文化方向。在进行文化选择过程中，新建本科院校教师需要坚持正确的选择方向。《国家“十二五”文化改革发展规划纲要》中指出：“高举中国特色社会主义伟大旗帜，以马克思列宁主义、毛泽东思想、邓小平理论和‘三个代表’重要思想为指导，深入贯彻落实科学发展观，坚持社会主义先进文化前进方向，以科学发展为主题，以建设社会主义核心价值体系为根本任务，以满足人民精神文化需求为出发点和落脚点，以改革创新为动力，发展面向现代化、面向世界、面向未来的，民族的科学的大众的社会主义文化，培养高度的文化自觉和文化自信，提高全民族文明素质，增强国家文化软实力，弘扬中华文化，坚持中国特色社会主义文化发展道路，努力建设社会主义文化强国。”[8]因此，坚持正确的文化方向对教师文化选择具有导向作用，能让教师在多元文化面前，能坚持社会主义核心价值体系，将新建本科院校教师文化和大学文化引向正确的发展轨道，从而做出恰切的文化选择。

（二）根据大学的教育理念进行文化选择

大学的目的是什么？大学的理念是什么？办大学是为了什么？这些问题一直接受着各方面的诘问，同时教育界内部人士也在积极做出回答。德国教育家雅斯贝尔斯认为：“学生在大学里不仅要学习知识，而且要从教师的教诲中学习研究事物的态度，培养影响其一生的科学思维方式，故而大学教师以传播科学真理为己任。”[9]而我国教育家蔡元培先生认为，大学教育是养成完全之人格，即培养学生的全面人格的发展。当前，我们的大学目的是“努力培养造就数以亿计的高素质劳动者、数以千万计的专门人才和一大批拔尖创

新人才”。[10]也就是，一方面要培养普通的劳动者，另一方面要培养高精尖人才。从另一个角度来思考，就是培养应用型人才和研究创新型人才。在如此这般的大学教育理念下，新建本科院校教师需要改变过去那种一味地强调大学培养研究性人才而忽视应用型人才的培养的做法和文化观念，因此，新建本科院校教师在进行设计大学教育培养方案和开展教育活动时，需要形成多维度和多方向的思维方式，重新进行文化定位和文化选择。

（三）在大学课程实施和德育活动中进行文化选择

文化在教育活动中体现出来，文化更加体现在知识的教学上，因为知识是文化的载体，什么知识最有价值，谁的知识更有价值等相关问题的解决就是一种文化选择，其过程体现了文化的撷取与舍弃。大学教学是大学课程实施的主要途径，所以新建本科院校教师在教学过程中需要正确地对待文化，从备课、上课、作业批改等环节中恰当选择那些符合时代特征、有利于新建本科院校学生的全面发展和个性化发展，有利于教师自身发展与提升的文化，而舍弃那些过时的、不利于大学先进文化传播和不利于学生身心全面健康发展的文化。同时，在大学德育活动中，新建本科院校教师和教育管理者需要正确地去进行文化选择。

（四）提高新建本科院校教师文化选择的能力

“教育的文化领域要兼容并蓄，但不是无所不包，要建立一种多样化格局，而不是一种杂芜无序的状态。”[11]面对多元文化，新建本科院校教师该何去何从？因此，在此需要探讨教师选择能力的问题。第一，新建本科院校教师具有正确的文化理念，这是形成文化选择能力的前提。第二，新建本科院校教师需要具备良好的文化知识基础，需要掌握与专业领域相关文化以及学科范围相关的边缘学科文化，以及其他相近的文化，从而为进行文化选择奠定知识基础。第三，新建本科院校教师需要形成文化反思能力，具备一定的文化批判意识与批判能力，在批判的基础之上形成文化选择能力。

（五）促进新建本科院校的开放与民主化

开放的、民主的新建本科院校是大学发展的必然趋势。大学的开放既表现在国内大学与大学之间的交流与合作，也表现在与国外大学之间的交流与合作，还表现在大学内部的管理民主化与教学的开放性与民主化以及师生关系的民主。只有在开放的、民主的大学环境中，大学文化才体现出一种多元格局，也才能创设出一种可供选择的环境，否则大学文化就是一种封闭的文化，就无从谈起文化选择了。因此，在当前大学建设过程中，需要促进新建本科院校的开放，加强其民主化进程，同时，加强与国外合作与交流，从而形成多元文化，以便促成新建本科院校教师的文化选择。

总之，新建本科院校教师文化选择具有重要的价值与意义，需要引起我们的重视。

参考文献

［1］眭依凡．大学校长的教育理念与治校［M］．北京：人民教育出版社，2001：226－235.

［2］郑金洲．教育通论［M］．上海；华东师范大学出版社，2000：317.

［3］佐藤学．课程与教师［M］．钟启泉，译．北京：教育科学出版社，2003：262.

［4］张之沧．后现代文化观［J］．江苏社会科学，2003（3）：66－71.

［5］袁翠松，张明．新建本科院校教师文化的传承与发展［J］．江西社会科学，2007（6）：229－232.

［6］陈梦稀，彭玲艺．师范院校教师文化危机现象解析［J］．湖南科技大学学报：社会科学版，2012（1）：166－169.

［7］方亭，樊英利．从网络热词解读草根文化特征［J］．新闻爱好者，2011（11）：11－12.

［8］国家“十二五”文化改革发展规划纲要［EB/OL］．http：//www. gov. cn/jrzg/2012－02/15/content_ 2067781. htm.

［9］雅斯贝尔斯．什么是教育［M］．邹进，译．北京：生活·读书·新知三联书店，1991：139.

［10］教育部．国家中长期教育改革和发展规划纲要（2010—2020）［N］．中国教育报，2010－07－30（1）．

［11］鲁洁．教育社会学［M］．北京：人民教育出版社，1990：166.

个性化教学视域下的教师文化冲突与化解

教师文化冲突是指教师在面临两种或者两种以上的教学文化相互接触之时所产生的竞争和对抗状态，主要表现为教师观念文化的冲突、教师行为文化的冲突、教师制度文化的冲突、教师角色文化冲突、教师评价文化冲突。教师文化冲突对个性化教学的影响有：影响教学理念；影响教学设计；影响师生关系；影响教学过程；影响教学评价。因此，我们需要更新教育文化观念，发挥教师干部的先进作用，促进学校组织文化的开放性，形成教师文化自觉，深刻理解个性化教学的本质，深化对教学本质的认识，期待教师的转变。

基础课程改革进入纵深发展阶段，就需落实到具体的课堂教学中去，那么，如何促进学生的发展以及如何提高教学质量成为了新课程改革的关键词。《国家中长期教育改革和发展规划纲要（2010—2020年）》提出："关心每个学生，促进每个学生主动地、生动活泼地发展，尊重教育规律和学生身心发展规律，为每个学生提供适合的教育。"[1]因此，在现阶段个性化教学备受重视和关注。然而，个性化教学理论与实践如何在课堂教学中落实起来，这又是一个课题。笔者以东北师大附属小学为个案来进行探讨，该学校从2001年开展"开放式、个性化"办学理念以来，秉承"踏实做人，诚实做人"的校训，解放思想，尊重差异，培养学生的学习能力，积极推进个性化教学的理论研究和实践探索，基本形成了个性化教学的理念和教学模式，但是，在个性化教学过程中存在着这样或者那样教师文化冲突，所以，我们需要化解教师文化冲突，从而推进个性化教学实践。

一、教师文化冲突的界定

教师在面临两种或者两种以上的教学文化相互接触之时所产生的竞争和

对抗状态。教师文化冲突的结果，就是或相互吸收或融化或替代对方，随之会产生新的文化模式或类型。在个性化教学过程中，个性化教学文化与传统的集体教学文化（非个性化教学文化）之间的互相碰撞，使得教师产生疑惑与对立，出现有些教师认同个性化教学，而有些教师抗拒甚至抵制，有些教师保持中立等姿态，那么，这种抵制和抗拒就是一种文化冲突的表现。

二、教师文化冲突的表现

第一，教师观念文化的冲突。个性化教学观念强调差异性和尊重学生的个性，而原来的教学文化观念则关注集体性，不重视个性发展。于是这两种文化之间产生了冲突，导致教师在观念上的矛盾与对立。第二，教师行为文化的冲突。个性化教学更加关注教学的生成性，重视教师的教学创新性，重视教师对学生和课堂的研究，重视教师对教学资源的开发与利用，而传统的教师行为文化中却是教师“照本宣科”，教师备课就是参考教材和教科书而不需要去开发其他的课程资源，也不需要创新，因此，这两者之间存在着一定的冲突。第三，教师制度文化的冲突，即教学规范与教学自由之间的对立与冲突。个性化关注学生的学习自由进度以及可以自由发言与交流合作和教学空间的开放性，而教学规范则强调教学秩序如学生上课不能任意走动，学生提问需要举手发言，强调在规定的时间范围内完成学习任务等。于是，两者之间产生了冲突。第四，教师角色文化冲突。教师“教”的角色与学生“学”的角色文化之间的对立与矛盾。个性化教学重视学生的“学”，关注学生的自我学习能力的形成，培养学生的“会学”，教师只是指导者和合作者，起到协作和帮助以及组织的作用，而传统的教师角色是教师为教学的中心，教师讲学生听，教师把持课堂话语权和教学活动权，而学生是“配合”教师上课，学生充当“配角”，而不是主动的学习者。在这两种角色文化下，教师显得不适从，于是出现了教师文化冲突。第五，教师评价文化冲突，即重视过程与重视结果之间的教学评价文化冲突。一直以来，我们认为课堂教学需要学生学习到更多数量的知识与技能，强调“学会”这个结果，而个性化教学更关注过程，重视学生的“会学”，关注学生的学习能力的形成以及学生的合作能力和创新精神的培养，于是两者之间产生了冲突。

三、教师文化冲突对个性化教学的影响

（一）影响教学理念

在我国“大一统”文化理念的影响下，教育领域也是强调统一和整体，于是在课堂教学中往往是采取集体教学的模式，忽视学生的个性发展。尽管我国是以马克思主义的全面发展学说作为我国教育目的的理论基础，但是在我国具体的教育教学实践中缺少对全面发展与个性发展的认识，没有认识到“只有个性得到充分、自由、全面的发展，才能有整个社会成员的千差万别和丰富多彩的个性。个体的自由而独特的发展，则是人的自由全面发展的必要条件，两者相辅相成，不可分割”。[2]因此，在课堂教学中往往是只有整体的“整齐划一”，没有学生的独特个性。然而，在个性化教学视域下，强调教师对学生的规律性认识，认识到学生的差异性存在，认识到学生的个性化存在，学生不是一张“白纸”，而是具有一定的生活经验和学习经验的学生，也具有自己的独特思想和个性的人，所以，需要关注学生的差异性存在，尊重差异，体现差异性的教学，从而需要适应个性化教学的教师文化。于是，传统的教师文化理念与个性化视域下的教师文化理念产生了冲突，从而对教师的教学理念产生强大的影响，对于在课堂教学中是否重视学生个性，还是忽视学生个性，对于如何关注到每一个学生的个性，如何培养全体学生的个性，如何看到人的全面发展与个性充分发展之间的关系等，如何形成个性化教学等一系列方面都产生了巨大的影响。

（二）影响教学设计

个性化教学强调个性化设计，在考虑全班所有学生的基本知识和技能等“基础学力”的基础之上，更需要考虑学生的个体差异性，做些选择性的设计。因此，个性化教学需要考虑到一些共性的学习内容和学习方法，也要考虑到选择性的学习内容与学习方法，以至于出现多种设计，如东北师大附小所进行的实践模式就有好几种，“集体指导补充模式”“学习起点模式”“学习进度模式”“学习顺序模式”“课题选择模式”等几种个性化教学实践模式。[3]因此，在个性化教学设计过程中，教师需要考虑多种教学方法，以便满足学习的选择性需求，如下表所示。[4]可见，一方面，教师需要进行共同参与的教学内容和教学方法，另一方面，需要思考和设计那些学生选择性的教学内容和教学方法。而我们传统的教学设计，即通俗的“备课”，关注备教材、备学生、备教法“三备”，更多的是考虑如何将课“上”好，而不需要考虑每一个学生的自由学习进度，不需要设计几个方案来，不需要进行学生的选择性学习。面对两种教学文化理念的冲突，教师对备课显得没有“信心”了，不知道如何去“备课”，不知道如何去设计自己的课堂。

教学方法的选择

		教学方法	
		教师（共同）	学生（选择）
教学内容	教师（共同）	A	B
	学生（选择）	C	D

（三）影响师生关系

个性化教学需要改变传统的线性师生关系，建立网络的平等的师生关系，重视师生间的相互尊重，师生间的相互理解以及师生间的交互作用。[5]然而，传统的师生关系却是教师是知识的权威，是“高高在上”的长者，以至于“一日为师终身为父”，而教师的话就是经典，有如“圣旨”，是不容违背的。这种传统的师生关系定位已经深入教师精神文化层面，而在个性化教学理念下的师生关系却是对这样的关系的解构，于是对教师产生了强烈的“冲击”，那么，在个性化教学中教师如何去定位教师自己的角色与地位，又如何定位学生的角色与地位，如何定位两者的关系呢？在此问题上，教师往往显得“不适应”，以至于教师在上课过程中更加表现出对课堂的“控制”过多，舍不得“放手”，“害怕”学生学不到东西，也不敢与学生进行合作学习，以至于那种越俎代庖的思想涌现出来，如在《乘法的分配律》的数学课堂上，老师提问：哪个同学能用语言来表达一下这个式子“$a\times(b+c)=a\times b+a\times c$”？学生本来想回答：“$a$、$b$之和乘以$c$等于$a$乘以$c$加上$b$乘以$c$”，还没有等学生说完，教师还是想一方面“怕”耽误时间，一方面“怕”学生说错，于是急匆匆地打断学生的回答，说出了“乘法的分配律”的“正确”表达：两个数的和同一个数相乘，等于把两个加数分别同这个数相乘，再把两个积加起来，结果不变。在这里，笔者认为，该数学教师没有尊重学生的话语权，没有体现师生之间的平等关系，剥夺学生的话语权，教师还在想“把控好”整个课堂，而没有形成个性化视域下的平等师生关系。

（四）影响教学过程

个性化教学强调尊重学生的差异，尊重学生的自主性学习，强调从“教”走向“学”，重视学生的自主探究，重视学生的合作学习，重视学生的学习体验，关注学生的直接经验，重视学生的学习方法与学习过程，在此视域下学生成为课堂的学习主人，大部分的教学时间成为学生学习的过程，而教师成为学生学习的组织者、支持者、引导者、合作者，“改变课程实施过于强调接受学习、死记硬背、机械训练的现状，倡导学生主动参与、乐于探究、勤于动手，培养学生收集和处理信息的能力、获取新知识的能力、分析和解决问题的能力以及交流与合作的能力”。[6] 然而，我们知道传统的课堂教学不是这样的，是“教师讲，学生听”，教师在黑板上写板书，学生在座位上记笔记，教师教学生回答问题往往都是强调标准统一的答案，往往是教师“教”给学生以知识与技能，而不是给充分的学习时间让学生自己去学。在这两种不同的文化理念交织下，教师产生了冲突，以至于有些教师都感觉自己“不会上课了”，不知道该何去何从。

（五）影响教学评价

在传统的教师文化理念下，教师对学生的评价主要是以考试分数作为评价标准，如果学生考试考得好就是好学生，而考试成绩差的学生就是教师眼中的“差生”和学生中的“坏学生”，而对于学生的学习能力和创新精神以及学生自主学习精神的形成却很少关注。但是在个性化教学视域下，更加强调学生的“会学”，重视学生的创新精神和实践能力的培养，关注学生的学习兴趣和学习能力的形成以及培养学生的社会责任感和合作意识等方面，所以在评价学生时更重视学生的过程性评价，关注学生的学习体验和学习态度以及合作学习，不以知识与技能作为唯一标准，而是多元评价。在这两种教学评价文化下，教师产生了冲突，往往在评价学生的过程中出现某种偏差，甚至不知道如何判断一个学生的优秀与否。

四、化解教师文化冲突，促进个性化教学的策略

（一）更新教育文化观念

我们知道，“思想走多远，行动才能走多远”。要化解教师文化冲突，形成适应个性化教学视域下的教师文化，首当其冲的是需要急切改变教育文化观念。所以，我们需要改变过去整齐划一的、同质化的标准化的教学以及将学生看作是学习的工具的文化观念，需要积极关注学生差异性，在教学过程中做到尊重差异，将差异视为一种资源，而不是消除差异，关注每一个学生的个性化发展，给每一个学生提供合适的教育。因此，我们需要重建课堂教学价值观，改变那种教师目中无“人”的做法，改变那种将所有学生都培养为“格式化”“模式化”的人的做法，改变那种“教书”不“育人”的做法，改变那种培养某些“优秀”学生，而剥夺了更多学生的权利的做法，改变那种“教会”学生，让学生“学会”，而不是让学生“会学”“乐学”的做法，正如叶澜教授指出：“从单一地传递教科书上呈现的现成知识，转为培养能在当代社会中主动、健康发展的一代新人。”[7]因此，在形成适应个性化教学的教师文化过程中，首先需要尊重人性，实现人性回归，改变那种忽视教育规律，忽视学生身心发展规律的观念和做法，去构建丰满人性和多样个性的课堂教学。

（二）发挥教师干部的先进作用

教师干部，主要是指学校中教师领导层面的教师，特指在教学方面的干部，以东北师大附小为例，主要是指教学管理部、教学研究部、科研副校长等教师干部。[8]教师干部不仅对教师的领导和管理，更重在对教师的积极引导，促进教师的快速成长。对于个性化教学中教师文化冲突，教师干部需要积极领导其改变，让其进行文化调适和文化整合，形成个性化教学所需要的教师文化，如东北师大附小采取“师傅带徒弟”和“导师指导教师”的方式，让那些对个性化教学理解得比较透彻、掌握个性化教学的实质和精神以及能顺利进行个性化教学的教师对不理解个性化教学、不能进行个性化教学的教师进行指导，从备课、试讲到上课、说课等一系列的教学流程进行全程

跟踪指导，从而促进教师对个性化教学的把握。

（三）促进学校组织文化的开放性

个性化教学需要教师文化的转变，而教师文化是学校文化的一种具体表现，教师文化的转变一个很重要的方面就在于学校文化的变革，需要形成开放性的学校文化。因此，个性化教学需要学校变革和学校文化变革，需要从时间上的开放到空间上的开放，从而形成学校变革的核心价值观，学校通过打开组织的墙壁，即打开班级的墙壁、打开年级的墙壁、打开教师的墙壁、打开部门的墙壁，促进学生之间、教师之间、部门人员之间的合作，使其成员对组织产生较高的认同感，在思想与行动上达成共识，促进了学校的持续变革与发展。[9]可见，学校文化变革是教师文化形成的重要内容，也是推进个性化教学的重要前提。

（四）形成教师文化自觉

第一，化解教师文化冲突，形成适应个性化教学的教师文化需要教师文化自觉。“文化自觉的意义在于生活在一定文化中的人对其文化有‘自知之明’，自知之明是为了加强文化转型的自主能力。”[10]在个性化教学中，教师需要加强文化自觉，需要文化的觉醒，主动形成与个性化教学相适应的教师文化，因为“人接受文化不是使自己被塑造、被社会化，而是自由习得和社会化。”[11]因此，教师需要主动从思想、行为等方面去改造自我，从理论上加强个性化教学方面的修养，而从教学实践中去尊重学生的个性和差异，形成个性化教学文化。第二，我们也需要看到，教师文化的重构需要一个过程。在教师文化的形成过程中，别人不能代替教师的文化范式的转变，而需要自我的改变，这个过程不是一天两天就能完成的，是一个比较负责的过程，毕竟“任何人都不能替我思考，就像任何人都不能替我戴帽子一样。”[12]所以，我们需要重视教师文化转变的过程，给予教师一定的时间和空间，需要教师的自我成长。

（五）深刻理解个性化教学的本质

对个性化教学内涵的理解，需要对人和个性的理解，个性化教学强调的是学生的独特性和社会性。一方面，学生的自主学习强调个别化，而小组学习则强调社会性。所以，个性是社会性和独特性的统一体，教师的个性化教学不仅培养学生的个性，更需形成学生的合群性和社会责任感等社会性。可见，个性化教学也彰显“为了中华民族的伟大复兴，为了每位学生的发展”的课程改革的基本宗旨。因此，在个性化教学过程中，一方面强调基础性学习，培养学生的生存能力，体验学习的过程和掌握学习的方法，发展学生的情感态度价值观，也就是说基础性学习是针对每一个学生，学习基本的课程和知识技能，掌握公共基础知识，形成“基础学力”。另一方面个性化学习也重视学生发展性的学习，而发展性学习则是选择性学习，还给学生选择的权利，让学生通过选择性学习，形成学生的差异性和多样的个性。

（六）深化对教学本质的认识

一直以来，我们认为教学是教师的“教”与学生的“学”，而在今天，我们更加需要认识到教育的本质是学习，教学是教师指导学生的学习，学习是教师与学生共同完成的。因此，第一，教师需要转变角色，学会“介入”。当学生还不会学习，缺乏学习的自主性和积极性以及不知道如何学习时，教师需要积极参与其中，“介入”到学生的学习中去，帮助学生掌握学习的程序与学习的方法。对学生的学习进行指导，即所谓的“教”，而当学生开始掌握学习的方法时，教师需要自动“退出”，让学生自我探究和自主寻找答案，从而教师需要学会“放手”。第二，研究学生。教师需要对学生进行研究，尊重学生的身心发展特点，进行“因学而导”，倘若教师不研究学生，不了解学生的个性特点和生活经验、学习经验以及兴趣的差异性等，又怎么能指导学生的学习呢。所以，教师需要研究多样化的学生，走向多样的个性，才能尊重学生的差异，做到个性化教学。第三，理解教学的过程性。以往的教学关注到学生学到多少知识和技能，强调所有的学生都学习一样的知识与技能，要求全班学生达到统一标准和层次，追求结果的一样。而个性化教学一方面要求学生掌握常规性的基础性的学习，另一方面要求发展性的学习，强调学生的“学习倾向性”，根据学生的学习需要和学习兴趣来进行选择性的学习，关注学生的学习自主性和发展性，而不是被动的整齐划一地对所有学生要求统一规格和标准。如东北师大附小校本课程“生活课”单元学习《我国的行政区》，在这个课程学习过程中，基础性的学习就是教师指导学生学习好我国首都北京，对北京的自然环境、地理位置、民俗、特色资源以及北京在我国行政区中的价值等方面进行学习以后，让学生选择自己感兴趣的行政区，从电脑上进行搜集资料，进行拓展性学习，从而促进学生个性化的学习。

（七）期待教师的转变

心理学中的“期待效应”（也叫皮格马利翁效应）告诉我们，你期望什么，你就会得到什么，你得到的不是你想要的，而是你期待的。只要充满自信的期待，只要真的相信事情会顺利进行，事情一定会顺利进行。相反，如果你相信事情不断地受到阻力，而这些阻力就会产生。[13] 同样，在个性化教学推进过程中，我们需要期待教师的转变，需要期待教师的自我觉醒和对个性化教学的“悟”，对暂时的教师文化冲突，我们需要包容，需要等待。当教师体验到个性化教学的成功和快乐时，就会逐渐主动改变现有的文化理念和行为，从而积极参与个性化教学。

五、结语

当前，个性化教学作为一种比较受到关注的理论与实践，在我国得到了许多响应，它为进一步促进我国课程改革的深入发展，为提高教学质量，为培养更多的优秀人才，起到了一定的作用，但是，教师在个性化教学中的文化冲突，需要引起我们关注。

参考文献

［1］教育部．国家中长期教育改革和发展规划纲要（2010—2020 年）［N］．中国教育报，2010－07－30（1）．

［2］王本陆．中国教育改革 30 年［M］．北京：北京师范大学出版社，2009：51.

［3］王庭波，刘艳平．个性化教学模式的实践探索［J］．课程教材教法，2011（8）：24－29.

［4］许铭钦．空间开放与学习自主的实践［A］//东亚学校教育创新高度学术论坛暨东北师大附小教育集团开放式教育十年研究发表会研究纪要. 长春：东北师大附小教育集团，2011：160.

［5］邓志伟．个性化教学论［M］．上海：上海教育出版社，2002：268－270.

［6］教育部．基础教育改革纲要（试行）［N］．中国教育报，2001－07－27（2）．

［7］叶澜．重建课堂教学价值观［J］．教育研究，2002（5）：3－7.

［8］东北师范大学附属小学组织机构设置［EB/OL］．http：//www. dsfuxiao. com/zzgl. jsp？infoTypeMainDM＝007.

［9］熊梅，王庭波．开放式学校组织特征与建构［J］．中国教育学刊，2011（8）：17－20.

［10］费孝通．关于“文化自觉”的一些自白［J］．学术研究，2003（7）：5－9.

［11］科斯洛夫斯基．后现代文化［M］．毛怡红，译．北京：中央编译出版社，1999：62.

［12］维根斯坦．文化和价值［M］．黄正东，唐少杰，译．南京：译林出版社，2011：2.

［13］皮格马利翁．http：//baike. baidu. com/view/96924. htm.

新建本科院校教师文化危机及其化解

——以铜仁学院为个案

新建本科院校是那些刚升格为本科的时间不够长，是年轻的大学，因此，在新建本科院校的建设中存在许多的相关问题，而其中教师文化问题就是重要的一个方面。教师文化是指教师在长期的教育教学实践过程中所形成的并代表教师群体共性的价值取向和职业行为特征，包括价值观念、意识形态、思维方式、行为方式等方面的集合。因为人不仅生活在自然世界与社会世界，还生活在文化世界之中，故而教师文化对教师的工作、生活具有非常明显的影响。但是，在目前新建本科院校建设中出现了教师危机，诸如怨妇情节、破窗情节等表现。这些教师文化危机不仅不利于教师的专业发展，还碍于高校的发展与建设。所以，在新建本科院校的教师队伍建设中，我们需要正确面对教师文化危机，努力找到产生这些危机的原因，并积极化解教师文化危机，从而提高教师的教学积极性，促进教师的专业成长，实现高校的发展与进步。

一、新建本科院校教师文化危机的表现

（一）“祥林嫂”般的怨妇情节

在新建本科院校发展过程中，一些教师产生了一些怨妇情节，往往表现在对学校的领导缺乏信心，对学校的发展前景缺少期望，对学校学生的学习与就业产生了焦虑，对教师自我工作缺少激情。第一，一些教师对学校领导的“怨”。一些教师更多的是一天到晚就是在埋怨学校领导无方，将学校建设得“乱七八糟”，学校领导非常“抠门”，导致学校教师待遇太差，以至于常常感叹“现在什么都在涨，就是工资不涨”。第二，教师对所工作的环境的“怨”。教师往往对自己的工作环境产生埋怨，认为学校的管理制度不健全和学校管理

工作混乱，如对学校的教务处工作产生“质疑”等。第三，对学生的“怨”。一些教师认为学校招生来的学生素质太差，导致“难教”和“难管”。第四，对会议的“怨”。一些教师认为学校开会过多，有事没有事都要进行开会，开会太耽误时间，导致人太累。第五，对同事的“怨”。一些教师认为同事不够合作，学校教师不够配合工作，导致工作上的“孤独”和“分歧”。

（二）撞钟和尚情节

在新建本科院校建设过程中，一些教师则怀着一种混日子的情节，过着“做一天和尚撞一天钟”的生活，面对教学与科研工作，教师只是完成一些教学工作就行。在评聘职称方面和在科研方面以及在管理工作方面都“漫不经心”，“心不在焉”，以至于学校工作能少参与的尽量不去参加，能避免的就尽量避免，“事不关己，高高挂起”。有些教师甚至将教学工作当作“副业”，自己在学校以外的工作才是正当的“职业”，在外面开律师事务所，在外面开专卖店，在外面经商和从事其他工作，以至于学校和教师工作成为一些教师的一个“幌子”，从而将自身“置之度外”。

（三）职业倦态情节

在一些新建本科院校的教师看来，教师工作并不轻松，不仅要进行备课、上课等日常的教学工作，还需要进行一些科研工作，需要积极申报课题，还需要兼职班主任和辅导员等工作。对一些教师来说，显得很累，特别是那些青年教师，对工作显得很认真，对生活充满激情，然而，这些教师感慨学校对教师的专业发展显得不够重视，学校的物质待遇太低，学校的教学设施不够完善，学校的管理跟不上教学与科研的需要。因此，一些教师对新建本科院校的工作感到很疲惫、很压抑和充满职业倦态。

（四）破窗情节

我们都知道“破窗效应”，是指一个房子如果窗户破了，没有人去修补，隔不久，其他的窗户也会莫名其妙地被人打破。同样，一面墙，如果出现一些涂鸦没有被清洗掉，很快的，墙上就布满了乱七八糟、不堪入目的东西。当然，一个很干净的地方，人们不好意思丢垃圾，但是一旦地上有垃圾出现之后，人就会毫不犹豫地抛，丝毫不觉羞愧。[1] 在新建本科院校中教师也出现破窗情节，一些教师出现上课迟到、早退的现象，另一部分教师也同样会出现迟到早退的现象。因此，在新建本科院校中出现许多诸如上课不备课等不认真对待教学的现象。

（五）破罐情节

新建本科院校在教师人才招聘过程中，往往存在参差不齐的现象。为了迎接本科评估，高薪招聘一些博士、硕士等研究生高层次人才，同时，还招聘一些本科人才，但是一旦到学校却对这些人才一视同仁，缺乏对博士、硕士高层次人才的重视与关注，而那些来到新建本科院校工作的硕士、博士就感慨自己的“怀才不遇”，感叹自身的人生价值得不到实现，认为自身待在一个“三流”的高校没有什么出息，以至于这些教师人才就出现“破罐子破摔”的情节。

二、产生文化危机的原因

（一）办学目标不明确

在我国高校趋同化严重的大背景下，“千校一面”，毫无特色办学和个性化就成为我国新建本科院校的现实，正如著名学者冯骥才所说，“没有特色已经成为中国教育最大的特色”。面对新建本科院校的办学定位时，究竟是教学型高校，还是科研型高校，还是教学科研型高校。在新建本科院校的办学目标定位时，往往不明确，定位不准，导致教师对待教学与科研以及对待学生的时候出现偏差，也导致教师对自己学校的发展方向“迷失”，对学校的前景担忧，对自己的专业发展产生忧虑的心理和情节，从而在价值观念、共同信仰以及行为方式上等方面产生种种的文化危机。

（二）评价系统紊乱

评价是对教师教学和科研工作的改进，对培养人才的一种考核和价值判断。教学评价和教师评价是新建本科院校所不可缺少的一项工作。然而，新建本科院校在评价教师方面往往缺少更加准确和完善的教师评价体系。一方面，过分注重教师的“教”，忽视对学生的“学”的关注。新建本科院校一般定位于教学型，格外重视“教”的过程，教务处也成为学校的中心处室，认为抓好了“教”，就保证了“学”，“学”是“教”的自然结果，二者是一映射的关系。[2]然而，教师的教学与学生的学习是相辅相成的，那么，学校只是一味地关心教师的“教”，忽视学生的“学”，就会让教师产生更多的文化危机。另一方面，对教师的科研与教学之间评价的失衡。为了更好地取得竞争优势，一些新建本科院校采取鼓励和大力发展教师的课题研究和论文发表情况，以至于只要发表论文就有奖励，出现论文和科研质量不高的局面，而那些致力于教学的教师感慨教师评价的不公平，出现一些文化危机。可见，评价系统紊乱是产生教师文化危机的重要原因之一。

（三）大学过于行政化

我国大学行政化问题是目前比较热门的话题，不可否认，大学行政化是产生教师文化危机的重要原因。当前，学校已如政府一样，行政机构越来越臃肿，行政人员越来越多，有的学校甚至出现了厅级干部“一走廊”，处级干部“一礼堂”，科级干部“一操场”的局面。[3]那么，在学校领导与行政级别挂钩，在行政人员备受重视的条件下，很多新建本科院校的教师济济欲求“当官”，因为当上学校某个部门的领导就有大量的可以利用的资源，诸如出现少上一些课，多一些行政工资等。所以，新建本科院校出现“学问而优则仕”的局面，“学”，一方面指教学搞得好的教师，另一方面是指学问搞得好的教师。那些学术和教学上有些成就的教师都渴望去“做官”，这样一来，那些不注重做官的教师就显得很“无奈”，很“颓废”，很“压抑”等，出现文化危机。

（四）被动的心理

第一，被动的工作心理。在新建本科院校的一些教师看来，不管是谁当领导，不管是谁来管理教学只有完成自己的教学任务，在教学和工作中，这些教师往往对自己的要求过低，只想完成自己的教学任务，不关心其他的相关事情。第二，被动的专业发展心理。在一些教师看来，只要评上副教授就“万事大吉”了。于是，一些教师就出现不愿意学习，不愿意去进修，也不愿意去攻读更高的学位，使得这些教师产生混日子的情节。第三，被动的合作心理。新建本科院校教师，更多的是“单打独斗”，缺少一种合作的心理，对待教师之间的合作更多的是一种被动的心理，而不是采取主动的合作。第四，消极被动的人生观。一些新建本科院校教师对人生、对工作、对生活缺乏更

多的积极心理，缺少幸福感，缺少对工作和学生的期待，而是更多地采取一种悲观的人生态度，以至于产生文化危机。

（五）文化的适应性

不容置疑，对现代人来说，每一新处境、职业的每一改变，甚至对一个新社会集合的加入，都为他带来了文化适应的新问题。他必须学习“运用”新的习惯和新的礼仪。[4]新建本科院校需要改变过去在专科时代的教学理念、教学内容、教学方法以及教学评价等方面，需要构建新的教学文化和教师文化。然而，由于教师没有积极主动的去改变自己，没有实现文化的创新和文化的改造，缺少教师的专业发展，以至于教师对文化不适应，同时，新建本科院校文化还需要教师的一个适应过程，因此，在文化适应过程中难免会出现这样或者那样的文化危机。

三、新建本科院校教师文化危机的化解

（一）重新定位高校目标

在进行大学目标定位过程中，我们首先需要明白大学的类型，有的分为象牙塔大学、十字街大学和无边界大学。[5]有的认为大学可以分为研究型大学、教学型大学和社区服务型大学三种类型。[6]有的则认为大学的类型由类和型两部分组成。类反映大学的学科特点，按教育部对学科门的划分和大学各学科门的比例，现有大学分为综合类、文理类、理科类、文科类、理学类、工学类、农学类、医学类、法学类、文学类、管理类、体育类、艺术类 13 类。型表现大学的科研规模，按科研规模的大小，现有大学分为研究型、研究教学型、教学研究型、教学型 4 型。每个大学的类型由上述类和型两部分组成，类在前型在后。[7]因此，新建本科院校需要对自己进行定位，究竟什么类型的高校，需要有一个明确的清晰的认知，否则，学校的发展就失去方向，教师就会失去前进的动力和信念。所以，新建本科院校需要在《国家中长期教育改革和发展规划纲要（2010—2020 年）》的指导下，在以培养专业型人才和综合性复合人才相结合的前提下，在服务于当地的经济与社会发展，构建特色和个性化的办学目标，科学合理地制订人才培养方案，从而为教师的

教学与科研，为教师的生活与工作提供一个正确的前进方向。

（二）重视校长的正确领导

陶行知先生早就说过：“校长是学校的灵魂”，校长是学校的核心领导。那么，在新建本科院校过程中，校长需要肩负起文化使命，正确地引导学校发展的方向，引导全校教师继承和发展学校文化，创新教师文化，用先进的学校文化来引导教师的发展。所以，校长需要积极构建积极的学校文化。校长需要在学校范围内积极引导教师去构建新建本科所需要的学校文化，为教师文化的发展提供更加宽泛的空间，从而使学校教师形成一种合作的、积极的、向上的、廉洁的、健康的教师文化。

（三）呼唤大学教授治学

大学教授治学是改革大学过于行政化的重要途径。在新建本科院校的建设过程中，同样也需要加强教授治学。大学教授治学，一方面，主要是指教授个体在自己做学问的过程中，严于律己、能兢兢业业、踏踏实实地开展研究，具备良好的治学态度与治学能力，同时，还能遵守学术道德，能指导学生和让学生也能够很好地做学问。另一方面，也指大学教授作为群体或团体如教授委员会，在学科建设与教学以及学术研究与学校管理中充分发挥其参与管理和决策，实现大学内部的学术权力与行政权力之间的合理配置，从而使得大学能按照大学章程和教育规律来进行大学管理的过程。[8]所以，新建本科院校需要鼓励那些大学教授参与学校事务管理与事务决策，形成教授委员会，广泛听取教师的意见与建议，改变那种“事不关己高高挂起”的局面，改变那种过于追求行政级别和行政待遇的现象，解决大学过于行政化的趋势，从而为教师的发展和教师的教育工作提供更加民主与开放的路径。

（四）积极心理学的引导

第一，提高教师的职业幸福感。幸福感是积极心理学的重要理念，积极心理学认为“特殊的文化和社会—政治因素在决定一个人幸福与否中扮演着重要的角色”。[9]同样，幸福感与文化有着密切的关系，幸福感对文化产生巨大的反作用。通过提高教师的幸福，能使教师获得积极的、幸福的文化，改变那种消极的、悲观的、低迷的、迷失的文化。因此，构建教师的幸福感，让教师获得更多的职业幸福感，让教师职业成为人生的“三乐”之一，能化解教师更多的文化危机。第二，坚定教师的信念。教师作为“传道、授业、解惑”的一种职业，需要具有坚定的信念，对教师具有专业信仰，坚信教师在教育中的价值，不需要去怀疑和否定教师的作用，相信教育能带来社会发展与人类进步。在具有坚定的教师信念之后，教师的教学与生活才会有更多的信心和动力。第三，形成积极关系。教师合作是当前新建本科院校教师所缺少的一种表现。教师需要加强教学与科研方面的合作，需要加强学生教育与学生管理方面的合作，通过合作让教师形成积极的人际关系，从而改变那种单打独斗的“英雄式的”孤独感和无助感。通过积极心理学的引导，让教师形成积极情绪、沉浸体验，形成希望和乐观的积极特质，构建积极自我和积极关系，从而化解教师文化危机。

（五）重构教师评价体系

“评价不是为了证明，而是为了改进。”这是评价学家斯塔弗尔比姆说过的。在新建本科院校建设过程中，由于评价系统紊乱导致教师文化危机。为此，我们需要改变和促进教师评价系统的发展，构建民主开放的、科学合理的、立体全面的教师评价体系。具体而言：第一，在教师评价理念上，评价系统树立以促进大学教师专业发展为主，推进新建本科院校发展为目标，推进学生发展和人才培养为动力的评价理念。第二，在教师评价目标上，评价系统需要做到目标定位明确、全面、体现层次性，能更全面地评价教师。第三，在教师评价内容上，评价系统需要关注教学、科研、社会服务等方面的整体评价，而不是偏废某一个方面的片面评价。第四，在教师主体上，评价系统需要关注教师自我评价、学生评教、同行评价、教师委员会评价等多主体性全面评价。第五，在教师评价原则上，评价系统要注重科学性、多元化、去行政化、人本性，关注教师的切身利益和实际发展，从而为化解教师文化危机奠定基础。

（六）提高教师的社会服务能力

《国家中长期教育改革和发展规划纲要（2010—2020 年）》中指出：“高校要牢固树立主动为社会服务的意识，全方位开展服务。”[10]在新建本科院校的建设中，同样需要树立一种社会服务意识，教师需要关注社会的发展与进步，关心教师同事之间的发展与进步，关心学生的发展与进步。因此，教师需要改变那种只关心“教书”，不关心“育人”，只关心自己，不关心别人的局面，需要积极投入到社会服务中去。在开展社会服务过程之中，教师获得更多的交流与发展机会，获得更加积极的人际关系，获得更加积极的改变，从而将那些消极的、不健康的价值理念、行为方式等教师文化涤荡出去，从而使教师获得积极的、健康的心理去积极地参与到教学与科研以及学校管理与社会服务中，主动获得专业发展。

总之，新建本科院校的发展与建设过程中，需要关注教师文化危机，而不是逃避和遮盖，需要积极去面对和处理，从而形成积极健康的教师文化。

参考文献

［1］破窗理论［EB/OL］. http：//baike. baidu. com/link？url =42ir_ He6JS yyh71LMrpUkGBjdsteVzE2DbDwFvhid7vPnwxd – Setfgl5PZM50sOiiHwgR3KFQfiUji0goJ15I.

［2］盛正发. 新建院校评价方式的华丽转身［N］. 中国教育报，2012 –12 –10（5）.

［3］张楚廷. 学校管理学［M］. 长沙：湖南师范大学出版社，2000：93.

［4］赫勒. 阿格妮丝. 日常生活［M］. 衣俊卿，译. 重庆：重庆出版社，1990：5.

［5］朴雪涛，郭瞻予. 制度变迁视角下的三种大学类型［J］. 辽宁教育研究，2004（4）：17 –19.

［6］刘广明. 大学类型与教师智能结构的发展［J］. 高校教育管理，2007（1）：54 –58.

［7］《中国大学评价》课题组. 我国学者提出中国大学分类新标准［EB/OL］. http：//www. eol. cn/article/20021113/3072109. shtml.

［8］李水霞，王中华，熊梅. 教授治学的文化困境与出路［J］. 现代教育管理，2013（7）：27 –31.

［9］ALAN CARR. 积极心理学［M］. 郑雪，译. 北京：中国轻工业大学出版社，2008：18.

［10］教育部. 国家中长期教育改革和发展规划纲要（2010—2020 年）［N］. 中国教育学报，2010 –07 –30（1）.

教授治学的文化困境与出路

教授治学的发展可以追溯到中世纪的大学，主要是教授会和教师行会对大学的管理，后来逐渐得到发展，主要是因为大学是研究高深学问的地方，需要教授来对大学进行管理，特别是学术事务的管理，实现大学更像大学，体现大学是有大师之谓，而不是大楼之谓。在我国民国时期梅贻琦在清华大学所进行的“校长治校，教授治学”的大学管理改革，等都体现了教授治学的价值。2000 年，东北师范大学建立了教授委员会，对我国建立现代大学制度所作的一种尝试，而教授委员会制的本质是“教授治学”[1]。在大学行政化被广泛批判，“大学为什么培养不出杰出人才”（俗称“钱学森之问”）被耳熟能详的时刻，以至于“中国大学的十大缺失”的凸显[2]，大学教授治学被推到了风口浪尖上，引起了全国广泛的关注与思考。特别是在 2010 年《国家中长期教育改革和发展规划纲要（2010—2020 年）》中指出：“充分发挥学术委员会在学科建设、学术评价、学术发展中的重要作用。探索教授治学的有效途径，充分发挥教授在教学、学术研究和学校管理中的作用。”[3]教授治学被提到了议事日程和作为大学管理改革和发展的一项政策。自此，教授治学被进一步成为大学管理改革过程中的一个焦点问题。关于大学教授治学的研究和讨论也日益增多，目前来讲，教授治学已经不是一个要不要与该不该的问题，而是需要走向怎么样去推进教授治学的问题。因此，我们在推进大学教授治学的过程中，我们需要反思是哪些因素在阻隔教授治学的推进，有学者认为影响教授治学的困境是相关法律法规缺失、学术制度供给不足、“双肩挑”现象严重、纯粹学术权力弱化。[4]有学者认为是大学层面的原因、社会层面的原因、教授自身层面的原因等在制约着教授治学。[5]有学者认为“中国，无论在宏观、中观上，还是在微观上，都对教授治学的实行构成了极大的阻力。在大学不独立、学术不独立、人格不独立的情形下，在大学行政权力日趋强化、学术腐败继续加深、学者失去信仰的现实下，教授治学也只能成为一种理想追求”[6]等，一些学者在积极反思教授治学的影响因素以及探索多样化的途径来推进教授治学。笔者，基于文化视角对教授治学进行一些思考，以便能为教授治学的进一步推进，提供些建议与参考，并以本文求教于大方之家。

一、教授治学的阐释

（一）教授治学的含义

对于教授治学，目前还没有统一的定义，有的学者从教授治学的层面进行定义，认为教授治学指“其一，教授治学是指教授本人在学术领域内对学术问题进行研究；其二，教授治学是指在大学里实行专家、教授对学校的教学、人才培养和学术研究的民主管理，是使教授拥有学术权力，使专家、学者在学术领域行使其决定权力”。[7]有些学者从制度层面对教授治学进行界定，认为教授治学是指教授治学一般意义上指教授“治理学术”，即教授参与学术事务的决策和管理，与党委领导下的校长负责制一并构成大学内部治理结构的一个有机整体。[8]有的学者从教授治学的内容层面来进行定义的，将教授治学看作是学术水平高、科研能力强、具有独立人格与学术追求的教师对高等学校的教学、学术、科研及部分事务性工作的管理与决策。[9]当然，还有学者从其他层面对教授治学进行定义。笔者认为，对于教授治学的界定来说，一方面是指教授个体在做学问过程中严格要求自己，能兢兢业业、踏踏实实地认真研究，具有良好的治学态度和治学能力，遵守学术道德，并能指导好学生，让学生也能很好地做学问。另一方面是指教授作为一个群体，如教授委员会在学科建设、教学、学术研究和学校管理中充分发挥其参与管理与管理决策的作用，实现大学内部学术权力与行政权力的合理配置，使得大学能按照大学规律办事。

（二）教授治学的内容

对于教授治学的内容，有的学者认为教授治学的“学”包括“学科”、“学术”和“教学”等方面[10]，一些学者认为教授治学主要包括：治学科、治教学、治学术、治学风等方面，有的学者认为教授治学包括教学育人、研究学问和参与决策三方面的内容[11]。综合已有的研究，本人认为，教授治学一个方面是指个体化的教授具有严谨的意识和负责的态度治理自己的学术和教学，另一方面指教授群体在治理自己的学术与教学的基础之上，对学科建设、学风建设、学校管理等方面参与决策和管理。

二、教授治学的文化阻隔

（一）教授治学的观念文化障碍

1. 官本位的文化观念影响教授治学

"学而优则仕，仕而优则学。"由于我国几千年来的官本位文化对人们的思想和行为起到了重要的影响，在大学里面，"学而优则仕"中的"学"表现为"教学"与"学问"，即但凡以一些教学水平高和学术能力强的教师就一心一意去当官，走向行政权力领域，被官僚化。而那些无心于"官场"的教授，则认为大学管理不是他们专门从事大学管理人员的事情，不关乎他们，他们只管教学和科研就足够，于是乎产生了大学管理和大学教育之间的鸿沟，即管理是一个领域，而教学是另外一个领域，两者是由不同的教育者来进行，导致大学教授缺失治学的文化理念。

2. 大学学术自由的文化理念缺失

大学学术自由或者说学术自治是大学的灵魂，是大学区别于其他的行政机构的关键特征，是体现大学是高深学问之所在，所以说"失去了自治，高等教育就失去了精华"。[12]在我国大学建设过程中，我们往往忽视了大学教授的学术自由和学术自治，教授是"戴着镣铐跳舞"，在规范和定制下进行学术研究，往往是规行矩步，"不敢越雷池一步"，那些创新意识和观念往往最终很难形成。

3. 大学变革趋同的文化理念，导致教授治学的缺失

由于大学没有自治权，大学在强迫性机制、模仿机制、社会规范机制等机制下[13]，大学组织出现趋同现象，在大学趋同的背景下，导致教授缺乏对大学现状的改革的文化理念，于是产生一种消极的理念：认为大学是国家的，反正国内所有的大学都是一个样，大学变革是行政领导的事情，不是大学教授的事情，治学与否无所谓。

4. 功利文化理念的凸显，导致大学教授无心治学

功利主义之上，在物质利益的驱使下，大学教授无心去真正做到“板凳要坐十年冷”更多的是采取急功近利的姿态，积极攫取学生的科研成果，广泛地去抄袭国内外的成果，以至于让大学成了名副其实的“名利场”，导致学术腐败如学术研究的功利化，借学术研究之名，行牟取个人私利之实；学术评价的非理性化，滥用学术职权，在学术成果和人才评价中违背学术评价的公平公正原则；学术成果泡沫化，指在学术研究中粗制滥造、抄袭剽窃等现象[14]，从而招致学术创新能力严重不足，这已经是备受社会所诟病的话题。

（二）教授治学的制度文化障碍

（1）大学与政府之间的关系是一种附属关系，大学没有自治权，大的制度环境影响大学内部管理，如教授治学。自从大学建立以来，大学是由国家政府所投资创办，归国家所有，由国家选派校长对大学进行管理，由教育行政部门如教育部、教育厅、教育局等对大学进行管理和控制，大学的学科建设、专业建设、人事权力、财政权力等方面都需要接受政府的领导和管理，大学没有自身的权力，在这种经营权和所有权，委托—代理关系不明确的条件下，政府对大学管理过多，大学自身都没有自治权，大学与其说是一个学问的殿堂，还不如说是一所行政机关或者政府部门，在政府部门色彩浓厚的条件下，那么大学教授就更没有权力对大学进行治理。

（2）大学内部的行政权力过大，学术权力从属于行政权力，教授治学遭遇困境。在我国，以党委和校长负责大学内部管理，教授治学制度的比较缺乏。从新中国成立以来，我国大学内部管理体制经过了1950—1956年的校长负责制、1956—1961年的党委领导下的校务委员会负责制、1961—1966年的党委领导下的以校长为首的校务委员会负责制、1966—1976年“党委一元化”领导、1978年至今的党委领导下的校长分工负责制等几个阶段。[15]在这样的大学内部管理体制下，校长和党委驾驭着大学的管理权力和支配权力，教授的话语权和决策权往往被剥夺，甚至被边缘化，被排除在大学管理权力体制之外。

（三）教授治学的行为文化障碍

在大学管理过程中，特别是在大学教学管理过程中，教授缺乏自觉去进行治学的行为，他们往往注重于自身的教学工作和学术研究工作，而对大学的学科建设、学风建设以及学术管理等方面的管理工作显得比较不太重视。因为在大学教学管理过程中，逐步形成了从主管校长—教务处—学院—系（部）—教研室—教师等“教”的管理过程，形成了主管校长—教务处—学院—系（部）—年级—每个学生等“学”的管理系列，因此，教授感觉自身没有必要进行对学生的学习进行管理。所以，在具体的大学教育过程中，大学教授更多地表现为上好自己的课，做好自己的学问，对其他的更是“两耳不闻窗外事”或者“躲进小窝成一统，管他春夏与秋冬。”可见，在大学内部管理过程中，一方面，行政管理部门占据管理权力，将教授边缘化于大学管理之外，另一方面，大学教授自身也表现出消极或者不屑于大学管理。

三、教授治学的文化阻隔的破解策略

（一）形成教授治学的观念文化

1. 祛除官本位的文化理念

在教授治学的过程中，需要不断祛除官本位的文化理念，逐步改变那种学校校长已如政府一样，行政机构越来越臃肿，有的学校甚至出现厅级干部“一走廊”，处级干部“一礼堂”，科级干部“一操场”的场面。[16] 所以，在大学变革过程中需要还原大学的本来面貌，回归大学之道，体现大学是学术创新和人才培养的地方，是教授治学的阵地，不是行政机关，也不是政府权力机构，而是一个“治学”之所，需要有大师的地方，能让教授进行治学。

2. 形成大学治理理念，给予教授治学一定的权力空间

大学治理与大学管理的区别，如表 1 所示。在大学治理理念下，校长由董事委员会选出，校长是受董事委员会委托，对大学进行治理，大学教授是受校长委托对大学进行治理。在这样的理念下，权力的委托关系更加清晰，改变过去那种只有政府权力的理念，形成现代大学是一种多元的机构，“有若干权力中心而不是一个权力中心”。[17] 在大学治理理念下，大学教授能对大学的教学、学术、学科、学风等方面的决策与管理具有一定的学术权威和专业权力，能进行教授“治学”。

3. 社会对教授治学的文化理念的形成

大学教授治学不仅需要一个内部的文化氛围，也需要一个社会氛围，社

会层面需要具有大学治学的文化理念，看到教授治学对大学发展的价值，重视和关注大学教授治学，并支持教授治学，特别是社会媒体需要对教授治学进行关注和宣传，从而为教授治学形成一个社会文化氛围。

表 1　　大学治理与大学管理的区别

特征	大学治理	大学管理
目标	实现大学各利益相关者权利的平衡	实现大学的教学科研等既定目标
导向	战略导向，规定大学的基本框架确保管理处于正确的轨道上	任务导向，通过具体的管理操作完成大学的任务
中心	大学外部	大学内部
主体	利益相关者	管理者
客体	人和组织	人、财、物、信息等各类资源
实施基础	内外部的显性、隐性契约和市场机制	行政权威、学术权威
实施手段	内部治理机制、外部治理机制、激励约束机制	计划、组织、智慧、协调、控制
层级结构	大学的治理结构	大学内部的组织结构
沟通方向	一种自上而下和自下而上双向关系	自上而下的单向关系即上级管理下级
政府作用	政府通过制定相关法律、法规发挥重要作用	政府不干预具体管理过程
资金结构	反映政府、学生及其家庭、其他投资者的相对地位	反映大学的财务状况和大学经费各来源方对管理的影响

资料来源：李福华．大学治理结构的理论基础与组织框架［M］．北京：教育科学出版社，2008：18.

4. 形成大学的学术自由精神和文化理念

有学者指出“自由出生产力，自由也出教育力和学术力”。[18]同时，也有学者认为“学术自由是大学活力的源泉，有助于发挥人的思维和想象力”。[19]学术自由理念的形成是教授治学的重要前提，学术自由和学术自治，是体现教授治学的一个重要方面，教授的学术自由是进行学术创新和学术创造以及进行研究高深学问的体征，同时也是教授权力的一种体现，还是教授进行学术治理的一种保障。因此，需要形成教授治学过程中的学术自由的精神和文化理念。

（二）构建教授治学的制度文化

（1）处理好大学与政府、市场之间的关系，为教授治学提供一个良好的制度环境。在构建大学治学的制度过程中，我们需要落实和完善教授治学的法律法规学术权威、市场、政府之间的关系，如伯顿·克拉克所指出的协调模式[20]，如下图所示。

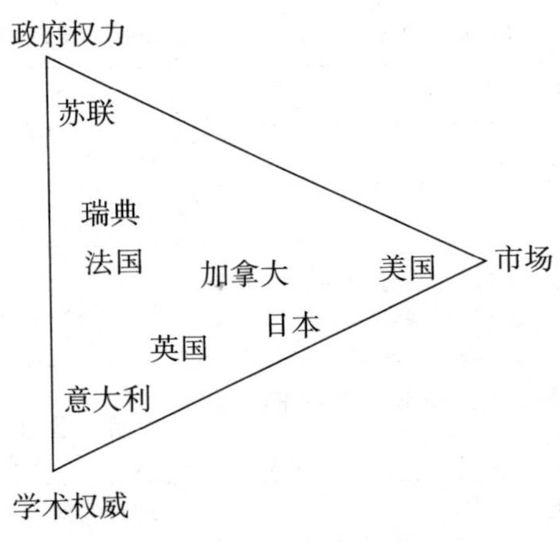

伯顿·克拉克的三角协调示意

（2）实现大学自治，给予大学办学自主权，从外部保障教授治学。以美国大学自治来看，法人—董事会制度结构是美国大学自治制度中的核心结构。联邦教育分权体制和多权力中心的政治结构构成美国大学自治制度运行的政治基础、多元社会参与和市场机制提供美国大学自治制度运行的经济基础和动力、高等教育行业自律与行业自治是美国大学自治制度的自我完善、内部分权与教师参与巩固了美国大学自治制度的内在根基。[21]通过给予大学高度自主权，让大学实现自治，即实现大学权力的下放，政府将权力下放给大学，大学将权力下放给大学的教育者和管理者，进一步将无序的大学实现有序，将大学的责、权、利之间的关系更加明朗化，让大学内部治理机制、外部治理机制、激励约束机制等有效结合起来，实现大学不是一种自上而下的管理，而是一种自上而下和自下而上的管理整合，实现大学教授参与大管理，“建立现代大学制度的核心是政府必须从直接管理向间接管理转型，从指令性管理向指导性管理转型，从领导性管理向监督性管理转型”。[22]

（3）处理好大学内部的行政权力与学术权力之间的关系，给予教授以学术权力，构建学术自治和学术自由。学术自治主要表现在：教师对学术活动的广泛控制、学生学习科目的开设和讲授；教师决定谁最有资格学习高深知识，谁已经掌握了知识并应该获得学位；教师有权决定谁有资格成为教授等方面。[23]大学需要实现去行政化，解决行政权力和学术权力的边界问题，是归于学术权力的范围，行政权力不应插手，让大学学术权力与行政权力实现合理的配置与平衡，而不是行政权力与学术权力在进行内耗，从而使大学的发展更加按照规律办事，体现大学的学术特征。

（4）加强大学人事制度的改革，为教授治学创造条件。大学人事制度问题是当前大学改革过程中一个无法回避的问题，但是目前大学人事制度存在学术人员在人事改革中的参与决策程度低、岗位设置不合理（非教师比例过大）、教师招聘与晋升过程中存在“近亲繁殖”、学术评议的“学术性”难以得到保证等问题。[24]因此，需要对大学人事制度进行改革，特别是大学教授的终身权力问题是当前比较关注的一个问题，以美国等发达国家的大学教授一般都是终身制，对于大学的稳定和发展大有裨益。同时，大学教师的引进与招聘、晋升等问题，大学教授作为一种专业人员应该具有话语权，体现教授对大学管理的参与。

（5）建立教授委员会制度，为教授治学提供一个组织保障。教授委员会一改过去院（系）事务由几个人决策，缺乏权威性，不担任院（系）领导的教授无权参与管理的状况，成为决定院（系）发展规划、学科建设、专业发展和教师队伍建设、职称评定、教师聘任以及自主支配经费使用的决策机构。[25]通过大学成立教授委员会，改变那种大学过于行政化的色彩，为教授治学提供一个组织保障，使大学教授能在治学术、治学科、治学风、治教学等方面具有参与和决策权，使教授治学制度得到落实。

（6）法律制度文化的构建，为教授治学提供法律依据和保障。我们知道，当前的社会是法制社会，法律是社会上办事的依据和准绳，没有法律作为后盾，教授治学也不会走得更远，所以，我们需要不断完善《教育法》《高等教育法》等法律和法规，为教授治学提供可靠的法律依据，让教授治学做到有法可依、有法必依、执法必严、违法必究。

（7）不断完善大学章程，使大学教授治学在大学内部得到落实。大学章程是大学管理过程中内部“法律”，对大学内部的所有人员都具有约束力和规范作用，大学章程作为一种正式的制度，同样具有一般制度所具有的属性和功能，为大学教育中秩序和自由的和谐统一提供了制度保证。[26]通过制定和完善大学章程，为教授治学提供一个内部制度保障。

（三）形成教授治学的行为文化

要破解影响教授治学的文化障碍，我们需要关注观念文化，制度文化等，还需要关注教授治学的行为文化。因为文化从取向来看有内部文化和外部取向，从文化的强度来看有强与弱之分，根据斯波恩所提出的文化分类[27]，如表2所示。可见，在教授治学过程中，教授的内部行为文化显得很重要，教授的行为文化模式和价值，对教授治学起着很大的影响，因此，我们需关注教授治学的内部行为文化。第一，在教授治学过程中，教授需要加强文化自觉，加强自身的学术修养。要实现教授治学，首先是教授自身需要具有高度的文化自觉。教授需要加强自身的修养，教授能提高自身的学术道德修养，遵守学术道德和学术规范，如《高等学校哲学社会科学研究学术规范（试行)》《教师学术道德规范》《知识产权法》等一些学术道德和学术规范，在治学方面能做到将学术责任与教授治学联系起来，充分认识到教授治学不仅是一种学术权力，更需要认识到作为教授所肩负的学术责任与学术义务，并将治学作为自身的文化自觉行为。第二，教授加强对学科建设、学风建设与教学等方面的管理方面的自觉行为，能充分认识到治学不仅是“独善其身”，更是“兼济天下”，不仅让自己的学术水平提高，让自己能更好研究学问，也需要参与教授委员会，参与大学的内部管理活动，不能让大学像衙门，让大学更像大学，实现大学的科学管理和民主化运作，使大学按照大学规律和本来面目去运行，实现现代大学制度的完善。

表2　　文化的分类

强的外部文化	强的内部文化
强的内部文化	弱的内部文化

四、结语

在当前高等教育大众化的视野下，特别是到2020年实现我国大学入学率

40%的目标，大学在校人数越来越多，那么在数量激增的条件下，质量毫无疑问成为了高等教育发展的一个话题，而教授治学是高等教育质量的保障，是大学健康发展和高等教育质量保障的必然选择。[28] 因此，在大学变革过程中，我们需要不断重视教授治学，消除文化障碍，为进一步推进教授治学创造条件。

参考文献

[1] 史宁中. 实行教授委员会制凸显“教授治学”[J]. 中国高等教育，2005（3，4）：27.

[2] 刘尧. 中国大学的十大缺失[J]. 当代教育论坛，2006（7）：21.

[3] 教育部. 国家中长期教育改革和发展规划纲要（2010—2020年）[N]. 中国教育报，2010-07-30（1）.

[4] 余宏亮. 教授治学：当代困境与路径选择[J]. 中国高教研究，2010（5）：5.

[5] 张意忠. 教授治学：问题、原因与对策[J]. 湛江师范学院学报，2008（1）：103.

[6] 顾建民，刘爱生. 教授治学的演化、局限及其中国困境[J]. 复旦教育论坛，2011（4）：63.

[7] 王寿春. 民主治校·学术民主·教授治学[J]. 黑龙江教育：高教研究与评估，2005（Z1）.

[8] 燕爽. 论教授治学：责任、途径、保障[J]. 国家教育行政学院学报，2010（8）：52.

[9] 孙晓华. 教授治学的历史源流及实现途径[J]. 现代教育管理，2010（12）：59.

[10] 靳达宇. 浅析“教授治学”[J]. 文化学刊，2007，（3）.

[11] 顾人峰. 现代大学制度的核心——教授治学与校长治校[J]. 理工高教研究，2004（3）.

[12] 约翰·S. 布鲁贝克. 高等教育哲学[M]. 杭州：浙江教育出版社，1987：28.

[13] 吴慧平. 大学组织变革趋同的社会学思考[J]. 高教探索，2007（2）：29.

[14] 唐振平，徐刚，雷炳炎．学术腐败探源及其防治［J］．南华大学学报：社会科学版，2005（2）：57.

[15] 应望江．中国高等教育改革与发展30年［M］．上海：上海财经大学出版社，2008：390.

[16] 张楚廷．学校管理学［M］．长沙：湖南师范大学出版社，2000：93.

[17] 克拉克·克尔．大学之用［M］．北京：北京大学出版社，2008：77.

[18] 邓和平．论现代大学［M］．武汉：武汉大学出版社，2010：105.

[19] 德里克·博克．走出象牙塔——现代大学的责任［M］．杭州：浙江教育出版社，2001：16.

[20] 伯顿·R. 克拉克．高等教育系统［M］．王承绪，徐辉，殷企平，蒋恒，译．杭州：杭州大学出版社，1994：159.

[21] 和震．美国大学自治制度的形成和发展［M］．北京：北京师范大学出版社，2008：215.

[22] 楼世洲．办学自主权：现代大学制度的基础［J］．教育发展研究，2011（17）：卷首语．

[23] 周进．由冲突到协调：学术自治与科层制［J］．江苏高教，2010（1）：18.

[24] 罗婷婷．高校人事制度改革需要彰显学术权［J］．煤炭高等教育，2010（5）：17.

[25] 鲍道苏．教授治学——让教授走上前台［N］．中国教育报，2003－12－21.

[26] 席酉民，郭菊娥，李怀祖．现代大学功能和创新文化研究［M］．北京：中国人民大学出版社，2008：125.

[27] 米俊魁．大学章程价值研究［M］．青岛：中国海洋大学出版社，2006：132.

[28] 孙冬梅，王丽霞．教授治学的必要性及实现路径研究［J］．中国电力教育，2011（22）：5.

教师参与课程决策的文化障碍及其对策

新课程改革以来，在课程决策方面打破了我国一直奉行国家课程决策的局面，实现国家课程、地方课程、校本课程等三级课程管理体制，“从课程民主的角度看，国家和地方的教育行政部门、学校、家长、教师和学生对课程决策、课程设计、课程实施和课程评价都享有一定的课程权”。[1]从而实现我国课程权力的多元化，凸显了教师课程决策权。但是课程决策的实践过程中，教师参与课程决策的实践中往往遭遇各种来自文化障碍方面的阻隔，导致课程决策的实效性不强，因此，笔者试图从文化视角分析教师参与课程决策，从而推进教师参与课程决策的进程，实现教师专业化发展。

一、课程决策与文化障碍的内涵分析

（一）课程决策

1. 课程决策的含义

决策（Decision - making）主要是指为了到达一定目标，采用一定的科学方法和手段，从两个以上的方案中选择一个满意方案的分析、判断过程。课程决策主要是指一个人、一群人、一个团体或者一个组织就其课程分析、设计、执行和评价过程中选择最佳课程方案的过程。

2. 课程决策的层次

学者 Tanner 和 Tanner 认为，课程决策可以在以下几个方面进行：国家层面、州层面、学区层面、学校层面和教师层面。学者 Sowell 认为，课程决策是在国家层次、地方层次、学校层次和课堂层次等水平上发生的。我国倡导国家、地方、学校等三级课程管理，因此笔者认为教师参与课程决策的层面主要还是国家层面、地方层面、学校层面三个层面的课程决策。

3. 课程决策的一般程序

第一，发现课程中的问题。第二，确定课程目标：量化目标。第三，课程价值准则的确立：有形与无形价值。第四，拟定课程方案。第五，课程分析评价。第六，课程方案选优。第七，课程方案实施。第八，追踪课程决策。

4. 课程决策的影响因素

对于课程决策的影响因素，目前学术界存在不同看法，有些学者认为主要是内部因素和外部因素，课程决策制约因素“既有外部因素，如课程资源、国家、地方和学校的教育哲学和教育管理方式等，也有来自教师的教师因素”[1]有些学者认为课程决策受到政治等因素的影响，“课程决策并不是单纯的教育课题，经常受到政治意识、社会变迁和利益团体的影响”[2]还有些学者认为课程决策受到“知识观、价值观、教师观”[3]等因素的影响，加拿大学者让·H. 杨格（Jean H. Young）认为影响教师参与课程决策的因素有：第一，自我（Self - assurance）；第二，职业主义（Professionalism）；第三，教学的要求（Demands of Teaching）；第四，与其利益的冲突；第五，实用主义（Pragmatism）；第六，对委员会的看法。综合以上所述，笔者进一步认为，课程决策的影响因素主要：第一，文化因素；第二，课程意识因素；第三，课程相关技术因素；第四，教师因素；第五，社会因素。其中，文化因素在教师参与课程决策过程中是一个重要的影响因素。

（二）文化障碍

1. 文化障碍的含义

根据《现代汉语字典》的理解，文化主要是指一个群体（可以是国家、也可以是民族、企业、家庭）在一定时期内形成的思想、理念、行为、风俗、习惯、代表人物，及由这个群体整体意识所辐射出来的一切活动。我们进一步界定文化障碍，它主要是指人们已经形成的思想、观念、行为、习惯等文化形式，对包括改革等在内的人们活动产生了一定的阻碍，我们把这种阻碍称为文化障碍。

2. 文化障碍的表现形式

第一，物质文化层面的障碍。第二，精神观念文化层面的障碍。第三，制度文化层面的障碍。第四，行为文化层面的障碍。

二、教师参与课程决策的文化障碍主要表现

（一）观念文化障碍

1. 教师课程决策的观念文化层面障碍

教师长期以来形成的被动执行课程的观念根深蒂固。长期以来我国教师只是作为课程的执行者，奉行“上所定，下所行”的课程理念，教师只是充当“教”的角色，教师根本就没有课程权利意识。

2. 学校领导课程决策的观念文化障碍

一直以来，中小学校领导都认为，教师的任务是教学，即教好书就够了，教师不是什么课程设计者，也不是教育与课程的研究者，没有权利去参与课程决策，因此，中小学校领导具有忽视教师参与课程决策的观念。

3. 社会上一直将教师参与课程决策的机会和权利排除在外

社会上广大人士，包括教育行政人员在内，都认为教师是“教书匠”，教师是没有权利去参与课程决策，教师只是执行上级的行政命令就行了，因此，将具有课程决策权力的教师边缘化，否认将教师参与课程决策过程。

（二）制度文化障碍

（1）长期以来形成的缺乏教师参与课程决策的机制，影响教师的对课程决策的参与。从 1949 年到 20 世纪 80 年代中期，我国处于“完全国家决策模式阶段”。[4]我国一直以来实行国家统一课程，全国一本教材、一本教科书，一个大纲，这个阶段课程发展模式是实现国家统一课程，由课程专家和教育行政部门制定，教师只有课程实施和教学的权力，没有课程设计和课程评价的权力，教师被排除在参与课程决策的门槛之外。

（2）传统的高度集中的课程管理制度，导致地方课程、学校课程的缺失，教师无缘参与课程决策。由于中央高度统一的教育管理体制，导致国家实行统一集权的课程管理制度，即实行国家课程，没有地方课程和校本课程，缺乏教师参与课程决策的课程管理制度，课程管理缺乏地方自主性和灵活性以及均衡性。

（3）我国以应试教育为主体的课程与教学评价制度，导致教师缺乏课程

决策的时间和空间。我国一直以应试教育为主，教师把主要的时间和精力花在应试教育，对学生进行灌输式教学，导致“教死书、死教书、教书死”等比较恶劣的教学循环。因为评价一个教师的课程实施和教与学的效果指标体系是唯一的，就是学生的考试成绩，所以教师根本没有参与课程决策的时间和精力。

（三）行为文化障碍

1. 教师参与课程决策的无所谓的消极态度

由于长期以来，教师没有参与到课程决策中去，因此，对于新课程改革过程中所倡导的课程决策制度，教师的态度是无所谓或根本就是不屑一顾，在课程决策行为上表现出消极参与。

2. 对于课程决策，教师采取一种应付心理

在课程改革过程中，教师心里认为，课程决策不是自己的课程与教学任务，因此，教师对于课程决策的态度不是很积极，而是采取一种应付心理，为课程决策而进行课程决策。

（四）知识与技术文化障碍

（1）教师不懂得课程决策的知识和理论。由于中小学教师没有学习过课程决策相关的理论和知识，因此，对课程决策的知识与理论，教师根本不理解。

（2）教师缺乏课程决策的技术，不懂得课程决策的程序和步骤。在课程决策过程中，教师没有课程决策技术，不懂得怎么样去进行课程决策的操作。

（3）教师缺乏课程决策的能力。由于教师习惯于教书，教教材，教教学大纲，根本没有见识过课程决策，因此，缺乏课程决策的能力，不知道怎么去进行课程决策，也就无从去参与到课程决策活动中去。

（五）课程传统文化障碍

1. 官本位的课程决策传统

在我国自古以来就是官本位，即什么事情都是当官的说了算，因此，形成一种“上有政策”，才会有“下有对策”的局面。在课程决策领域也不例外，课程决策是上级行政部门和课程专家的任务和工作，教师没有课程设计的权力和任务，教师只是对课程决策的执行，导致在今天课程决策过程中，教师还保留着这样官本位的课程决策传统理念。

2. 我国传统的完全国家课程管理模式

从1949年到20世纪80年代中期，我国是完全国家课程模式，即只有国家课程，没有地方课程和学校课程，教师在课程中的地位没有得到彰显，教师的课程权被忽视的，因此，在今天倡导国家课程、地方课程、学校课程过程中，教师对课程决策还显得无所适从。

3. 传统的忽视学生生活需要和教师发展的课程决策文化

课程决策不仅受到社会发展需要的影响，而且要适应学生的需要和教师专业发展的需要。但是在传统的课程决策过程中，忽视教师专业发展，忽略学生的身心发展、生活需要和个人兴趣的。因此，在课程决策中，教师没有深刻认识到教师自身专业发展，教师对课程决策参与的重要价值也没有认识到。

三、教师参与课程决策的文化障碍消除的策略

（一）不断创新课程决策文化理念

课程决策文化主要是指一个人、一群人、一个团体或者一个组织就其课程分析、设计、执行和评价过程中选择最佳课程方案的过程中所表现出来的思想观念、行为习惯、心理活动等。为更好推进教师参与课程决策行为的开展，需要不断创新课程决策文化，主要从以下几个方面进行。

（1）中小学校长的课程理念从“课程管理”理念到“课程领导”理念的转换，进一步促成其课程决策文化理念。中小学校长需要从传统的“课程管理”的观念发展到“课程领导”的理念，因为“课程管理”与“课程决策”是两个相互联系但不同的理念，“领导行为偏重于决策、指挥、创新、较多地考虑管理中的人文、价值和发展动力因素。管理行为则侧重于安排、执行、整合、协调，较多地考虑管理中的技术因素”。[5]对于在课程领域中的课程管理与课程领导来说也是既有联系又不一样的关系，具体区别如下表所示。中小学校长不断树立教师参与课程决策的文化观念，尊重教师的课程决策权力，重视发展教师的课程决策能力，加强对教师课程决策的课程领导。

课程领导与课程管理的区分

项目	课程领导	课程管理
权力主体	形式权利分享，课程相关人员均民主分享权力，尤其是对课程实施及其结果承担责任的学校与教师	管理权力集中于管理者特殊阶层，学校和教师不分享权力
权力实施	依靠课程领导者的法定权力和自身的个人权威，以后者为主	依靠课程管理者的法定权利和自身的个人权威，以前者为主
决策及推行	课程相关人员民主决策，作为决策主体之一的学校和教师进行实施	课程管理者进行决策，以形式命令方式自上而下推行，学校和教师被动执行课程决策
教师观	相信教师具有创意和创造力，具有一定的决策能力	认为教师只是既定决策、命令的执行者，缺少决策能力
沟通模式	纵向沟通之外有较大程度的校内外横向沟通和交流	纵向行政命令为主，有较少的自发形式的校际间横向沟通
动力来源	决策主体自身的创意和创造力，自我驱动	来源于外部、上司的监管、监控

资料来源：靳玉乐，赵永勤．校本课程发展背景下的课程领导：理念与策略［J］．课程·教材·教法，2004（2）：9.

（2）促成中小学教师课程决策理念的形成和角色的转换。第一，教师需要充分主动性、能动性和创造性，自觉去适应新课程改革的要求，具备国家课程、地方课程、学校课程等三级管理的理念，形成科学的、明确的课程意识，包括形成参与课程决策和参与课程领导的文化理念。第二，中小学教师需要认识到教师不是被动的课程执行者和课程实施者，而是课程的开发者和设计者，课程的研究者和课程的评价者，“如果学校的课程发展有一线教师参与，课程可能会更清晰、易懂，更容易被其他教师所理解”。[6]

（3）需要树立正确的、科学的、发展的课程决策文化观念。课程决策不是一项简单的课程任务，而是一项复杂的教育课题，经常受到政治意识、社会变迁和利益团体的影响，所以课程决策是一种政治协商过程，导致课程决策相当复杂。因此，我们需要思考建立一种课程决策的文化观念。第一，形成一种理解的、对话的、分享的、反思的课程决策文化，让教师与其他课程决策主体能共同对话与交流。第二，构建包括教师、课程专家、教育行政人员、学生、家长等在内的多元主体参与的课程决策文化。第三，形成有利于教师专业发展的课程决策文化。教师不仅是课程实施者，而且是课程开拓者与设计者，课程研究者与反思者，教师也是具有课程决策能力的课程决策参与者。这样一来，教师以专业的能力来进行课程决策，同时通过参与课程决策促成教师专业成长。

（二）以法律形式保障教师课程决策权

1. 制定和完善保障教师课程决策权的法律

卡松和弗里森指出，“教师拥有相当的专业知识，他们应该在教育决策中拥有较大的权限，以实践其学识，同时保护其职业利益”。[7]因此，在课程决策权的保障方面，需要制定保障教师参与课程决策的合法的权力的法律体系。虽然我国一部分法律提到了教师的教育改革权利，如《中华人民共和国教师法》中规定：教师具有进行教育教学活动，开展教育教学改革和实验的权利，但是缺乏对课程决策权利的法律文件，因此在深入改革过程中，需要制定相关法律文件来保障教师参与课程决策的权利。

2. 构建一个有利于保护课程决策主体利益的法律

在课程决策过程中，教师参与课程决策，家长、学生、课程专家等多元主体参与课程决策。因此，需要保护好各个课程决策主体的权力和利益，并实现课程决策利益与权力的共享，因为“课程利益主体权力界限清楚、职责分明，彼此通过协商，实现权力共享”。[8]

（三）加强教师参与课程决策的教育与培训

1. 加强教师教育过程中的课程决策

我国传统的师范教育中，师范生即职前教师，根本没有学习课程决策的理论，也没有体验课程决策的过程，导致师范生进入教师角色后没有能力去参与课程决策。因此，为了改变这样的现状，我们需要加强课程决策的教师教育，培养教师的课程决策方面的知识与能力，体验课程决策的过程，培养教师的课程决策素养。

2. 鼓励教师进修，提升教师参与课程决策的专业能力

第一，鼓励教师继续教育与培训，加强课程决策的内涵与理念的学习，从而为课程决策奠定知识理论基础。第二，让教师在“教”中学，加强教师课程决策实践的体验和学习，让教师在课程决策的体验中不断提高。第三，提高教师不断参与课程决策的学习愿景。

3. 培育课程决策的学校内部种子教师人力资源队伍

在学校中不断鼓励教师参与校内外的进修以便培养各个方面具有一定专长的课程决策的师资，使校内随时有一专长人力资源的教师组织，以便解决课程决策过程中所需要的教师资源。

4. 开展多元化教师进修成长活动，促进课程决策能力的提高

教师进修可以有接受性进修（听讲式、学位进修），也可以有分享式进修（校际参访、经验分享），还有研究性进修（实践、教学设计、自编教材、行动研究），以多元化进修来促成教师课程决策能力的提升。

（四）构建教师参与课程决策的技术支持文化

1. 让教师具备课程决策的知识基础

第一，课程决策所需要的专业性知识。第二，课程决策所需要的条件性知识。第三，课程决策所需要的实践性知识。

2. 教师需要具备课程决策所需要的方法论

在教师参与课程决策过程中，需要具有一定的方法论，不是盲目去进行课程决策。因此，教师需要在辩证唯物主义方法论指导下，分析课程决策。

3. 教师参与课程决策的支持系统构建

决策支持系统（Decision Support System，DSS）是辅助决策者通过数据、模型和知识，以人机交互方式进行半结构化或非结构化决策的计算机应用系统。它是管理信息系统（MIS）向更高一级发展而产生的先进信息管理系统。它为决策者提供分析问题、建立模型、模拟决策过程和方案的环境，调用各种信息资源和分析工具，帮助决策者提高决策水平和质量。第一，课程决策系统构建是当今时代课程发展的要求。第二，课程决策系统是课程决策的重要保障，需要加以重视。第三，明白课程决策支持系统的价值导向。它旨在为课程决策者提供分析问题、建立模型、模拟决策过程和方案的环境，调用各种信息资源和分析工具，帮助课程决策者提高决策水平和质量。第四，了解课程决策支持系统的类型，课程决策支持系统包括结构化课程决策系统、非结构化课程决策系统、半结构化课程决策支持系统。第五，掌握课程决策支持系统的基本结构：数据库、模型库、方法库、人机对话系统、知识库、专家系统等。

（五）构建积极主动的教师课程决策行为文化

1. 教师具备终身学习愿景，去积极参与课程决策学习与实践

课程决策能力的培养需要一个过程，需要教师不仅学习好课程决策方面的理论知识，更需要教师具备课程决策的智慧。因此，需要教师不断去学习，坚持终身学习，提高教师的决策能力，以便更好地去参与课程决策。

2. 教师对课程决策行为的一种主动反思

教师不仅需要体验课程决策的过程，并从其中找到课程决策过程中的兴趣、乐趣和专业情感，还能在课程决策中去主动反思自我。

3. 教师参与课程决策，并积极合作

课程决策不是一个人的事情，特别是学校课程层面，需要本学科教师，本学校全体专业教师的共同协作，还需要学生参与、社区与家长等人员和课程资源的参与，因此，教师需要主动形成一种课程决策的合作意识。

（六）改革课程决策的传统文化

（1）改变以往课程决策改革过程中只重视国内情况，忽视国际课程决策的发展趋势的现状，不断借鉴发达国家教师参与课程决策的经验。我们需要改变以往的课程决策文化传统，加强借鉴发达国家的课程决策经验，如吸收美国等发达国家那种课程决策具有国家、地方、学校三级结合的先进经验，适应地方的差异性，“我国中小学课程决策机制要走向真正的国家、地方、学校三级相结合的模式，真正实现课程决策的灵活化、多样化”，那么就需要“缩减国家层次的课程决策权限，增强地方层次的课程决策权限”。[9]因此，我们需要寻找和探求符合我国课程决策的改革路径，构建适应我国多民族，地方差异性较大的特点的课程决策模式。

（2）改变原来的忽略教师参与课程决策的文化传统，鼓励教师积极参与课程决策的行为。第一，给予教师时间上的支持。大家都知道，我国中小学教师课程与教学任务繁重，没有时间和精力去参与课程决策。因此，教育行政部门、中小学校领导需要给予教师一定的时间，让教师去参与课程决策活动。第二，给予教师一定经费支持。教师参与课程决策，不仅需要时间，也

需要一定的劳动，付出一定的精力，因此，教师需要给予一定的经费支持，让教师没有因为担心参与课程决策而害怕扣工资等后顾之忧。

（七）加快课程决策的信息化

当今时代是信息化时代，教育信息化已经成为教育发展一种趋势，课程领域的信息化也随之而来。课程与信息化的整合，是新课程改革中提出的一种重要理念。在课程决策过程中，需要加强信息化。一方面，促进课程决策过程中包括教师在内的课程决策主体之间的交流与合作、分享，另一方面，促进课程决策的信息化过程，加速课程决策，提高课程决策的效率。

四、结语

课程决策是课程改革过程中具有重要意义的一项举措，是进一步推进三级课程管理体系建构过程中非常关键的一个环节，只有深入解决教师参与课程决策的问题，才能更好地去推进地方层次的课程、学校层次课程的开发，也能更好地促进教师专业能力的发展。

参考文献

[1] 罗晓杰．三级课程管理体制下教师参与课程决策权问题探析［J］．教师教育研究，2006（6）：25，26.

[2] 林文展．课程决定［J］．教育资料研究，2003（38）：59.

[3] 丁念金．论教师的课程决策意识［J］．课程・教材・教法，2006（3）：88.

[4] 丁念金．试论我国基础教育课程决策机制的转变［J］．课程・教材・教法，2001（5）：12.

[5] 冯大鸣．沟通与分享：中外教育管理领衔学者世纪汇谈［M］．上海：上海教育出版社，2002：38.

[6] 王斌华．发展性教师评价制度［M］．上海：华东师范大学出版社，1998：102.

[7] 汪凌．课程改革的设计与决策［J］．外国教育资料，1998（2）：32.

［8］钟启泉，岳刚德．学校层面的课程领导内涵、权限、责任和困境［J］．全球教育展望，2006（3）：8.

［9］丁念金．美国中小学课程决策机制的变迁及其启示［J］．外国中小学教育，2003（12）：26.

教师游戏精神的缺失与养成：文化视角的反思

教师游戏精神的价值在于作为人的教师需要游戏、教学与游戏的天然耦合、游戏与儿童的发展关系密切以及教师游戏是当代教师专业发展的养分。但是，由于教师观念文化的影响、教师制度文化的制约、教师行为文化的束缚、教师心理文化的枷锁等原因导致教师游戏精神的缺失。为此，前提是形成游戏精神的观念文化，关键是构建利于教师游戏精神形成的制度文化，基础是促进教师教学的个性化和自由的行为文化，条件是增强教师的情绪情感管理能力。

一、教师游戏精神的理解

当前，对于游戏精神的理解还没有一致的看法，有的学者认为，游戏精神是一种自由、体验、主体精神。[1]而有的学者则认为游戏精神是指自由精神、创造精神与体验精神。[2]还有的学者认为：游戏精神是一种自由精神，一种创新精神，一种探索精神等多种精神的结合。[3]更有的学者认为游戏精神是一种自由、展示、创生、对话的精神。[4]综合其他学者的研究和看法，笔者认为，教师的游戏精神是教师在教学过程中所具备的自由与个性的精神、创造与体验的精神以及合作与自主的精神等多种精神的结合。

二、教师游戏精神的价值所在

（一）作为人的教师需要游戏

“只有当人充分是人的时候，他才能游戏；只有当人游戏的时候，他才完全是人。”[5]正如学者所指出的，人与游戏是密不可分的。游戏作为人类生存的一种存在方式和展示的状态，也是一种文化世界，更是一种精神世界，那么，教师作为人的一部分，教师的工作和生活也需要游戏。同时，游戏又具有实体性的游戏与观念层面的游戏即游戏精神之分，那么，教师就需要具有一种游戏精神来面对教学工作和教育生活。

（二）教学与游戏的天然耦合

1. 合作精神

教学过程中强调教师与学生的合作、学生与学生之间的合作与互动，重视教师之间的教学合作，也需要家长与学校的教育合作等都需要合作精神。同样，游戏过程中需要游戏双方之间的合作与配合，不管是对手之间，还是游戏伙伴之间都重视配合和合作。比如在游戏“老鹰抓小鸡”的过程中，不管是扮演老鹰的游戏参与者还是扮演小鸡的游戏参与者都需要具有一种合作的游戏精神，否则游戏就不能有效地开展下去。

2. 动手与创造的精神

游戏强调动手与创造，通过创造才能更好地去完成游戏中所规定的任务，以及达成游戏的目标。当然，教学过程中也需要重视创造和动手，正如教育家杜威所指出的儿童天生就具有动手的本能，那么教学过程中就需要儿童去体验学习的过程，去进行综合实践活动，让学生在动手过程中获得深刻的学习体验和认知。

3. 个性和自由的精神

游戏倡导自由和个性，正如学者所指出的：“游戏空间更多的是通过规定游戏活动的秩序，而很少是通过游戏活动所及的东西，即通过外在地限制游戏活动自由空间的领地，来限定自身的。”[6]可见，游戏主张游戏者能自由地面对问题，能个性化的发挥自己的理解和认知，能独立的面对问题和困境，并寻找自己的问题解决方法。教学过程中，教师也需要具有个性化的进行教学，学生能进行个性化的问题回答，并自由的进行想象。因此，两者之间存在密切的相似性和关联性。

（三）游戏与儿童的发展关系密切

第一，游戏是儿童生活的重要组成部分。我们知道，儿童的生活充斥着各种类型的实体性游戏活动。在儿童生活中，哪里有儿童，游戏就会出现在哪里。因此，现实生活中各种各样的游戏充斥着儿童的生活，让儿童活在游戏的世界之中。第二，儿童的生活充满了游戏精神。游戏本身不仅具有动手操作与体验的过程，更需要让儿童具有游戏的观念，诸如在儿童游戏中形成一定的游戏规则，尊重游戏的秩序等方面的游戏精神。第三，游戏是儿童学习和成长的重要媒介。通过体育游戏能训练学生的协调能力以及儿童的观察力和注意力，从而使学生获得更多的运动知识、技能和能力。[7]

（四）教师游戏精神是当代教师专业发展的养分

教师职业专业化是一种时代潮流，从1966年开始，世界范围内的教师专业发展运动就此起彼伏。那么，教师专业化需要教师具有专业信仰、专业技能、专业服务等专业素养，其中游戏就是体现了教师的专业技能和教师的专业服务的重要方面。《国家中长期教育改革和发展规划纲要（2010—2020年)》中指出：教师需要“遵循幼儿身心发展规律，坚持科学保教方法，保障幼儿快乐健康成长”。[8]所以，教师就需要具有游戏精神来对待儿童，而不能将儿童成人化，避免出现“学前教育小学化，小学教育中学化”的现象。因此，教师需要具有自由的、个性的、创造性的游戏精神，超越那种过分功利化的教学思想，将教师教学的职业活动过程本身视为目的，在游戏中能自由地表达和展现自我，从而实现教育本质和真谛。

三、当代教师游戏精神的缺失原因

（一）教师观念文化的影响

第一，教育“官本位”文化的影响。一直以来，在我国形成了从中央到地方“官本位”的大一统思想。在学校教育中也不例外，在学校教育过程中，教师说了算，学校领导说了算，教师的教学往往是“以本为本，以纲为纲”，教师教学缺少更多的理解和自由教学思想的发挥，因此，那种游戏精神被抛弃了。第二，教育功利主义文化的影响。在什么知识最有价值的影响下，课程和知识的工具性，教学的功利性显得尤其明显，在我国自古以来就存在“一举成名天下知”的科举考试文化传统的存在，所以，读书就是为了考试，考个好成绩，让自己能出人头地，让别人能知道自己的“存在”，那么，在儿童教育过程中，教师从小就让学生规行矩步，让学生以考试分数高，考上好大学为学习和教学目标，以至于将自由、个性和创造等游戏精神丢在了教育大门之外。

（二）教师制度文化的制约

第一，教师评价制度的影响。在教师评价制度过程中，教师评价往往以学生的考试成绩为唯一的标准，以教师在课堂教学过程中，是否尊重教材的原意和是否以教学大纲的内容为主要教学准绳，使得教师在教学过程中“不敢越雷池一步”，否则，教师就不是一个“合格”的教师。在这种教师评价制度背景下，教师放弃了自由和个性化的教学等游戏精神，只能更多的是“照本宣科”和为考试服务的教学。第二，学生评价制度的规约。学生是被评价的对象，学生被学校领导和教师评价，学生不能按照参考书所提供的答案等“标准答案”以外的答案来进行回答，正如多年前提到的“雪融化以后是什么”，答案只能是“水和泥土”这样的标准答案，而不能是“春天”如此的诗情画意的答案。因此，学生从小就被规训为考试的工具，学习过程中的“奴才”，那种自由、创造、主体、个性等游戏精神都被教师和制度文化所“挤掉”了。

（三）教师行为文化的束缚

在教师的教学过程中，教师的行为和学生的行为都是被规范好的，诸如学生需要按照秧田式的座位就座，上课需要举手回答问题，教师只能站在讲台上进行讲课，教师是严格按照教科书、教学大纲等本本和纲纲进行上课。因此，教师与学生之间缺乏一种游戏式的互动，缺乏更多的教学合作和教学创造，没有体现学生的主体性和自由精神。

（四）教师心理文化的枷锁

当前，教师处在“鱼缸之中”，是一种透明的工作，当然，教师工作也就成为一种高危工作。[9]那么，教师面对来自社会、学生家长、教育领导等各方面的压力，形成了“教师心理不能承受之重”的现象。在如此的情景下，教师心理便显得脆弱无力，教师不敢有所“懈怠”，以至于每根弦都绷得很紧。

所以，随着教师心理的紧张和压力，教师不能，也不敢具有游戏精神。

四、教师游戏精神的养成策略

（一）前提：形成游戏精神的观念文化

第一，师生平等的观念。平等是基于一种秩序和规则上的自由和对等，是一种权利与义务的彰显，一种人格的尊崇。在教学过程中，教师与学生能自由的合作，能平等的对话，改变那种将教学过程看作教师对学生的知识“施舍”的现状，改变那种师尊生卑的现象，改变那种“教师讲”和“学生听”的局面，形成教师与学生平等合作与交流，形成教学过程中教师与学生作为“游戏双方”的角色上的平等。第二，师生对话的观念。对话是一种交流与合作的表现，是一种分享与信息反馈的表征，在师生对话过程中共同解决问题，在实施对话中共同分享知识和交流情感。第三，师生合作的观念。通过师生之间的“教”与“学”合作，达到“学习共同体”的形成，实现教学是一种“同商量而已”，达成教师与学生共同进步。第四，“教”、“学”自由的观念。“自由和游戏显然是一对双生姊妹。”[10]教学过程中，通过教学上实现教师的自由和个性化的“教”以及学生能自由的个性化的“学”，达成教学自由。在具有教学自由的条件下，教师才能更好地去形成游戏精神。

（二）关键：构建有利于教师游戏精神形成的制度文化

教师被制度的枷锁所束缚，“戴着镣铐跳舞”等现象一直在备受诟病，教育行政化的局面使得教师在形成游戏精神过程中显得举步维艰，那么，就需要进一步形成有利于教师游戏精神形成的制度文化。第一，改进教师评价制度。评价是对教师教学工作和教师的价值判断，教师评价在影响着教师的职称评定、教师的工资待遇、教师的专业发展等方方面面。那么，传统的教师评价方法，主要是以学生的学习成绩和考试分数来评价教师的优秀与否。这样一来，教师就按照将学生培养为考试工具，用今天网络上流行的话语就是将学生练就为“考霸”，这样的教师就是“成功”的教师，而放弃了那种追求自由与创造，追求个性和体验等游戏精神。第二，促进中考和高考等制度的改革。中考和高考就像无形的枷锁时时在影响和左右着教师的教学工作，从教师的思想到行为以至于教师的生活等各个方面都在起着作用。那么，要形成教师的游戏精神，就不可避免地需要去改革中考和高考制度。第三，完善教师专业发展的法律法规。教师作为一种职业和专业，需要得到更多的制度和法律上的保障，尽管我国出台了许多的教师专业发展的法律和法规，但是，教师专业发展需要进一步去完善以便保障教师的切身利益，让教师能有信心和决心去形成游戏精神。

（三）基础：促进教师教学的个性化和自由的行为文化

教师游戏精神倡导自由和个性，那么，要形成一种游戏精神，就需要摆脱传统教学的束缚。第一，形成教师的个性化教学。让教师能自由地表达和言说，能具有自己的思想，对于教科书上的知识与内容具有自己的个性化的理解和个性化的讲解，而不是“照本宣科”。第二，形成学生的个性化学习。学生在学习过程中，能根据教师的指导和帮助，自己去制定学习目标和选择学习内容，让学生能自由地进行学习，将发展性学习和基础性学习结合起来。一方面，教师给学生规定一定的学习内容，形成基础性的学习，另一方面，教师为学生提供学习的选择，“把学习的选择权还给学生”。[11]总之，通过促进教师教学的个性化和自由的行为文化，从而形塑教师的游戏精神。

（四）条件：增强教师的情绪情感管理能力

前面提到了正是因为教师面临多重的心理压力，教师的情绪情感方面出现了紧张状态和危机。因此，为促进教师形成游戏精神，有必要去提高教师的情绪情感管理能力，让教师能正确地面对心理压力。第一，形成教师的情绪智力。IQ 是指智商早已经被广泛接受，而 EQ 作为情商问题还需要进一步去得到认同。在教师的教学过程中，还需要情绪智力来支持教学，所以，需要培养和形成教师的情绪智力。第二，促进教师的自我心理调适能力。教师需要进行自我心理调适，调节自己的情绪、情感，维护好自己的心理健康，从而进一步去形成游戏精神。

参考文献

［1］侯会美．游戏精神与创造性教学关系探论［J］．现代中小学教育，

2004（4）：11－13.

［2］高洁．论教师的游戏精神［J］．全球教育展望，2008（10）：40－43.

［3］张青瑞．游戏精神下的教学过程观［J］．咸宁学院学报，2011（10）：79－80.

［4］王金娜．论教育的游戏精神［J］．宁波大学学报：教育科学版，2013（4）：38－42.

［5］胡伊青加．人：游戏者［M］．成穷，译．贵阳：贵州人民出版社，1998：15.

［6］伽达默尔．真理与方法［M］．王才勇，译．沈阳：辽宁人民出版社，1987：155.

［7］王中华．德国中小学体育教学及其启示［J］．外国中小学教育，2008（4）：58－61.

［8］教育部．国家中长期教育改革和发展规划纲要（2010—2020年）［N］．中国教育报，2010－07－30（1）.

［9］王中华．论中小学教师情绪管理［J］．中小学教师培训，2014（2）：55－57.

［10］沛西·能．教育原理［M］．王承绪，译．北京：人民教育出版社，1992：99.

［11］顾明远．把学习的选择权还给学生［J］．河北师范大学学报：教育科学版，2012（1）：5－7.

后现代文化语境下的教师观

后现代文化是20世纪60年代以来在西方流行的一种社会文化思潮，是后工业社会生产发展的产物。后现代文化是对现代文化的一种批判与解构，其影响业已波及文学、哲学、历史学、数学、神学、艺术等诸多领域，并与现代教育发生激烈的“碰撞”，特别是美国学者小威廉姆·E.多尔的《后现代课程》的问世，在世界许多国家产生了强烈的反响。后现代文化建立在混沌理论、耗散结构理论、皮亚杰的生物世界观、杜威的经验认识论的基础之上，并对教学活动中的教师与学生的关系进行了重新审视。正如小威廉姆·E.多尔在《后现代课程》的导言中所言：“当这种新的更为微妙的秩序引入学校教育之时，教师与学生之间的关系将发生巨大的变化。”

一、后现代文化的主要观点

（一）去权威、非中心

后现代文化强调去权威，喊出了“上帝不但已死，而且根本没有上帝”的口号，也就是否定权威。后现代文化借鉴了存在主义和分析主义思想，认为世界没有永恒，也没有绝对的真理，后现代世界是变化的、非稳定的，“权威不再是超越性的、外在的，而是共用的、对话性的”。后现代文化对人类中心机械能激烈地批判，打破中心权威，主张把人与自然彼此分开是人类实践一切错误的根源，要超越现代，就必须消除主客之分，消除主体性。后现代文化反对认识论程式上的主客对立，提出人不是独立于世界万物的实体，人是世界的一部分，反对“人类中心主义”，倡导重新建立人与自然的和谐与平衡。

（二）解构与多元性

“解构与多元性”的观念强调将“一”解构成更多的“一”，多线条地展现出生命和一切事物存在的多姿多彩、富丽的世界与景观。后现代文化还倡导文本的多义性与解释的无限性，克服从单一观念出发关照世界的做法，宣称“所有的方法都有自己的局限性”，提倡“认识论的无政府主义”，号召“怎样都行”，允许采用任何方法，容纳一切思想，摆脱讲话的形式理性，将人类从传统方法论的奴役中解放出来，从而建立一个开放的、多元的方法群落。

（三）主张对话，强调不确定性

后现代文化强调一种语境体验，认为人更多的是作为交往的语言主体。主张一种开放的、公平的对话。他们认为对话时解释者与解释者之间人际关系发生的过程，应该推翻居于中心地位的认识主体，主张不同认识者之间的平等对话。后现代文化反对总体性、同一性和确定性等，强调事物变化以及事物本身的多元性、多样性、差异性、特殊性等，主张用知识形式的多样性、差异性去超越统一的现代理论，高扬客观世界是无需的、非线性的、没有什么规律可循，整个世界处于一种混沌状态和不确定的秩序中。

二、后现代文化语境下的教师观

（一）教师由中心权威者转变为“平等者中的首席”

在教学活动过程中，权威意味着控制，对教师而言，或许没有什么比权威和控制更重要了。长期以来，我们一直把控制理解为外部干涉，以为控制就是教师对学生学习活动的指挥和教导。在后现代文化语境下，教师由中心权威者转变为“平等者中的首席”，权威存在于情景参数之中，控制来自情境参数之间相互作用的自动或者自我控制，教师与学生之间更少表现为有知识的教师教导无知识的学生，而是教师与学生在平等的基础之上共同探究。当然教师由中心权威转变为“平等者中的首席”的过程，教师的权威作用并没有被消减或抛弃，而是以重新建构，真正的权威和控制是内在养成的，而不是外加的。后现代文化主张消解教师的话语霸权，铲除对秩序和权威与日俱增的服从，鼓励在课堂教学活动中以师生平等对话代替教师的传授与灌输，以培养求知者的民主意识和创新精神。

（二）教师由课程计划的执行者转变为课程与教学的建构者

在传统理论指导下，教师只是按照教学计划、教学大纲、教材的要求“照本宣科”。课程是固定的、预先先验的“跑道”，教师只是按照“跑道”按部就班。后现代文化语境喜爱教学是开放的，教学是对话性的，教师不仅关注书本知识的传授，而且更注重知识的建构，进行教学资源的开发，进行课程进程和课程结构的调整，依据课程标准和教学目标，建构实际教学情景的课程。

（三）教师由教学的管理者、控制者转变为学生发展的指导者、合作者

我国长期以来形成的传统师生关系，实际上是一种不平等的关系，教师不仅是教学过程的控制者、教学活动的制约者，还是学生学习成绩的评判者、学生发展的制约者。许多年来，教师已经习惯于根据自己的设计思路来进行教学，他们总是将学生虽不规范，但却正确的，甚至很有创建的意见“格式化”为平庸的思想。

后现代文化语境喜爱教师将“乐于面对学生”，同学生一起探索师生所达成的共识。传统意义上教师的教、学生的学，将让位于师生互教互学，彼此形成一个真正的学习共同体。教学过程不只是重视的执行课程计划的过程，而是师生公用开发课程、丰富课程的过程，教学真正成为教师和学生富有个性化的创造过程。在教学过程中，教师开启学生的参与、学习、探索、创造的愿望，直到学生找准学习、探究的方向。引导学生进行自我反思和自我评价，做学生发展的指导者和促进者。

（四）教师由裁判学生成绩的“法官”转变为学生成长的促进者

后现代文化语境下，教师的教学评价强调评价对象的丰富性、多样性、差异性，采用多元方法，多维度评价标准，主张运用质性、激励性评价方法，少用量性、甄别性评价方法，同时针对不同学生、学生的不同需要采取不同

评价方法，教师需要充分利用教学评价来促进学生的全面发展。

三、结语

在后现代文化语境下，教师的角色需要从原来的中心权威地位转变为“平等者中的首席”，从课程计划的执行者转变为课程与教学的建构者，从教学的管理者、控制者转变为学生发展的指导者、合作者，从裁判学生成绩的“法官”转变为学生成长的促进者。教师转变的过程中不仅需要理论的学习、深入的理解，更需要在教学活动过程中实践与反思。

个性化教学视域下的教师文化策略建构

《国家中长期教育改革和发展规划纲要（2010—2020年）》中指出："关心每个学生，促进每个学生主动地、生动活泼地发展，尊重教育规律和学生身心发展规律，为每个学生提供适合的教育"和"关注学生不同特点和个性差异，发展每一个学生的优势潜能"。[1]自此，在我国掀起了个性化教学理论研究和实践探索的新一轮高潮。个性化教学是指"在教学过程中尊重个性差异和基于教师个性特点，采取灵活的教学形式，提供学习情境，让学生主动参与到学习中去，以培养学生交流与沟通能力、合作学习的能力以及个性化学习为目标，推进个性化的教与学的活动"。[2]个性化教学作为推进素质教育的重要表现，也是推进学校特色化建设的重要杠杆，而且还是实现优质教学的重要方式，更是促进新课程改革的重要路径，并且是促进教师专业成长和学生的个性化生成的重要路径，故应在课堂教学中得到重视。需要明确的是，"个性化教学的关键在于教师。"[2]由于两者之间形成一种因变量与自变量的关系，教师文化是自变量，教师是个性化教学的具体执行者，其思想和行为，理念和行动等教师文化的变革是非常关键的，将影响到作为因变量的个性化教学。因此，我们需要重视教师的思想、价值观、行为习惯等教师文化。在个性化教学视域下的教师文化呈现出创造性、差异共享性、对话性等新的特点，然而，新型的教师文化的形成遭遇到来自学校因素、传统教育文化因素、教师自身因素等方面的影响。为了进一步推进个性化教学的开展，促进教师的个性化的"教"和学生的个性化"学"，以及个性化课堂的形成，我们需要建构个性化教学视域下的教师文化。

一、个性化教学视域下的教师文化特征

（一）创造性

教学不是一种简单的复制，不是一种影印，不是"照本宣科"，而是一种

创造。在个性化教学视域下，教师需要从教学理念到教学行为上，需要改变那种以大纲为纲，以教材为本的传统做法。而是注重教师的创造，能进行个性化地理解课程标准，能进行个性化地解读教科书，能个性化地进行课程设计，也能进行个性化地教学设计。可见，“教学是一种创造”，教师需要在课堂教学过程中进行个性化的教学创造，而不是教学“克隆”。因此，个性化教学视域下，教师需要树立的一种价值文化和行为文化，是一种注重创造性的教师文化。在教学理念、教学态度、教学信念、教学行为上体现出一种创造。

（二）合作性

个性化教学视域下，课堂教学改变过去那种“秧田式”的座位排列，学生被分成几个小组，教师需要改变过去那种只是站在讲台和黑板的前面进行教学“独白”的现状。而需要能进行指导学生之间的合作与互动，能鼓励学生积极参与到课堂中来，并能恰当指导小组内与小组间的学习与交流。第一，合作性，体现在教师与学生之间的合作。在此过程中，个性化教学主张教师的个性化的教学指导，让学生进行独立地学习和个性化地学习，强调教师与学生之间的合作，形成“教”与“学”之间的合作。第二，合作性也体现在教师指导小组内学生与学生之间的合作。在学生独立性和个性化学习前提下，面对一些容易产生分歧和出现错误的问题时，或者面对多元化的问题答案时，教师需要指导小组内学生之间可能需要进行讨论与交流，形成“头脑风暴”，从而更好地解决问题，获得更加深刻的认识和问题的解决。第三，合作性也体现在教师指导小组之间学生的合作与交流。有时候，教学过程中的问题可能需要小组之间的学生进行合作完成，所以需要教师指导小组与小组之间的学生的合作，从而形成合作性。

（三）开放性

个性化教学需要教师进行开放式教学，给予学生开放的教学环境，创造一个开放的教学空间，让学生能积极参与到课堂教学互动和交流中来。教师指导学生掌握自由进度，能根据学生的兴趣，自由自主掌握其学习内容，不是教师固定的教学时间和教学内容。首先，开放性体现在教师对学生的学习选择性上。在进行个性化教学过程中，教师需要从教学理念到教学行为等方面都体现出教师自身的教学开放性，教师给予学生的学习指导，让学生根据自己的学习能力和学习兴趣等多种个性化因素来思考选择适当的学习方式和学习方案进行学习。其次，开放性体现在教师对学生回答问题的开放性。在此过程中，教师允许学生进行多元化地回答问题，而不是采取“唯一”的标准答案的做法，例如一位数学教师布置了一元一次方程的题：$(2X-1)/3-(3X-4)/4=1$。学生严格按照解题步骤解：两边都乘以最小公倍数12，得$4(2X-1)-3(3X-4)=12$，简化得$-X=4$，最后得$X=-4$。但是有些学生不一定喜欢前面的计算方法，他（她）也可以这样算：先将算式移动一下，得到$(2X-1)/3=1+(3X-4)/4$，再将右边的算式计算得到$(2X-1)/3=3X/4$，再将左边乘以上下左右相乘得到$3\times 3X=4\times(2X-1)$，进一步得到$X=-4$。可见，在课堂教学过程中，教师需要关注学生的思维方式，兴趣差异，尊重学生的“不一样”的答案，而不是给学生加框，让学生去钻你预设好的框框，而是需要学生展现自己的个性化，让学生在教学过程中能发挥主体能动性，参与到教学中来，生成知识，体验知识产生的过程，进行个性化的领悟和个性化的理论知识建构。最后，开放性还体现在教师与学生之间的心灵的走进，“视界的融合”。教师在课堂教学活动中采取开放的心态对待学生，成为“平等中的首席”，是学生学习的指导者和“向导”，是学生学习的咨询者和学习合作者，教师不是传统意义上的“权威”，而是与学生进行对等性的交流与沟通。

（四）差异共享性

个性化教学关注学生之间的差异，重视学生的个性，全纳一切学生。因此，在个性化教学过程中，教师需要将学生的差异看作一种教学资源，故而教师在教学过程中尊重学生的差异性，而不是去消灭和否定差异，通过差异来实现多元和个性化的共享，强调生命的多样性，重视学生的多元智力，关注学生的多样化，强调课堂之中差异之间的沟通和融合，对人性的多样性的尊重。所以，在个性化教学视域下，教师文化体现出教师对自身个性的差异性生成，重视学生不同的个性，关注学生的差异与多元。

（五）对话性

个性化教学视域下，教师与学生不仅各自张扬自己的不同个性，同时，面对不同的个性化的学生，教师能与其开展对话与交流，并倡导学生与学生之间的对话与交流，在对话与交流中产生学习的策略，形成问题的答案。因此，在个性化教学视域下，教师文化体现出对话性，强调教师与学生之间的主体性对话，重视教师与教师之间的对话，关注学生不同个性之间的主体性对话。

二、适应个性化教学的教师文化形成的影响因素

（一）教育文化传统因素

几千年来，我国形成了相当丰富的教育文化传统，包括了“因材施教”“有教无类”“尊师重道”“教学有法，但无定法，贵在得法。”等优秀的教育文化理念，给我们留下了一批宝贵的无形财富，但是也存在忽视学生的个性，过分注重教师的权威。1300 多年的科举考试的功利性将人变成考试的“奴隶”和机械训练的“机器”等应试教育的负面影响挥之不去，“灌输式”的教学方式抑制学生的创造性和学习的兴趣，以至于留下“中国为什么培养不出杰出人才”（俗称“钱学森之问”）的遗憾，给教育界之外的人士对教育和教师进行诟病和“拍砖”（网络用语）的机会。在强大的教育文化传统的影响下，教师在面对学生群体时，往往会忽视学生间的差异性，期望用同样的内容、时间、方法教会每一个不同的学生，忽视差异性是传统教育在学生观上的具体表现，因为传统教育关注的是“标准产品”的生产，而不是作为不同生命体的人之发展。[3] 可见，教育文化传统的影响，导致了教师对“格式化”教育模式的“顺从”，对“去个性化”的教学的依赖，从而对个性化教学的忽视，也就成为理所当然了。

（二）现实的学校因素

1. 当前的大班化教学是适应个性化教学的教师文化形成的阻碍因素

我们知道，在教育史上首先是个别教学然后才发展到集体教学，在夸美纽斯对班级授课制的总结和发扬，从而推进了班级授课制的发展。但是随着班级授课制的弊端，大班级教学组织形式遭遇到了挑战，国外就出现关于教学组织形式进行了圣巴巴拉制、特朗普制等改革，而且在国际上一些教育理论家和教育实践改革家在深入探索小班化教学。期望通过班级人数的减少和座位排列等一系列的改革措施，来避免大班化教学的不足。1997 年开始，北

京、上海、杭州、南京等城市先后在部分中小学进行了“小班化教育”实验研究，从人数的减少，最多28人，最少19人，到课桌椅采用组合方式，到学生评价不采取任何形式的测试。但是我国截至2010年，全国小学56人以上的大班额占小学全部班额的20.03%，其中，66人以上的超大班额占5.42%；全国初中56人以上的大班额占初中全部班额的51.34%，其中，66人以上的超大班额占14.76%。[4]在大班化教学的过程中，教师面对几十个人的班级，连维持班级纪律都需要花费一定的时间，因此，教师很难关照到每个学生的发展，而且还面临公平与效率的考量以及质量与数量的矛盾，在如此情况之下，教师无法做到关注到学生的个性差异，只能以班上的平均水平来衡量教学进度，以至于出现将学生的发展水平拉齐或者为了几个考试成绩优秀的学生而耽误更多的考试成绩一般和成绩较差的学生的发展。所以，在这样的教学情境下谈个性化教学，对教师来说是一种奢谈。

2. 学校改革和发展过程中学校个性化和特色逐渐“迷失”

特色就是个性色彩和风格。特色学校是指那些在全面贯彻教育方针的过程中，在办学主体刻意追求之下，在较长的时间内，在某些方面具有区别于其他学校的独特之处，形成比较确定的鲜明个性风格，成绩卓著，社会公认的学校。[5]但是，在我国学校转型和教育改革过程中，学校为了更好去适应生存的大环境，逐渐对优质学校趋之若鹜，一味地模仿，从学校的建设目标、人才培养、课程设计、教师教学风格、教师评价、学生评价等方面都采取“学习”和“借鉴”其他学校的做法，以至于学校已有的传统和风格得不到彰显，而现有的学校特色又没有建构，以至于出现真空状态，形成学校个性化的“虚无”。在此情况下，“存在决定意识”，学校的无个性化的存在，也决定了其影响和抑制教师在教学过程中的个性，使得教师对个性化教学文化理念的缺失，对个性化教学文化价值的不认同，对个性化教学文化行为的反感，从而导致教师个性化的文化价值观的缺失。

3. 学校校长的个性缺失

陶行知先生说过，校长是学校的灵魂。我们从历史上可以看出，如北京大学校长蔡元培先生对北京大学的改革让北京大学成为当时国内思想活跃的阵地，是学术自由和兼容并包的教育改革的前沿，使北京大学培养出许多国家所需要的人才，足以见得校长的个性化在学校改革和发展中具有的非凡价值。我们进一步认为，一所好学校需要一个好校长来领导学校管理层以及带领教师集体去进行学校改革和教学改革。但是在当前的教育转型的背景下，学校校长很多时候出现了迷失自我的状况，特别是在多元文化的激荡下，校长显得无所适从，校长无法把握和形成自身的独特个性，以至于不能形成开放的教育教学理念，不能认同教师的个性化教学，于是将学校的个性化和特色丢失，让教师缺失个性，使得教师不敢“胆大妄为”地去进行个性化教学，从而形成不了个性化教学的教师文化。

（三）教师因素

1. 教师的文化适应性问题

我们知道，人类生活在物理世界、生理世界和文化世界之中，而教师也不例外，而教师文化作为教师生存在文化世界的重要方面，是教师进行价值定位、行为方式等教育教学活动的重要体现，在教师生活与教育工作中起到不可替代的作用和十分重要的分量。因此，在对待教育教学变革过程中，教师文化也需要相适应的进行变革，而在两者之间的相互交织中，教师文化与教师个体出现了“重合、张力和互塑”[6]。面对个性化教学，教师需要重新认同自我在课堂教学中的价值，需要重新定位教师与学生的关系、与课程教材的关系以及教师自身与同事之间的关系，等等。从理念到行为，从思想到行动，从价值本位到具体操作层面，都需要一个全面的变革和适应过程。因此，在个性化教学过程中，教师显得不适应，教师文化形成还需要一个过程。

2. 教师的个体文化人格的缺失

教师在专业发展过程中，由于受到传统的社会教育、家庭教育与学校教育的影响，教师的个体人格与教师的独立性在其成长过程中往往没有得到发展，而是受到不同的压抑和“遮蔽”，没有形成教师个性，以至于往往是“听从”上级和领导安排，“按部就班”地进行教育教学工作，“循规蹈矩”地进行生活，而不是个性化地进行教育教学过程，缺乏对自身的个性化反思，从而使教师文化个性的缺失。

（四）教育评价因素

我们知道，评价是一种价值判断，是对事物或者事件以及人是否符合某种需要标准的断定，评价会影响和左右人们做人和做事的方法和过程。那么教育评价就会影响教育工作者的教育活动和教育过程，这是不容置疑的。一直以来，“好学生”“好教师”的模样影响着教师进行教育教学活动，不仅从教育文化理念上，而且从教学行为上促使教师往那种人们所认为的“文化”上靠，这也是一种现在所谓的“潜规则”。在我们已有的教育评价体系中，教师习惯了“传道、授业、解惑”，教师习惯了“照本宣科”和“满堂灌”，也习惯了“听话的学生”，更习惯了“考试分数”来评价教师的教育教学“功劳”和学生的“学习成绩”，还习惯了“秧田式”的座位排列，也习惯了“教师高高在上”等一切顺利成长的固有评价文化。在这种大背景下，教师不敢去进行个性化的教育创新，不愿去进行个性化教学的尝试，也不屑去重构自己的课堂，也不能去开创教学革新的新路途。于是，教师文化被教育评价所适应，去个性化的教师文化“大行其道”，而具有个性化的教师变得“缄默”了，进而个性化的教师文化“隐蔽”了。因此，在今天的教育转型和教学改革过程中，适应个性化教学的教师文化还在受到教育评价文化的冲击，要改变这种状态还需要一个调整的过程。

三、适应个性化教学的教师文化建构策略

（一）形成开放式教育文化理念：适应个性化教学的教师文化形成的前提

构建适应个性化教学的教师文化，与开放式教育理念是分不开的。笔者认为，开放式教育是针对封闭式教育来讲的，打破原来课堂教学一直以教师为中心，以教材为中心，教师讲授为中心的教学理念，改变以往忽视学生的主体性教学，忽略教师与学生之间的合作，不重视学生之间的合作教学的做法，是一种鼓励学生参与学习活动，以学生为中心的教育理念和教育形态。开放式教育与个性化教学具有一定的契合点，并且开放式教育理念的形成是个性化教学的重要前提。因此，在形成适应个性化教学的教师文化过程中，首先，需要形成开放式教育理念。

1. 开放的学校理念

学校形成开放式教育理念，是构建个性化教学，形成开放式的教师群体文化的重要方面，一个学校的发展不是教师个体的个性化教学理念的形成，而是全体教师的个性化生成。因此，学校需要“打开班级的墙壁、打开年级的墙壁、打开教师的墙壁、打开部门的墙壁，促进学生之间、教师之间、部

门人员之间的合作”。[7]

2. 开放的教学理念

在形成适应个性化教学的教师文化过程中，教师需要形成开放式的教学理念，只有从上层意识层面上去进行变革，才能从行为上去形成适应个性化教学的教师文化。因此，我们教师需要“从根本上根除一本教材、一个大纲、一间教室、一位教师、一个教条、一块黑板、一支粉笔的单一教学模式”。[8]并形成开放的教学环境，促进学生主动参与到课堂教学活动中来，形成开放教学空间，激发学生学习兴趣，从而促进个性化教学的生成。

3. 开放的教学资源观

在新课程改革的背景下，教学资源作为一种重要的教育理念被提到了非常突出的位置。教师在进行课堂教学过程中，需要改变那种现有的教学资源观，即仅仅将书本、参考书作为教学资源，而需要注重更加宽泛的教学资源，将教师自身也纳入到教学资源，特别是在当前信息化条件下，“云教育”的产生，开放的学习时间和空间彻底摆脱了传统教育的诸多限制，创造了一种全新的学习环境和有效地整合跨区域的教育教学资源。[9]通过开放的教育资源观的形成，改变现有的教师文化观念，教师能更加个性化的教和学生个性化的学，从而实现个性化教学。

4. 敞亮的师生关系

《什么是教育》中指出：“教育是人对人的主体间灵肉交流活动（尤其是老一代对年青一代），包括知识内容的传授、生命内涵的领悟、意志行为的规范、并通过文化传递功能，将文化遗产交给年青一代，使他们自由的生成，并启迪其自由天性。”[10]在开放的教育理念下，师生之间的关系是一种敞亮的“我—你”的关系，而不是“我—他”关系，是一种开放的心灵对话和学习合作，是一种“学习共同体”的构建，在此过程中，教师不仅展示自身的个性，而且教师也对学生的差异是尊重的，并倡导学生的个性的丰满和人格的完善。

（二）建设个性化学校文化：适应个性化教学的教师文化形成的重点

要构建适应个性化教学的教师文化，不可避免地需要提及学校的个性化和特色化，因为教师文化是学校文化和学校特殊性的一种体现，也是学校全体教师共同的价值规范、共同的教育信念和共同的教学行为的一种诠释。因此，我们要探讨构建适应个性化教学的教师文化，就需要进一步去探究学校的特色。“特色”是个性色彩和独特风格的一种表达，特色学校是针对那种千篇一律，办学风格趋同的一种纠正和匡扶。我们知道，在学校文化特色，也可以说是学校文化的个性，是包括学校校长文化、教师文化、学生文化等在内的一个整体文化特色体系。因此，在推进个性化学校文化建设过程中，我们需要认识到“特色学校的创建，始于办学者，在眼下也就是校长的办学理念，校长的高瞻远瞩可谓特色学校创建的先声；成于鲜活的学校行动，以教师群体建设为中心的学校教育实践的整体贯彻，可谓特色学校创建的核心与关键。”[11]

（三）促成小班化教学：适应个性化教学的教师文化形成的条件

当前，我国大班化教学普遍存在，从小学到高中，一个班级中学生数量较大，影响着教师个性化教学的开展。而小班化教学具有师生和谐，愉悦学习；有效互动，深度参与；尊重差异，发展个性；自主探索，舒展创意；扩展空间，开掘资源等特点。[12]能有效提高教师对学生的关照度，从“教育关照度 = 周上课时数 × 上课单位时间班级编制标准 ÷ 60”这个公式可以看出，小班化教学能更好实现教师对学生的关照，而且小班化教育实践也证明了小班化教学对教师的个性张扬和学生个性的养成起着非常重要的作用。在小班化教学的视域下，教师能更有效进行师生之间的交流，小组内学生能进行有效的交流，小组之间也能进行高效的合作学习，以及全班之间学生之间的共同合作学习，从而实现教师教学的有效性和高效性，也提升学生学习的愉悦性和人际交往的双向互动和多向交流。从“辽宁省大连市西岗区小班化教育主要概念”[13]，我们可以看出，小班化教育的理论价值和效用价值。通过小班化教学的开展，推进个性化教学，促进教师文化的重构。

辽宁大连市西岗区小班化教育主要概念

☆ 小班化教育理念：“让每个学生都进步、每位教师都成长、每所学校都发展”。

☆“5 +1”小班化教育模式：5 个教育愿景——“微笑每一个、健康每一个、智慧每一个、创新每一个、高尚每一个”，1 个教育策略——“关注每一个”。

☆ 小班化教育内核：“活力小班”。活力不仅表现在班集体建设和班级活动中，更表现为教师有激情地教和学生有激情地学；不仅表现为教师教的研究深度，更表现为学生学的思维深刻性和活跃程度。

（四）提升教师的文化自觉：适应个性化教学的教师文化形成的关键

1. 教师个性人格的构建

个性化教学的缺失与教师个性的缺失是密切相连的。在制度化教育背景下，教师的教学理念、教学行为等都被规制，被体制化，更加遵从和驯服，在教育教学过程中，往往是放弃了自己的个性，而去追求一个共同的标准和已有的共同模式，以至于在教学过程中，对待学生也是采取标准化、格式化的理念去对待学生，于是教师的个性丢失了。因此，教师极需反对这样一种趋势，那就是教师"只是一只工厂里干活的手。只要机械、麻木地贯彻执行掌权者的思想和命令就可以了"。教师必须与那些有碍他们既能提高的制度作斗争，或者与行政和工业领导者提倡的、被玛格丽特称作"工厂化"的控制模式作斗争。[14]只有这样，教师在共同性和个性的博弈下，才能形成自己的个性，去建构自己的个性化人格，去进行个性化地教学。

2. 教师的自我文化调适

个性化教学理念下，教师在建构个性化文化过程中，需要从外在的自在走向内在的自觉，因为文化不是天生的，而是在环境与教师个体之间的相互作用中形成的，而教师文化又是全体教师的一种共同的价值规范、信念、心理和行为方式等，这是教师在形成自己的个性过程中，需要与其他教师进行相互交流，相互融合，相互建构，从文化的边缘走向文化的内核，从而形成一种得到大家公认的文化模式或者说是一种体系。因此，新的教师文化理念，从外在的文化概念内化到教师的文化理念中去，需要进行内化和再生成，需要在教师的"图式"中进行建构，需要一个自我调适的过程。"对现代人来说，处境、职业的每一次改变，甚至对一个新社会集合的加入，都为他带来了文化适应的新问题。他必须学习"运用"新的习惯和新的礼仪。"[15]

3. 形成教师个性化教学智慧

建构适应个性化教学的教师文化，需要教师形成个性化教学智慧，"机智促进孩子的学习和个性成长"。[16]教学智慧是教师教学过程中不断摸索以及积极反思出来的，而不是一蹴而就的，当然，学习是教师构建个性化教学智慧的重要途径，因此，教师需要形成个性化教学所具备的知识、技能、能力与伦理等素养，形成个性化教学智慧。[17]

4. 尊重生命的个性

在新课改理念中，新课程倡导以人为本，说到具体的课堂教学中去就是以学生为本，关注学生的生命个性，尊重学生在教学过程中，教师需要尊重生命，将每个学生都视作大写的“人”，而不是小写的“人”，切实做到“一切为了学生，为了一切学生。”将“生命作为至善”[18]通过教师对学生的生命性尊重，能进行生态性教学，关注学生的差异性，重视学生的生态个性，从而建构个性化教学所需要的教师文化。

（五）扬弃教育文化传统：适应个性化教学的教师文化形成的支撑系统

“我国传统教育比较侧重的是群体性（共性）的发展，在一定程度上忽视人的个性发展。”[19]这是我国教育文化传统中不足之处，需要我们积极推进教育文化传统的现代转型。当然，在历史上也出现过孔子“因材施教”，根据学生的差异进行个性化教学，这也是我们教育文化传统中比较优秀的部分，值得我们去发扬。在当前教育文化转型过程中，我们需要积极对西方传过来的后现代主义的教师文化进行学习和借鉴，对传统的教师文化进行“解构”，如对“教师是蜡烛”“教师是园丁”“教师是人类灵魂工程师”等隐喻文化进行重新定义与诠释，对当前新课程改革过程中所出现的新的教师文化进行重塑和建构。通过对教育文化传统的“解构”和“建构”，重新构建适应个性化教学的教师文化。

总之，个性化教学不是一种具体的教学模式，而是一种教学原则和教学理念，在此理念下，教师文化需要重新塑造。

参考文献

[1] 教育部．国家中长期教育改革和发展规划纲要（2010—2020 年）[N]．中国教育报，2010－07－30（1）．

[2] 王中华，熊梅．高校个性化教学的影响因素及其消解：文化视角的反思[J]．现代教育管理，2012（7）：80－84.

[3] 叶澜．“新基础教育”论：关于当代中国学校变革的探究与认识［M］．北京：教育科学出版社，2006：223.

[4] 刘华蓉．教育部组织研究解决大班额问题　提高教育质量［N］．中国教育报，2011－08－05.

[5] 郑友训．特色学校诠释［J］．中国教育学刊，2001（6）：20－23.

[6] 龙宝新．当代教师教育变革的文化路径［M］．北京：北京师范大学出版社，2012：266.

[7] 熊梅，王廷波．开放式学校组织特征与建构［J］．中国教育学刊，2011（8）：17－20.

[8] 张云鹰．开放式教育［M］．北京：教育科学版，2011：52.

[9] 李莉，言雅娟，曾锃．基于云教育模式的英语教学研究［J］．职业教育研究，2012，（1）：170－171.

[10] 雅斯贝尔斯．什么是教育［M］．邹进，译．北京：生活·读书·新知三联书店，1991：3.

[11] 刘铁芳．走向深度的特色学校建设［J］．教育科学研究，2011（10）：21.

[12] 成都师范银都小学．小班化教育［M］．成都：四川大学出版社，2009：10.

[13] 李生滨．激情打造小班化教育高地推进区域教育优质发展［J］．中小学管理，2010（9）：7－10.

[14] 迈克尔·W. 阿普尔．教科书政治［M］．侯定凯译．上海：华东师范大学出版社，2005：10.

[15] 阿格妮丝·赫勒．日常生活［M］．衣俊卿，译．重庆：重庆出版社，1990：5.

[16] 马克斯·范梅南．教学机智－教育智慧的意蕴［M］．李树英，译．北京：教育科学出版社，2001：223.

[17] 王中华，熊梅．个性化教学的缺失与建构［J］．现代教育论丛，2012（6－7）：25－30.

[18] 汉娜·阿伦特．人的境况［M］．王寅丽，译．上海：上海人民出版社，2009：248.

[19] 鲁洁．教育社会学［M］．北京：人民教育出版社，1990：136.

当前新建本科院校教师文化构建策略

——基于积极心理学的考量

一、积极心理学的主要内容

（一）幸福

第一，幸福的测量。心理学家 Mayers 在 2000 年通过对幸福的测量，发现每 10 个人当中，平均有 3 个人说自己非常幸福，1 个人说自己不太幸福，其余 6 个人说自己比较幸福。第二，幸福的作用。积极情绪让人产生创造性和宽容度的思考，而消极情绪则让人高度专注于关键性的防卫思考和决策，从而导致积极情绪更让人们高估自己的能力，更加有利于决策和规划。第三，幸福的原因。在探究幸福的原因过程中，可以发现幸福与性格特质、文化、人际关系、环境、休闲、身体状况等方面具有正相关性。第四，幸福的障碍因素。幸福的障碍因素在于对愉快情景的习惯化和适应、消极的社会比较、对同等收益和损失的不对等反应、适应性的痛苦情绪等方面。第五，增进幸福的策略。一方面，增强心理幸福感，主要涉及自主性、环境控制、自我悦纳、个人成长、生活目标、与他人的关系等方面。另一方面，增强社会幸福感，主要在于社会整合、社会贡献、社会一致、社会真实、社会接受等方面，还有就是提高生活质量。

（二）积极

第一，积极情绪。积极情绪可以用好笑的、骄傲的、幸福的、高兴的、热诚的、欢欣的等来描述和理解。而消极情绪可以描绘为难过的、伤心的、沮丧的、不高兴的等。积极情绪和消极情绪往往是情绪的两个方面，我们需要关注积极情绪，减少消极情绪。第二，积极体验。进行沉浸体验，寻找具有挑战性的目标和需要技能型的活动，进行明确的目的和反馈。第三，积极自我。为形成积极的自我，需要自尊，形成自我效能感。第四，积极关系。为更好地形成积极的人际关系，从家庭到学校等方面都应该形成积极的关系。第五，积极改变。面对机遇与挑战，我们需要进行积极的改变，并经历从前预期到预期阶段，从预期阶段到计划阶段，从计划到行动阶段，从行动到保持阶段，从保持到终止阶段等进程的改变。

（三）健康

人是心身统一的，因此，在讲到健康时，我们需要关注身体健康和心理健康，特别是需要关注心理健康。因为只有健康，才能更好地促进身心幸福和快乐。因此，我们需要关注健康。

（四）希望和乐观

乐观是对未来的总体性的期望。希望是一个与乐观密切相关的概念。美国心理学家 Snyder 认为充满希望的目标是由三个因素决定的，即对结果或者目标等级的价值评定、对价值目标的所有可能路径的思考及相应的期望、对个人目标的思考以及对这些目标路径的功效评价。

二、积极心理学视域下的新建本科院校教师文化

（一）构建幸福的教师文化

1. 幸福对新建本科院校教师非常重要

幸福是积极心理学最为闪亮的关键词，理解并帮助人们获得幸福和主观幸福感是积极心理学的核心目标。[1] 在积极心理学视域下，教师需要获得幸福，将教师职业幸福作为教师工作的追求目标，将教师幸福感的获得作为高校教师队伍建设和发展的目标，因为幸福感是教师发展的人本指标。[2] 因此，第一，幸福有利于教师职业的发展。通过追求幸福，展示幸福，获得幸福，体验幸福，让教师成为一种让人尊敬和重视的职业，真正成为“太阳底下最光辉的职业”，而不是“臭老九”，从而提升教师职业的社会地位和声望。第

二，幸福对于教师个人的价值与意义。通过教师获得幸福和分享幸福，从而使教师在工作岗位上能发挥正能量，积极地投入到教学与科研中去。第三，幸福对新建本科院校教师群体的价值。教师在追求幸福过程中，能让新建本科院校变成行为的海洋，让教师个体通过获得幸福，从而让教师群体获得幸福的分享，进一步促进新建本科院校教师队伍建设。

2. 当前新建本科院校教师幸福感的缺失

教师成长设定的目标能否实现、教师成功感的实现、社会和公众的认同度等几个因素在影响和左右着教师幸福感的获得与否。[3]在教师幸福感的追求中，教师有时会感到幸福感缺失，特别是在新建本科院校的教师队伍中，教师往往感觉到自己的幸福感缺失，以铜仁学院为例，该学校教师认为“自己没有多少成就感”“自己的工作很迷茫”“自己感觉很累”“学校发展与自己的预期目标还比较遥远”等，这些都是幸福感缺失的“代名词”。

3. 构建幸福的新建本科院校教师文化

第一，理解和厘清幸福和幸福感的内涵。对于什么是幸福和幸福感，我们需要进一步去理解和厘定，这是构建幸福教师文化的基础。第二，对当前新建本科院校教师的幸福感的测量和调查。对当前教师的幸福感进行测量和调查，以便获得更丰富的材料来促进教师幸福感的获得。第三，了解教师幸福感缺失的原因并寻找对策。以铜仁学院为例，通过调查发现，该校教师幸福感程度不够高，特别是青年教师对铜仁学院的期望和学校的前途感到担忧，对学生的学习和自己的教学状况感到不够幸福。因此，我们需要寻找产生的因素，并积极寻找使教师幸福的策略。

（二）形塑健康乐观的教师文化

（1）提供健康的心理环境和心理氛围。在新建本科院校教师文化建设过程中，学校领导和管理部门为教师心理健康发展提供健康的心理环境和心理氛围，让教师能在和谐的、融洽的、轻松的、愉快的环境下进行教育工作。

（2）关注和重视教师的心理健康，使之能做到自我悦纳、对现实的准确感知、自主性、对环境的掌控能力、人格完整统一、成长发展成熟等。[4]所以，在新建本科院校教师文化建设过程中，我们不仅需要关注教师的身体健康，更加需要重视教师的心理健康，加强对教师心理动态的发展和关注，对教师开展心理测量，并为教师提供心理咨询服务，从而为构建健康的教师文化奠定基础。

（三）形成积极的教师文化

1. 提高教师的积极情绪

在新建本科院校教师文化建设过程中，需要形成教师积极的情绪，如改变铜仁学院教师心中所存在的“怨妇情节”“祥林嫂情节”“破窗情节”“破罐情节”等不利于教师积极发展的情绪，减少和降低消极情绪以及负面的情绪，让教师能在积极、快乐的情绪之下进行教学与科研，积极的工作和学习。

2. 推进教师积极和谐的人际关系

在新建本科院校教师文化建设过程中，一方面，学校为创建安全的、和谐的领导和教师之间的关系、学生与教师之间的关系、学生与学生之间的关系，从而使教师具有良好的人际关系氛围；另一方面，教师自身需要积极改变自己，认识到人际关系的重要性，并为处理好和创建积极的人际关系而努力。

3. 形成教师积极自我

在新建本科院校教师文化中，教师需要形成积极的自我，形成自尊，形成自我教学效能感，传播正能量。

4. 教师的积极改变

面对新建本科院校的建设与发展，面对新建本科建设和发展的机遇，去迎接未来的竞争与挑战，教师需要积极地改变自我，做到“以不变应万变”，“世易时移变化宜矣”，去改变自己的思维方式，改变自己的教学习性和惯性思维，形成积极的改变。

（四）促成希望的教师文化

美国心理学家 Snyder（2000）指出，希望包括能力和动机两个方面。因此，在新建本科院校教师文化建设过程中，需要做到：一方面，教师需要提高自己的能力，积极完成自己的教师角色的转变，从原来的专科教学到本科教学的转变，从原来的“死记硬背”“照本宣科”的教学转变到现在的应用型教学，从而化解新建本科院校建设中所存在的问题与心理冲突。另一方面，教师需要具备适当的动机。根据心理学原理，我们知道，动机过强或者过弱，都不利于教师心理的发展，因此，教师需要树立正确的适当的动机，能将自己的期望、学校的期望、教育的期望三者之间的关系，特别是要将自己的期望目标与学校建设的目标尽可能保持一致，从而使自己的期望既不至于过高，也不至于过低，做到恰当的期望值。

总之，在新建本科院校教师文化建设过程中，教师遭遇到文化冲突和文化危机，需要进行恰当的调适，而积极心理学所强调的积极、希望、健康、乐观和幸福等正面的、积极的传播正能量，为教师文化建设提供更加重要和广阔的心理动力和心理源泉。

参考文献

[1] ALAN CARR. 积极心理学［M］. 郑雪，译. 北京：中国轻工业出版社，2008：1.

[2] 张俊华. 幸福感：教师发展的人本指标［J］. 中国教育学刊，2008 (1)：50－53.

[3] 王雪艳. 高校教师幸福感指数研究概况［J］. 科技创新导报，2013 (3)：227－228.

[4] 克里斯托弗·彼得森. 积极心理学［M］. 徐红，译. 北京：群言出版社，2010：171.

第三部分

教师专业发展的心理视角研究

新课改纵深阶段的教师心理冲突与调适

新课程改革十多年过去了，新课改进入了一个纵深发展的阶段，课程改革也由上到下，由国家层面、地方层面深入发展到课堂教学层面，而课程改革的关键还是在于教师，这是一个比较普遍的认识。因此，《国家中长期教育改革和发展规划纲要（2010—2020年）》指出："建设高素质教师队伍。教育大计，教师为本。有好的教师，才有好的教育。"[1]但是，在现实的课堂教学中，还存在诸如教师心理冲突等问题，这是我们需要面对和积极去解决的问题。因为课改取得成功关键在于教师从心理行为上发生变革，而不仅仅停留在新课程理念的学习上和"口号"上。所以，我们需要对教师的心理进行重视，使教师能从课程改革中获得心理上的满足感和"高峰体验"，也就是让教师能从课改中获得幸福的源泉。

一、教师心理冲突的意蕴

（一）含义

心理冲突，也叫动机冲突，心理学上对心理冲突是这样界定的：个体在有目的的行为活动中，存在两个或两个以上相反或相互排斥的动机时所产生的一种矛盾心理状态。也就是说日常生活中，许多事情常会使人左右为难，举棋不定，这就是心理冲突。那么，教师心理冲突，主要是指教师在面对新课程改革和传统教学的时候，既要进行课程改革，又要进行改变传统教学之时所产生的一种心理冲突，也就是在课程改革的"破"与"立"之间的冲突。

（二）教师心理冲突的基本类型

（1）接近—接近冲突，或者叫双趋冲突，主要是指两种或两种以上目标同时吸引教师，而教师只能选择其中一种时所产生的内心冲突，正如“鱼，我所欲也；熊掌，亦我所欲也。二者不可兼得。”教师的双趋冲突如教师在面对新课程改革过程中，既要想进行课程改革，又想不改变自己的教学模式，于是两者产生冲突。

（2）回避—回避冲突，或者叫双避冲突，是指教师面对两种或两种以上的目标想要回避的，而只能回避其中一种时所产生的内心冲突，出现“左右为难”和“进退维谷”。比如教师不喜欢新的教学范式，但又担心不实践新的教学方式可能被淘汰，实践新的教学方式和被淘汰都是想要回避的，但只能回避其一。

（3）接近—回避冲突，趋避冲突，主要是指教师一方面要接近某个目标，另一方面又想回避这个目标时所产生的内心冲突。比如教师一方面要接受课程改革的新理念，实践新课程改革，另一方面又想回避因为课程改革带来自己的利益“受损”时所产生的内心冲突。

二、中小学教师心理冲突的表现

（一）实践新的教学范式与原有的教学范式之间的冲突

面对新课程改革，新的教学理念，新的教学范式，强调教师从理念到行动的彻底变革。然而，教师的惰性，教师的“思维定式”等教学习性却在影响和制约着教师的教学，使得教师不敢去创新，也不敢去改革，以至于在新课程改革中出现“激进倾向”“悲观倾向”“教条倾向”“观望倾向”。[2]而教师在这些“倾向”中徘徊与冲突，在“新”与“旧”教学范式之间进行思想和行为的较量，教师经历着痛苦的“挣扎”，遭遇着激烈的心理冲突。

（二）追求学生知识掌握与追求学生的能力之间的冲突

一直以来，我们的中小学教学是追求知识掌握，关注学生的知识与技能的获得，关注考试分数，即谁的考试分数高，谁就是优秀学生，否则就是“差生”和后进生，而不关注学生的学习态度情感的形成与培养。但是新课程改革却强调“加强课程内容与学生生活以及现代社会和科技发展的联系，关注学生的学习兴趣和经验，精选终身学习必备的基础知识和技能”。[3]面对新课程强调学生的学习能力，重视学生的“会学”，但是传统理念是让学生“学会”。如此一来，教师产生了心理挣扎和冲突，到底是“学会”还是“会学”呢。

（三）重视教师的“教”与重视学生的“学”之间的冲突

在课堂教学过程中，“行为主体应是学生，而不是教师。”[4]新课程重视学生的学，重视学生的自主学习，关注学生学习主动性和能力性以及学习创造性，重视学生的体验和学习过程，重视学生的学习方法的获得，让学生成为教学的主体，然而，教师由高高在上的指挥者、裁判学生成绩的“法官”转变成为学生学习的支持者、合作者、组织者、引领者。但是，在传统的教学理念和教学模式下，教师角色和地位是“严师”和“慈父”，其言行是不容挑战的，学生只是被动的接受者，在教学活动中是没有“发言权”的。当教师的角色和地位发生变化时，教师心中的“天平”倾斜了，教师不知道何去何从，以至于出现新课程教学中教师“不知道如何上课了”等心理冲突。

（四）彰显教学个性与遮蔽教学个性之间的冲突

在教育行政化的大背景下，教师更多的是被规范化和规训化，教师是听从“上级”的安排进行“备课”，“讲课”以及作业批改等教学环节，教师和学生都是在一个“框”中进行教学活动，教师的个性得不到彰显，同时，教师进行整齐划一的教学，对学生采取统一的标准化的答案，以至于学校成为了“监狱”，教师和学生的个性都被压制和遮蔽了。但在新课改中更加强调教师和学生的个性彰显，重视教师的个性化“教”，也关注学生的个性化“学”。于是，面对个性化教学与非个性化教学之间的矛盾与对立，教师感到一种前所未有的心理困惑，难免产生心理冲突。

（五）新课程理念与新课程实践操作之间的冲突

很多时候，教师学习了新的课程理念，掌握了一定的新课程方面的知识与技能，但是当其到课堂教学中去，进行课程实施的过程中，发现新课程理念与新课程实践之间的差距“很大”，即理想与现实之间存在诸如接受式学习与研究性学习之间的博弈、教师主体性与学生主体性之间的博弈、传统的教学手段与现代信息技术手段之间的博弈、课程资源开发与教学内容泛化之间的博弈、教师的教学与科研之间的博弈、应试的结果评价与促进学生发展的过程评价之间的博弈。[5]于是，教师感到“迷茫”，在心理上形成了一种既想去贯彻新的课程理念，但又感到课程实践中的困难，在两者之间的拉扯中产生心理冲突。

三、中小学教师心理冲突的危害

（一）对教师的危害

教师心理冲突没有解决或者缓和会影响教师的身心健康，这是必然的。一方面，“心理冲突引起情绪变化是显而易见的，如恐惧、焦虑、愤怒、忧郁、悔憾、羞愧、怨恨、委屈或一时性的情绪麻木状态”。[6]另一方面，我们知道，人是灵魂和肉体的统一体，也是生理和心理紧密结合的有机整体，神经调节和体液调节在调节着人的身体状态，当神经调节出现问题时，那么，就会出现相应的问题，从而导致教师心理冲突影响教师的生理健康。可见，教师心理冲突没有得到很好的解决，就会影响教师的身心健康，以至于影响教师的教学心理和教学行为。

（二）对学校的危害

不容置疑，教学是学校的中心工作，而教师是教学工作的具体执行者，也是学校教育改革的操作者和践行者。倘若教师心理冲突没有得到有效的解决，那么势必就影响学校教学工作的效率以及教学效果。那么，学校的教学工作和教师建设等方面就会受到一定的影响，以至于学校在推进教学改革进程中就遭遇到困境，不利于学校的改革和发展。

（三）对学生的危害

教与学的对立统一是教学中的矛盾，是教学的构成系统，没有“教”，也就没有“学”，因此，教师心理冲突一定会影响到学生的学习和生活。“教师的心理健康问题还不仅仅是个人的事情，它也影响着学生的心理健康水平。”[7]可见，如果教师心理冲突没有得到解决，就会导致师生关系紧张，教师对待学生的态度不端正，以至于出现“打骂”学生，进行各种各样的变相惩罚学生，损害学生的身心健康，不利于学生的健康成长。

（四）对新课程改革的危害

在新课程改革过程中，如果教师心理冲突得不到解决，就会出现教师对教学产生抗拒心理和抗拒行为，从而导致更多教师“职业倦态”和疲劳行为，以至于对新课程实施产生逆反心理，甚至出现“穿新鞋走老路”，[8]也可能出现“方向迷失的危险之旅”[9]

四、中小学教师心理冲突的化解

（一）学校对教师的关心

学校的关心是促进教师心理冲突问题解决的重要方面，因此，需要重视学校在教师心理冲突问题解决中的作用。一方面，学校从思想上对教师进行关心。以学校校长为代表的学校领导层需要对教师的心理健康问题给予关心，关心教师的心理发展状态，对于教师在新课程改革中的心理需求和共同愿景需要加以关心。学校领导不能只是一味地给教师们下指标、下达任务，让教师去“忙”，而不重视教师的“所思”与“所想”。因此，学校需要让中小学老师感觉到教学工作的乐趣，而不是教学工作的压力，让中小学教师感受到教学工作的幸福，而不是教学工作的痛苦，让中小学教师在宽松和谐的环境里将潜能发挥出来。[10]另一方面，学校需要从制度上进行关心。学校需要从制度上进行改革，让教师有去深造和参加培训的机会，也让教师能参与学校的决策，能表达自己的“声音”，学校需要对教师的教学进行信息反馈，同时，在教师评价制度上，采取更加合理的教师评价制度。能促进优秀教师更加优秀，而让暂时落后的教师达到优秀，从制度上保证教师的专业成长，能让教师对工作保持热情和持久的胜任工作的愉悦心理，让教师能带着良好的情绪投入工作，进入课堂，[11]从而实现教师的教育幸福感。

（二）对教师进行心理测评和心理辅导

我们一般认为，教师应该是学生的心理咨询者，教师的心理应该很坚强的，那么教师自己的心理冲突应该自己可以调适。但是，事实上教师往往自己不能很好地去调适自己的心理问题或者心理障碍，而需要求助于“他者”。

因此，新课程改革中教师存在一定的心理冲突，我们需要理解，同时，还需要给予一定的心理扶持。当然，对教师进行心理测评，了解教师在新课程改革中的心理健康状况和动态，一旦发现其存在心理健康问题，就需要对其进行心理辅导，帮助其走出心理的“泥淖”。

（三）教师的自我心理调适

心理调适，主要是指教师使用心理科学的方法对自身的认知、情绪、意志、意向等心理活动进行调整，以保持或恢复正常状态的课堂教学活动。第一，教师在教学理念上进行自觉转变。教师需要积极适应新课程改革的观念，“以理论来武装自己”，诸如教师积极转变教学观，从教向学的转变，将学习选择权还给学生。[12]第二，教师角色调整。教师需要改变过去那种“教”的角色，成为学生平等中的首席，成为学习共同体中的一员，成为学生学习的“合作伙伴”，从而将教育变成学习。第三，教师的行为上的转变，教师需要积极转变那种“霸占”课堂的行为，让学生有更多的表达和发言机会，让学生进行个性化的学习。总之，教师需要自己去调适自己的心理状态，积极完成从思想到行为的转变。

（四）社会对教师的尊重和关注

南京师范大学教授在《中国教育改革为什么会这么难》中指出，理念与利益、文件与文化、前台与后台、官方与民间、中央与地方、城市与农村之间的差异与矛盾是导致中国教育改革步履艰难的重要原因。[13]可见，新课程改革是一项复杂的系统工程，需要得到社会广泛的支持。对于教师心理冲突来说，同样也需要社会的关注和支持。因此，在新课程改革过程中，社会人士需要给予教师以尊重，尊重教师的劳动成果，尊重教师的社会地位和角色。同时，对教师的教学改革给予心理支持，形成坚强的课程改革支持系统。

（五）教育家精神的引导

我们首先需要知道，教育家精神是什么，教育家精神主要是指教师满腔的激情，无限的热爱；创新的意识、开拓的勇气；执著的追求、坚定的信念；博大的胸襟，开阔的视野；强烈的使命感和高度的责任感。[14]根据社会心理学家班杜拉的社会观察学习理论，我们知道，榜样的力量是无穷的。通过教育家的榜样，让更多的教师能做到《教师专业标准》中所提到的基本理念："学生为本""师德为先""能力为重""终身学习"，能在新课程改革中做到自我提升和促进学生发展。通过对教育家精神的理解，让教师更加清晰地认识到新课程改革理念的重要性，将新课程理念深入到教学实践中去，从而改变传统的教学习性。

总之，我们需要关注新课程改革中教师心理冲突问题，切实维护中小学教师的心理健康，促进教师的自觉成长，推进新课程的深入开展，提升教学质量和教育品位。

参考文献

[1] 教育部．国家中长期教育改革和发展规划纲要（2010—2020年）[N]．中国教育报，2010－07－30（1）．

[2] 王中华．新课程实施中的问题及其处理［J］．教育理论与实践，2007（22）：51－53.

[3] 教育部．基础教育课程改革纲要（试行）[N]．中国教育报，2001－07－27（1）．

[4] 钟启泉，崔允漷，张华．基础教育课程改革纲要（试行）解读［M］．上海：华东师范大学出版社，2001：177.

[5] 王中华．新课程实施的理想与现实博弈［J］．教育学术月刊，2008（2）：70－74.

[6] 杨德森．心理冲突的致病作用［J］．中国神经精神疾病杂志，1979（5）：273－277.

[7] 谌业锋．教师心理健康的自我维护［EB/OL］．http：//www. psychcn. com/hots/teacher/200402/126577362. shtml.

[8] 郭华．新课改与"穿新鞋走老路"［J］．课程·教材·教法，2010（1）：1－9.

[9] 邢红军．再论中国基础教育课程改革：方向迷失的危险之旅［J］．教育科学研究，2011（10）：5－22.

[10] 王中华．化解教师焦虑心理［N］．教师报，2009－03－24（1）．

[11] 黎君．教师心理冲突化解的探索［J］．教育导刊，2009（8）：28－30.

［12］顾明远．将学生的学习选择权还给学生［J］．河北师范大学学报：教育科学版，2012（1）：1－4.

［13］吴康宁．中国教育改革为什么会这么难［J］．华东师范大学学报：教育科学版，2010（4）：10－20.

［14］危文．教改呼唤“教育家精神”［J］．中国农村教育，2012（5）：16－17.

论中小学教师情绪管理

“不以物喜，不以己悲。”这是对情绪调节的一种比较好的状态的描写。情绪（Emotion），作为人的一种基本心理现象，主要是指生活实践中，对人或对事总会有一定的爱恶态度，或喜笑颜开，或咬牙切齿，或喜在心头，或怒火中烧。这种人人都有的对客观事物或人的爱恶就是情绪[1]。那么，教师的情绪是怎么样的呢？正如美国学者 Lynda Filstein 和 Patricia Phelps 所说，教师工作是一件高危工作，教师是在危险情境中工作。许多研究者的调查研究也表明，一些教师心理处于亚健康状态，“老师们普遍反映心理压力大，人际沟通不畅，职业枯竭感偏高，许多人受到慢性疲劳和慢性病的困扰，心理健康状况堪忧”。[2]但是，在当前的教育改革与课程改革过程中，教师的情绪研究往往被忽视了。因此，有的学者喊出：“教师情绪：一个富有潜力的研究议题。”[3]有的学者，认为“‘正视’教师情绪理应成为教学公平研究的应有取向”[4]等。

目前，对于教师情绪研究还不多见，从中国知网上搜索“教师情绪”，只有 65 篇，可见教师情绪研究的不受重视程度。所以，笔者倡导，教师情绪应该受到我们的重视和关注，特别是在教师专业化的背景下，为了更好促进教师专业化，需要关注教师情绪，提高教师情绪管理水平，形成教师健康的心理。

一、充分认识教师情绪的价值与作用

（一）教师情绪是教师心理健康的标准之一

对于教师心理健康标准，需要先认识心理健康的标准。对于心理健康标准当前没有统一的标准，例如，《简明不列颠百科全书》中指出心理健康标准：认知过程正常，智力正常；情绪稳定乐观，心情舒畅；意志坚强，做事有目的；人格健全，性格、能力、价值观等均正常；养成健康习惯和行为，无不良行为；精力充沛地适应社会，人际关系良好。但是，笔者以我国比较具有代表观点的我国心理健康标准，他认为心理健康具有以下几个指标[5]：智力正常；善于协调与控制情绪；心境良好；具有较强的意志品质；人际关系和谐；能动地适应和改善现实环境；保持人格的完整与健康；心理行为符合年龄特征。而情绪是一个重要标准。对于教师心理健康标准，笔者认同《教师专业发展导论》中提出的教师心理健康标准[6]：对教师角色认同，勤于教育工作，热爱教育工作；有良好和谐的人际关系；能正确了解自我、体验自我和控制自我；具有教育独创性；在教育活动和日常生活中均能真实地感受情绪并恰如其分地控制情绪。可见，教师情绪是教师心理健康的重要标准之一。

（二）教师情绪影响着师生关系

师生关系是教学关系中重要的关系，而教师是学生的重要“他者”，教师的喜、怒、哀、乐等情绪情感往往会影响学生的情绪。无论教师情绪是积极的或消极的，都是一种教师的内心体验，并通过教师的外部表情、语言和行为反映出来，并具有一定的感染效应，而学生就是教师情绪的直接感受者。因此，教师情绪会影响到教师与学生的交流、沟通以及对待师生关系的认识与行为。

（三）教师情绪影响着教学效率

教学是由教师的“教”与学生的“学”共同组成的交往活动，在教与学的过程中，只有师生双方都表现出积极的情绪，才能使教学达到预期的效果，反之，就不可能收到良好的效果。因此，教师的情绪水平会影响其在智力、情感、意志等方面的机能是否得到正常发挥，从而影响到教学效率。

（四）教师情绪是教师专业发展的重要部分

当代教师专业化已经成为一种趋势，教师专业化是一个长期的过程。教师的专业化的完整内涵包含：“观念系统、知识系统和伦理与心理人格系统。”[7]可见，教师情绪作为教师心理人格系统的一部分，是教师专业化内容的重要组成部分。因此，在促进教师专业化过程中，需要关注教师情绪。

（五）教师情绪影响着教师身体健康

我们都知道，人的身体与心理往往是统一的，身体的健康会影响心理健康；同时，心理健康也会影响身体的健康。那么，教师情绪也会影响教师的身体健康，“情绪直接影响人的健康，情绪不好会内分泌紊乱、抵抗力下降、免疫功能失调，就会得病。”[8]

（六）影响学生心理健康

“学高为师，德高为范。”可见，教师是学生心目中的重要人物，是学生认同的楷模，教师往往是学生的榜样。教师对学生的影响是非常重大的，在师生日常接触中，教师对学生的影响往往是潜移默化的，其影响仅次于父母对学生的影响。同样，教师情绪不仅是教师个人的事情，它也直接或间接地影响着学生的心理健康。

（七）教师情绪影响着教育与课程改革

一方面，教育与课程改革在影响着教师情绪；另一方面，教师情绪也影响着教育与课程改革。因为课程改革的主体是在一线的广大教师，这些教师对课程改革有自己的情绪。所以，教师对课程改革的情绪，会直接影响到课程改革的成败。

二、辨别教师情绪的表现

（一）健康的情绪表现[9]

1. 对行为负责

情绪健康的教师不因为自己要负责的事情，责备学生，而是勇于承认自己的责任。如果教师行为出现差错冒犯了别人，能勇于向学生道歉并试图改正。

2. 自我调节

情绪健康的教师每天能正确的审视自己，合理接受他人的情感，避免冲动，同时能关注自己的感情、渴望和冲动，以便形成宽容的心态。

3. 谨慎的自我开放

教师能适当适度公开自己的隐私但注意有所保留，教师适度的开放自我能有效弥合存在于师生之间的代沟。

4. 用适当的行为做榜样

教师的行为对学生起到重大的影响，情绪健康的教师需要用自己适当的行为为学生做榜样。

5. 保持健康的幽默感

教师需要保持幽默感，不要使自己和生活太严肃，与学生一起欢笑，但是不能嘲笑学生，与学生一起娱乐，让学生知道你是一个富有感情的人。

6. 勇于自我批评

一个情绪健康的教师是敢于自我批评的，他必须问自己尖锐的问题为什么这样做，而且对自己的喜好、厌恶、情感和价值观保持高度的敏感。

7. 知道何时寻求帮助

一个情绪健康的教师不因为害怕而不向有经验的教师请教，而且知道什么时候需要专业帮助，并在必要时接受心理治疗。

8. 做自律的榜样

一个情绪健康的教师是一个自律的榜样。教师自律是教师个人能力的重要表现。教师教育学生自律的最好方法就是教师自律，来做学生的榜样。教师需要避免极端自律，因为极端自律就会倾向于僵化。教师需要控制好自己的工作，而且不失灵活性和自然。

（二）不健康的情绪表现

1. 愤怒

愤怒是一种较强烈的情绪，“无缘无故地在不适当的时间、地点，对不适当的人或事乱发脾气”。[10]愤怒是教师多少会失去一些理智，容易冲动，做事也容易不计后果，容易出现错误，以前注意的问题也会忘记。教师生活中，教师愤怒情绪的流露影响着周围的家人和朋友；工作中，教师愤怒情绪的流露则会影响着工作环境中的同事及学生。其中对学生的愤怒情绪表现有：第一，教师对学生的语言暴力。以针对小学生的教师语言暴力为例，针对小学生的主要有：“傻猪”“傻瓜”“神经病”“坏蛋”“笨蛋”“我一看见你就不高兴”“你们是笨蛋”“你们还不如女生呢”“再不好好学就不让你上学”“滚”“讨厌”“白痴”“你写的什么作业啊”“整天跟白痴似的”“你怎么这么笨啊”“就你给班级丢脸”“傻子”。据《新京报》报道[11]，北京青少年法律援助与研究中心公布的《教师语言暴力调研报告》显示，72%被调查的初中生表示，老师使用的不文明语言对其造成了心理伤害。第二，教师对学生的体罚行为。因为心情不好，控制不住情绪，往往将心里的愤怒转嫁给学生，于是体罚学生。例如，2010 年 10 月 28 日，安徽省无为县一小学老师，因儿子在班上丢失了眼镜，罚全班学生跪讲台，还用长尺打了学生。大量研究发现[12]，教师体罚行为的形式多样，其具体形式大概可分三类：第一类以直接伤害学生身体为主，如打耳光、扯耳朵、下跪、罚站、罚冻、罚晒太阳、留堂饿饭等；第二类以侮辱学生人格为主，如讥讽、漫骂、威胁等；第三类属于变相体罚，如罚抄写错题、罚劳动等。

2. 冷漠

对于冷漠来说，专家认为“冷漠是一种对人对事漠不关心无动于衷的消极情绪”。[13]教师消极情绪表现之一是对学生的冷漠，就是教师无视建立良好师生关系的重要性，缺乏工作热情，对学生不冷不热，不闻不问，师生间仅仅维持冷漠的、肤浅的、公式化的工作关系，缺乏了解，缺乏感情上的沟通和深层次的交流，在心理上有一种冷漠感、疏远感。

3. 抑郁

抑郁是由各种原因引起的以抑郁为主要症状的一组心境障碍或情感情绪性障碍，是一组以抑郁心境自我体验为中心的临床症状或状态，如教师对教学工作和日常生活丧失兴趣，无愉快感；教师教学过程中注意力集中困难或下降；教师自信心下降或自卑，或有内疚感；教师精力明显减退，无原因的持续疲乏感；等等。

4. 焦虑

焦虑是指一种缺乏明显客观原因的内心不安或无根据的恐惧。预期即将面临不良处境的一种紧张情绪，表现为持续性精神紧张（紧张、担忧、不安全感）或发作性惊恐状态（运动性不安、小动作增多、坐卧不宁、或激动哭泣）。教师焦虑主要表现为：自我效能感低、情绪情感衰竭、非人性化行为、与学生发生冲突。[14]

三、探究教师情绪的影响因素

（一）内部因素

我们知道事物发展的根本原因是内因引起的。我们需要看到：教师情绪的优劣，好与差，往往是由于内部原因引起的。究其主要原因是教师缺乏对情绪的免疫力。教师自身对教师情绪问题缺乏免疫力，“研究发现教师的心理抵抗力并不比学生强”。[15]由于教师自身的情绪免疫力、控制力、调节力比较差，导致情绪管理能力较差。

（二）外部因素

1. 社会变革和教育变革

当前社会的急速变化，导致教师心理世界的重负。研究实践表明，当一个人接受超过他能处理的信息时，可能导致心理紊乱。同时，在教育变革中，教师往往承受着教育变革中各种压力，导致“在改革的实施中，人们会用‘一半是冰雪，一半是火焰’来描述教师内心的复杂感受。”[16]在这样的急剧变革中，教师心理情绪是复杂的，但是教师没有很好地去处理，导致教师不良情绪的隐患。

2. 学校管理缺乏对教师人性管理

在学校管理过程中，没有坚持以人为本原则，学校领导对教师评价往往是以学生的考试成绩作为唯一评价教师的标准，没有尊重教师的教学个性以及教学的创造性，也忽略了教师情绪情感，导致教师消极情绪的累积。

3. 学生家长对教师的过高期待

学生家长应该有义务和责任对自己孩子进行教育工作，但是往往学生家长将教育的责任和义务全部交给教师，推卸教育责任，有些学生家长认为，“我将孩子交给学校，家长就不用管事了。”于是乎，对学校教师产生过高的期待，导致教师情绪压力增加。

4. 缺乏心理辅助

在当前的心理辅导教育和心理咨询中，我们更主要关注的是学生的心理辅导与心理咨询，而对教师的心理辅导是很少关切的。另外，教师因为害怕失去工作，而不敢去进行心理咨询，于是将情绪压抑起来，导致产生过多的情绪压力。

5. 教师生活在“鱼缸”

教师就像生活在鱼缸中一样，社会各个方面给予教师压力。学校领导有权利了解教师的教育活动和教学行为、教师的私生活，社会公众有权利了解和监督教师的教学活动、教师的私生活，学生家长有权利选择和批评教师的教学、教师的私生活，学生也对教师的私生活充满好奇心，这一切导致教师生活环境是“透明”的，无形中增加了教师的情绪压力。

四、构建教师情绪的调整策略

（一）积极心理学理论的关照

积极心理学（Positive Psychology）是美国学者 Martin. E. Seligman 于 1998 年出任美国心理学会主席时倡议的。积极心理学倡导积极的体验（Positive Experience），如快乐（Happiness）、幸福感（Well - being）等；积极的个人特质（Positive Trait），如自我决定（Self - determination）、智慧（Wisdom）、创造力（Creativity）、美德（Virtues）等；积极的社会环境（Positive Community），如社会关系（Social Relationship）、文化规范（Culture Norms）、潜能发展的家庭影响（Effects of Family on the Development of Talent）等[17]。通过积极心理学，给予教师以“希望”“幸福感”和“快乐”的力量，让教师能积极调整心理情绪，积极对待工作与生活。

（二）学校领导关怀教师情绪

（1）在学校管理过程中，学校领导需要以人为本对教师进行管理。在学校管理工作中，学校领导需要时时刻刻把教师当人来看待，关注教师的工作情绪，给予教师以人性关怀。

（2）教师评价过程中不仅重视对教师的教学质量进行评价，而且还重视对教师的非智力因素的评价。非智力因素是指“人的意向活动在改造客观世界的过程中逐步形成的一系列稳定的心理特点”和“智力因素以外的一切心理因素。”[18]在学校评价过程中，学校领导需要对教师的情感态度价值观等非智力因素需要重视，其中需要关注教师情绪。

(3) 学校校长树立“后英雄式领导”理念，告别“英雄式领导”，关注教师情绪。在传统的英雄式领导理念下，学校的成功主要是学校校长的成功，忽视其他教师的权益和情绪，没有让其他的教师成功。在后英雄式领导理念下，“领导者与成员共同塑造愿景，彼此间建立平等互惠的共生关系，借由团队的建立，充分地授权与激发部属的潜能，以促进组织目标之达成的领导过程。”[19]从而照顾到教师的情绪，让所有教师都走向成功。

(三) 教师同伴互助

“同伴互助”主要是教师与同事之间通过相互的交流与沟通，进行情绪表达、情绪的倾诉、情绪的相互调节，从而进行解决情绪紧张，消解情绪压力，释放情绪能量，共同维护情绪健康。

(四) 建立教师情绪测评机制

教师情绪如何，教师的情绪免疫力怎么样，教师的情绪智力如何，教师情绪控制力怎么样等一系列的情绪问题是一个重要的课题。在教师参加教学工作之前，需要进行心理评估，其中包括情绪测评，在教师工作期间，根据需要可以进行定期或者不定期的情绪测评，让教师知道自身的情绪状态，从而及时发现情绪问题，以便更好地处理好教师的情绪问题。

(五) 心理辅助系统的构建

员工援助计划 EAP (Employee Assistance Program)，也就是员工辅助系统，它具有专业性、客观性、安全性、积极性等特点。通过许多心理实验和实践证明，EAP 对于员工心理辅助具有一定的价值与意义。在教师情绪管理中，也可以构建教师心理健康的 EAP，促动教师情绪机制。

(六) 教师情绪的自我控制和自我调适

1. 提升教师情绪智力，形成教师情绪智慧

情绪智力是由美国学者 Salovey 和 Mayer 在 1990 年提出来的，他们认为情绪智力“是一种能力，独立于普通智力之外，在理论上与一般 IQ 有所区别”。[20]在教学活动中，教师需要提高情绪智力，形成情绪智慧 (Emotional

Wisdom），因为情绪智慧能有助于做决策，且能令人满意又成功的生活，重视情绪智能，将节省时间，并能扩充机会与能量，而获得更好的结果[21]。

2. 养成快乐的习惯

俗话说，笑一笑，十年少；愁一愁，白了头。在教育活动过程中，教师需要笑对人生，敢于面对困难，养成快乐的习惯，这样对教师的情绪具有重要的调节作用。而且“快乐时，我们思想感官更活跃，表现更出色，感觉更良好，身体更健康，甚至连生理感官都工作更高效。”[22]因此，教师需要养成快乐的习惯。

3. 运动增强身体素质

身、心之间往往是相互关联的，健康的身体是健康的心理重要的基础。因此，教师需要锻炼身体，坚持“每天锻炼一小时，幸福工作四十年，幸福生活一辈子。”通过身体的锻炼，达到增进身体抵抗力，从而增强情绪免疫力。

4. 休闲、养生，放松身心，改善情绪

教师为了具有更好的展开教学工作的情绪，休闲具有重要价值，正如我国著名心理学教授申继亮所说[23]：教师的职业生活确有从事休闲活动的必要与条件，教师除了必须在教育的专业技能上不断地成长，以满足学生的认知需求外，还要培养休闲技能、悠游自在的心境，来促进自我的成长、提高生活的品质、享受生命的乐趣，并能自信地迎接未来教师生涯的挑战。

5. 适当地表达情绪，释放情绪垃圾

教师对心中的情绪垃圾，即不良的情绪，需要予以缓解和排除，不然当教师情绪垃圾多了，会出现一些意想不到的问题。因此，教师需要学会表达情绪，“情绪表达得越多的人体验到的快乐越多，焦虑和内疚越少。善于表达情绪的人很少有抑郁倾向，而且能感到更多的自尊。”[24]

总之，教师情绪问题是当前教师研究过程中一个重要的课题，通过对情绪管理的分析，促进教师情绪调控能力的提高，维护好教师心理健康，从而更好地促进教师的专业成长，提升教师的教育品质。

参考文献

［1］潘菽．人类的智能［M］．上海：上海科技出版社，1985.

[2] 董月玲. 调查称教师群体心理健康堪忧职业枯竭感偏高 [N]. 中国青年报, 2010-11-03.

[3] 尹弘飚. 教师情绪研究: 发展脉络与概念框架 [J]. 全球教育展望, 2008 (4): 81.

[4] 曾文婕. 教师情绪——教学公平研究的应有取向 [J]. 中国教育学刊, 2009 (7): 79.

[5] 马继青. 心理卫生与心理咨询论丛 [M]. 杭州: 浙江大学出版社, 2005: 20.

[6] 吴伦敦. 教师专业发展导论 [M]. 武汉: 华中师范大学出版社, 2005: 125.

[7] 朱小蔓. 谈谈"教师专业化成长" [J]. 南通师范学院学报 (哲学社会科学版), 2001 (1): 20.

[8] 郑日昌. 情绪管理压力应对 [M]. 北京: 机械工业出版社, 2008: 17.

[9] LYNDA FILSTEIN, PATRICIA PHELPS. 教师新概念 [M]. 北京: 中国轻工业出版社, 2002: 27.

[10] 特里萨·弗朗西斯—张. 不再焦虑 [M]. 北京: 中信出版社, 2004: 69.

[11] 不容忽视"语言暴力"背后教师的心理压力 [J]. 教育文汇, 2003 (3): 11.

[12] 罗晓璐, 俞国良. 教师体罚行为: 心理危害、归因方式和对策研究 [J]. 心理科学, 2003 (4): 733.

[13] 贺淑曼, 等. 人才交际与人才发展 [M]. 北京: 世界图书出版公司, 1999: 103.

[14] 王中华. 化解教师焦虑心理 [N]. 教师报, 2009-03-24.

[15] LYNDA FILSTEIN, PATRICIA PHELPS. 教师新概念 [M]. 北京: 中国轻工业出版社, 2002: 18.

[16] 尹弘飚. 教师情绪: 课程改革中亟待正视的一个议题 [J]. 教育发展研究, 2007 (3B): 44.

[17] 周嵌, 石国兴. 积极心理学介绍 [J]. 中国心理卫生杂志, 2006 (2): 130.

[18] 燕国材．智力因素与学习［M］．北京：教育科学出版社，2002：21.

[19] 蔡进雄．挥别英雄式领导［J］．教育研究月刊，2004（1）：92.

[20] 欧慧敏．情绪智力理论及其评量［J］．教育研究月刊，2006（7）：147.

[21] 林志成，等．教师情绪智慧的涵养［J］．教育研究月刊，2006（10）：41.

[22] 麦克斯维尔·马尔茨．心理控制技术［M］．北京：群言出版社，2007：105.

[23] 申继亮．教师心理健康和心理咨询［OB/OL］．http：//course33. gzedu. com/A1011/t/t8_ 6_ 5. htm.

[24] 徐学俊．心理健康导引［M］．武汉：华中科技大学出版社，2009：40.

论教师参与新课改的心理资本

肇始于2001年的新课程改革已经深入到全国各个中小学实践，走入“深水区”，但是，伴随着新课改的“成就”与“问题”的博弈，新课改在“争鸣”声中继续前进，也跟随《国家中长期教育改革和发展规划纲要（2010—2020年)》的出台，我们不知道新课改何时结束，但是至少会坚持到2020年，可谓是“一场持久战”。那么，新课改还是需要我们去继续关注和研究。在心理资本视域下，我们需要进一步看到其对教师参与新课改的价值，但是，目前教师参与新课改心理资本是存在严重的缺失，那么，我们就需要进一步去思考其原因以及寻找对策。

一、心理资本的解读

心理资本（Psychological Capital)，是继人力资本、财力资本、社会资本以后的第四大资本。心理资本开始出现在经济学、管理学以及社会学领域。2004年，以美国学者Luthans为代表进一步提出了“积极心理资本”，从而将心理资本深入到学者的研究视野。我国也开始重视对“心理资本”的研究。当前，对心理资本来说，目前比较认同的看法，就是个体在成长与发展过程中所表现出来的一种积极心理状态，同时也是超越人力资本和社会资本的一种核心心理要素，还是促进个人成长和绩效提升的心理资源。当然，心理资本的核心要素主要是希望、乐观、韧性（回复力)、主观幸福感、情商、组织公民行为六个方面。[1]

二、心理资本对教师参与新课改的价值

（一）提高教师参与新课改的自我效能感

心理资本理论认为，自我效能感是非常重要的一个方面，如果一个人没

有希望和自暴自弃，那么就不可能创造出什么价值来，因为自我效能感是“个体对自己在特定的情境里能够激发动机、调动认知资源以及采取必要的行动来成功完成某一项特定工作的信念（或信心）”。[2] 所以，在新课改过程中，通过教师心理资本的提高，让教师树立对新课改的信心和希望，能在教育教学过程中面对困难时能充分激发教师的动机以及调动认知资源更好地完成课程改革的任务。

（二）提高教师参与课改的心理韧性

心理资本理论坚持、韧性是心理资本的重要组成部分，它是从责任、压力、失败、冲突和逆境中迅速恢复的一种心理能力。教师具有了心理资本，就能够面对新课改强大的压力，以及能够正确地应对新课改带来的冲突或逆境。比如教师面对“为信息、为网络忙得不可开交，同时也为通过各种等级考试而疲于奔走培训中心与学校之间，无形之中心头又多了一块‘病’，而这块‘病’又让很多教师无从适应，假期不得不应付各式各样的所谓的“课改培训”。[3] 那么，教师具有强大的心理资本，就能更加自如地应对新课改所带来的职业压力。

（三）提高教师参与新课改的乐观态度

心理资本理论主张，乐观者往往将不好的事情归结为暂时的原因，而把好事情归结到持久的原因，比如自己的能力等。那么，面对新课改，当教师具有了比较优质的心理资本，就能改变“以一种抵制、消极的态度对待新课改”[4] 的局面。能乐观接受新课改给自己生活与工作所带来的变革，而不是采取相反的姿态去消极的对待课程改革。

（四）提高教师参与新课改的主观幸福感

心理资本理论告诉我们，只有自己心里觉得幸福，那才是真正的幸福。那么，通过教师树立强大的心理资本，就能远离那种被动的课改，改变那种出于无奈的被新课改所牵引的局面。从而不断体验到新课改给自己所带来的幸福和快乐，不断获得因为参与新课改而获得的幸福感。

（五）提高教师参与新课改的情绪管理能力

心理资本理论强调，心理资本有利于个人的情商发展，能感觉自己与他人的感受、进行自我激励以及有效地管理自己情绪的能力。“一方面，课程改革在影响着教师情绪，另一方面，也在影响着课程改革。”[5]因此，我们需要关注教师情绪和新课改之间的关联。那么，当教师具备了一定的心理资本，就能形成强大的情绪管理能力，即“情商”，就能让生活在“鱼缸”和危险情境中的自己应对不良的心理情绪，从而进一步化解心理危机，促进新课改。

（六）提高教师参与新课改的自觉行为

心理资本倡导自觉、自发地帮助组织、关心组织利益，并且维护组织效益的行为，它并非直接由正式的赏罚体系引起。可见，通过提高教师的心理资本能更好地促进教师自觉的投入到新课改中去。目前“课改让老师自觉、主动参与的成分少，被动适应成分多，再加之与课改相适应的配套保障机制在实施时相对滞后，学校的课改工作处于被动的状态。”[6]那么，要进一步去解决这个教师被动的参与新课改，没有自觉去投入到新课改中去的现状，就需要进一步提高教师参与新课改的心理资本。

三、教师参与新课改心理资本缺失的原因

（一）新课改本身的因素

在新课改过程中，教师参与新课改的心理资本是新课改的一个重要方面。但是，教师参与新课改的心理资本缺失，其原因是多方面的，而重要的一个方面就是新课改自身的原因。新课改的观念、目标、内容与实施策略等方面，都是重要的变量因素，由于新课改本身存在的问题诸如“三维目标”在是否是一种新理念、提法是否科学、如何评价以及如何实现等方面都存在一些问题。[7]所以，教师对新课改缺少更多的理解和认知，也不利于教师去更好地把握新课改的精神实质。

（二）教育文化传统的影响

第一，教育官本位文化。在新课改过程中，采取自上而下的一种推行模式，往往采取行政手段，使得教师被动跟着领导进行新课改，而没有调动更广大教师的自觉性，因此，官本位文化造成了从上至下的信息传达和“上有

政策、下有对策”的局面，导致教师面对信息的单一化和信息无法反馈，从而使得教师对新课改显得信心不足和疲于参与新课改的培训以及相关的被安排好的新课改活动。第二，课程改革文化传统。“传统的改革文化认为，改革就是一场风，一吹就会过去，改革的‘单摆现象’让人不敢花更多心思去投入改革，改革与不改革对自身影响不大。”[8]在这种改革文化的影响下，教师往往对新课改抱着一种“试试看”的态度，而不是一种主人翁的态度去参与其中。

（三）教师自身素质的影响

在课程实施的影响因素中，教师是课程实施的关键因素，因此，教师自身素养会影响到新课程实施的效果。第一，影响教师对新课改的观念。教师自身素质影响教师对新课改理念的理解和认知，那些素质高的教师能更加清晰明白地认识新课改的精神实质和内涵，而那些素质较低的教师则对新课改反应较慢，不能精确地理解新课改。第二，影响教师对新课改的行为。在新课改过程中，教师自身素质往往影响教师对新课改的执行效果。第三，影响教师对新课改的情感。教师能否心甘情愿地参与新课改，教师能否以支持的态度参与到新课改中去，教师能否以主人翁的姿态进行新课改等方面都会影响教师新课改的成效。因此，教师自身素养是影响教师能否以乐观、信心以及积极的心理参与到新课改的重要因素。

（四）教育制度的影响

教师参与新课改的心理资本缺失与教育制度也不无关系。第一，课程评价制度。根据调查显示，“评价和考试没有变”成改革最大阻碍。[9]可见，考试和课程评价制度在影响和冲击着新课改。第二，教师评价制度。当前，在新课改过程中，教师评价制度没有更好的跟上新课改的步伐。但是，实际上教师教学评价直接影响教师对新课改的支持态度和坚定度以及忠诚度。第三，课程管理制度。在新课改过程中，课程管理等方面也在不断影响着教师对新课改的态度和心理，由于课程管理混乱，特别是在教材方面，出现了许多问题，这些都影响着教师对新课改的参与。总之，教育制度上很多方面都在影响着教师参与新课改。

四、教师参与新课改心理资本的提升策略

（一）改革“新课改”

新课改自身因素是影响教师参与新课改心理资本的重要方面，那么，我们就需要从新课改自身出发进行不断改革。“教育要发展，根本靠改革。”[10]因此，课程改革本身也需要不断进行改革。需要从课程目标、课程标准、课程内容与课程结构以及课程实施和课程管理等方面去改革，改变原来不利于教师参与新课改的因素，从而使得教师能有更多的机会去参与新课改。

（二）加强教师的综合素养

毋庸置疑，新课改关键在于教师。但是，在新课改过程中存在教师自身综合素质有待提高的局面。所以，需要提高教师对新课改的知识养成、能力培养、情感形成、技能提升等多方面的综合素养。以便进一步提高教师对新课改的认知，提高教师对新课改的参与情绪，提高教师参与新课改的信心，提高教师参与新课改的行为。

（三）提高教师的课程自觉和自信

在新课改过程中，一方面，教师需要不断学习新的课程理论和课程理念，形成新的课程思维方式。另一方面，教师需要做到课程“自知”“自身”“自立”等课程自觉。[11]所以，教师要实现课程自觉，需要对自己的课程有自知之明与自我觉醒，充分认识到课程的使命感和责任感，自觉地使课程建设融入到课程改革中去，更积极地推动课程的发展与创新，形成乐于课改、期望课改、幸福课改等意念和行为，从而提高参与新课改的心理资本。

（四）加速课程制度创新

制度是一个“悖论性”的存在，即制度不仅是新课改推进的重要保障，也是促进新课改的重要手段，还是限制新课改前进的障碍。在新课改过程中，因为课程制度限制和影响着教师参与新课改。因此，需要不断打破旧有的课

程制度体系，同时，需要形成新课改所需要的课程制度体系。在新课改过程中，一方面，我们需要打破传统的课程评价制度、课程管理制度、课程实施制度等方面的课程制度；另一方面，我们需要重建课程制度体系，形成符合新课改要求的课程制度。通过新的课程制度，更加有利地保障教师参与新课改的权利与利益，形成使教师更加乐观、幸福感指数更高、更加愿意参与新课改的课程制度，从而提高教师参与新课改的心理资本。

总之，心理资本的提高对于教师参与新课改具有重要价值，所以，在新课改继续推进过程中，我们需要进一步关注教师参与新课改的心理资本。

参考文献

［1］心理资本［EB/OL］．（2013－12－26）［2014－03－22］．http：//baike. baidu. com/link？url＝DwH5iF6oQY4oPYvXWMba8N26_ vVFGy6YHzkxh6_QJLq9W2nj4HWF5mrg_ _ UXvlSeE9phnekidr9LCFCMbtb2Mq.

［2］朱晓庆，赵优优，张玉婷，等．心理资本理论及其教育启示［J］．社会心理科学，2010（1）：125－128.

［3］烟雨飘飞．在新课改下教师面临的职业压力及对策［EB/OL］．（2006－08－27）［2014－03－22］．http：//www. yuwen123. com/Article/200608/23144. html.

［4］矫爱玲，王宗湖．教师对新课改阻抗的现状、原因和对策［J］．继续教育研究，2007（2）：66－68.

［5］王中华．论中小学教师情绪管理［J］．中小学教师培训，2014（2）：55－57.

［6］教科室．课改中存在的问题［EB/OL］．（2009－11－12）［2014－03－22］．http：//www. xjzxedu. cn/Article/ShowArticle. asp？ArticleID＝25.

［7］任京民．“三维目标”几个有争议的问题探讨［J］．中小学教师培训，2009（1）：37－39.

［8］王中华．新课程改革预期目标偏离的文化因素探析［J］．现代中小学教育，2014（3）：27－29.

［9］程聚新．不足三成教师对新课改成效满意［EB/OL］．（2011－10－24）［2014－03－22］．http：//edu. people. com. cn/GB/15988943. html.

[10] 教育部．国家中长期教育改革和发展规划纲要（2010—2020 年）[N]．中国教育报，2010 - 07 - 30（1）．

[11] 李欢，范蔚．论教师可自觉的内涵、阶段与途径 [J]．当代教育科学，2013（5）：27 - 29.

个性化教学视域下教师问题意识的缺失与养成

2010 年颁布的《国家中长期教育改革和发展规划纲要（2010—2020 年）》中提出："关心每个学生，促进每个学生主动地、生动活泼地发展，尊重教育规律和学生身心发展规律，为每个学生提供适合的教育。"[1] 自此，个性化教学在我国被提高到更高的位置。个性化教学主要是指在教学过程中，尊重个性差异和基于教师个性特点，采取灵活的教学形式，提供学习情境，让学生主动参与到学习中去，以培养学生交流与沟通能力、合作学习的能力以及个性化学习为目标，推进个性化的教与学的活动。[2] 在个性化教学视域下，需要更加关注教师的教学个性化。其中，教师个性化的提问，对学生进行个性化的问题启发，形成个性化的问题意识等方面就是个性化的重要表现。但是，一直以来，我们的教育教学定位于探究和思考如何去培养和形成学生的问题意识，因此，对教师问题意识的研究显得比较忽视甚至漠视。可见，教师问题意识在教学过程中也是一个不容忽视的重要课题，因为教师问题意识不仅影响着教师自身的教学思维，也左右着教学行为，而且对学生的问题意识的形成都起着非常关键的作用。所以，在个性化教学视域下，我们需要关注教师问题意识研究。

一、教师问题意识的意蕴

从词义上来理解，问题是指"要求解答的题目""需要研究解决的疑难和矛盾"等。那么，问题意识又是什么？目前还没有统一的定义，有些学者是从哲学层面上进行定义，认为是"人对自己周围的各种现象，尤其是在自己研究的领域里，不采取轻信的态度，而总是自觉地抱着一种怀疑的、思索的、弄清楚问题的积极态度"。[3] 有些学者是从心理学视角进行定义，认为问题意识是个体思维的独立性和创造性的表现，使个体可以不断质疑问题、发现问题、提出问题和解决问题，从而推动个体创造力的发展。[4]有些学者是从教育学进行定义，认为问题意识为问题的起始状态、允许操作的状态目标明确的常规问题意识和问题起始状态明确和允许操作的状态不明确的非常规问题意识。[5]当然，还有一些其他的定义。根据以往的定义，笔者认为，教师问题意识是指教师对在教学活动中教与学所存在的由操作到目标的疑难和矛盾具有一定的判断和准备等认知和反应，包括发现问题（觉疑）、分析问题（析疑）、解答问题（解疑）。

二、个性化视域下教师问题意识缺失的表现

（一）教师提问缺乏教师个性化

教师在课堂提问过程中，往往是根据教材和参考书进行提出问题，没有更多地去考虑设计个性化的问题。例如，在小学数学的教学过程中，对于“商不变的规律”，书本上的案例是“1 ÷ 1 = 1”，但是，我们教师可以让学生去做“1 ÷ 1 = 1”，还可以让学生去做“100 ÷ 100 = 1”，更需要允许去进行“1000 ÷ 1000 = 1”。然而，在我们的教学过程中，教师往往只是一味强调的“1 ÷ 1 = 1”这样的商不变规律，忽视提出问题的个性化。可见，教师缺乏个性化的问题设计是教师问题意识缺失的表现之一。

（二）教师提出的问题缺乏学生的个性化

在课堂教学过程中，教师提出的问题和解决方法往往是缺乏学生的个性化，没有考虑到学生的思维发展水平和思维具体特性以及学习经验等方面的差异和个性，而是趋向于要求全班学生整齐划一的进行问题解决，例如，一位中学数学教师布置了一元一次方程的题：$(2x-1)/3-(3x-4)/4=1$。要求学生严格按照下面解题步骤去进行问题解决：两边都乘以最小公倍数12，得 $4\times(2x-1)-3\times(3x-4)=12$，简化得 $-x=4$，最后得 $x=-4$。[6]其实，该问题具有多种解决方法，而不是只有一种方法。可见，在教师提出问题和解决问题的过程中，缺乏学生的针对性和适合性，忽视了学生的个性化。

（三）教师不能有效地发现学生的个性化提问

在教师对传统教学的依赖下，教师往往是醉心于自己的“讲解”，专注于自己设计好的“问题”与“答案”，而不顾及学生的个性化提问，忽视学生个性化的问题见解。如教师在叫学生来回答问题过程中，当学生回答的答案与教师的答案不一致时，或者学生提出个性化的提问时，教师往往会忽略过去，而不是针对学生的个性化回答或个性化的提问进行有效的引导。

（四）教师不能正确对待学生的个性化回答

由于教师受到传统的教学模式影响，教师很难对学生的个性化的回答进行正确对待。正如很多年前的一个个案：雪融化以后是什么？学生的回答是个性化的，有些学生回答是“水”，有些学生回答是“水和泥土”，而有学生则回答是：“春天。”面对这么诗情画意的个性化答案，教师则嗤之以鼻。在今天的个性化教学过程中，教师问题意识缺乏背景下，仍然存在这样的情况，即教师不能正确对待学生的个性化回答。

三、个性化教学视域下教师问题意识缺失的危害

（一）不利于教师专业化发展

自 20 世纪 60 年代以来，教师专业化发展逐渐成为世界范围内备受重视的命题。在倡导教师专业化的过程中，教师需要具备专业知识、专业能力、专业情感等方面。教师的问题意识的形成既体现了教师的专业知识，也体现了教师的专业能力。然而，在个性化教学过程中，教师问题意识的缺失凸显教师专业知识与专业能力的不足。因此，教师问题意识的缺失不利于教师进一步专业化发展。

（二）影响学生的问题意识形成

一般来说，教师的问题意识和问题能力是学生问题意识和问题能力培养的必要条件，学生问题意识薄弱往往是教师自身问题意识不强的产物。[7]可见，一方面，就知识和能力而言，在教师缺少问题意识的背景下，学生问题

意识和发现问题、分析问题以及解决问题的能力自然受到教师的影响。另一方面，教师是学生的楷模，是学生的模仿对象之一，当教师的问题意识缺失时，学生也会学习教师，出现缺少问题意识。总之，教师问题意识的缺失会对学生的学习和成长造成一定的负面影响。

（三）有损教师教学的创新

教师的教学创新与问题意识有着密切的联系，问题意识是教学创新的必要条件，“问题意识是教师教学创新的前提，也是有效教学的起点。”[8] 当教师缺少问题意识，忽视教学活动中的问题，不能针对教材中的问题、教学活动生成的问题进行有效的发现、分析、解决，就会出现问题越积越多，到时候只能拘泥于教材和书本上的知识点，不能进行教的创新，也不能促进学的创新，从而埋没学生的创新精神和问题解决能力。这样一来，教学就成为一种填鸭式的教学和机械化的生产。

（四）影响教师的教育科研

教学即研究，新课程理念倡导“教师成为研究者”，教师讲教学与科研有效地结合起来。教师的教学过程也是一种研究过程，教师研究学生，研究教材，研究自身，研究教育规律等教育科研，可见，教学与科研是相辅相成的。“问题意识，是从事教育科研所必备的一种重要素质。[9] 通过教学过程中的问题，教师能进一步促进教育科研。然而，教师问题意识的缺失，不能掌握教学过程中有价值的“问题”，不能对教学生成的“问题”进行发现、分析以及解决，就不能真正地对教育科研有所贡献。尽管当前“草根研究”，即中小学“一线”教师进行教育科研，但是，很多时候教师没有真正把握到“问题”，更多的是一种重复研究，一种伪研究。因此，教师问题意识的缺失影响教师的教育科研。

（五）不利于个性化教学

个性化教学强调教师的个性化“教”和学生的个性化“学”。个性化教学重视教师对问题的“真知灼见”，关注教师对“问题”的个性化理解和个性化解答，重视学生的个性化回答。然而，由于教师问题意识的缺失，教师不能个性化地发现问题，也不能个性化地分析问题，更不能个性化地解决问题，往往采取以书本的答案为“准绳”，导致“本本主义”和“教条主义”，走不出传统教学模式下的条条框框，从而不利于个性化教学。

四、个性化教学视域下教师问题意识形成的策略

（一）教师个性的养成

个性化教学不仅强调培养学生的个性，形成个性化的学生，同样，个性化教学客观需要教师的个性发展，需要教师个性的彰显。在个性化教学视域下，教师需要对教学过程中的“问题”具有个性化的理解，教师要善于发现“问题”，同时，对教材中的问题，对学生的问题，对教学过程中即时生成的问题等问题能捉到。并对问题进行个性化的分析和解决，而且针对不同的问题进行具体性的和个性化的解决。可见，教师要形成问题意识，需要教师具有个性。

（二）形成教师的专业自主权

华东师范大学叶澜教授曾经指出过，作为专业职业化的教师，作为专业的职业，在本行业内具有专业性的自主权。[10]我们在分析教师问题意识缺失的过程中，不难发现教师有没有问题意识与教师专业自主权还是有一定的相关性。如果教师没有专业自主权，那么，教师在课堂中的许多知识与技能、方法与情感等会受到一定的限制。例如，在公开课中教师在对某一问题表达自己的个性化见解时，如若与其他教师表达的不一致，或者与传统的说法不一致甚至有些“离经背道”的时候，就会遭到相关评课的领导、专家等方面的批评。因此，由于缺乏专业自主权，教师的教学很多时候会拘泥于“传统和上级”的说法，不能进行个性化的表达，缺失对问题的个性化见解。可见，形成教师专业自主权是教师问题意识形成的重要方面。

（三）培养教师的问题意识

1. 教师职前教育中培养教师的问题意识

“教师的劳动是很复杂的，需要运用教师的知识和智慧。教育既是一门科学，又是一门艺术，需要专门的训练才能掌握它。”[11]同样，对于教师问题意

识，我们需要进一步培养。第一，师范院校教师对师范生的榜样作用。高师院校对师范生的培养过程中，大学教师需要具有丰富的个性，能对问题进行个性化的理解，能进行个性化的回答，能发现问题、分析问题并能解决问题，在大学教师具有强烈的问题意识下，师范生的问题意识将受到感染和激励。第二，在师范院校文化活动中，培养问题意识。通过丰富多彩的大学校园文化活动培养师范生的问题意识。第三，在大学教学过程中，专业课教师和公共课教师有意识的培养师范生的问题意识和问题解决能力。第四，开设与问题意识形成相关的课程，专门训练师范生的问题意识和问题解决能力。

2. 在职教育与培养过程中形成教师问题意识和问题解决能力

对于参与工作的教师来说，我们需要加强其问题意识的培训，需要在“研训一体”中培养和提高教师的问题意识。[12]

（四）在培养学生的问题意识中反哺自我

《教师专业标准》中倡导“能力为重”并进一步指出“坚持实践、反思、再实践、再反思，不断提高专业能力。”[13]可见，教师专业化过程中，教师的反思能力需要得到进一步提高。在教师问题意识的形成过程中，教师也需要较强的反思能力。通过对学生问题意识的培养，促进教师反思自我的问题意识和问题解决能力，让学生形成问题意识的同时能提高教师自己的问题意识和问题解决能力。总之，通过对学生问题意识的培养反哺教师的问题意识，是教师问题意识形成的重要步骤。

参考文献

［1］教育部．国家中长期教育改革和发展规划纲要（2010—2020年）［N］．中国教育报，2010-07-30（1）．

［2］王中华，熊梅．高校个性化教学的影响因素及其消解［J］．现代教育管理，2012（7）：80-84.

［3］俞吾金．如何理解“问题意识”［N］．长江日报，2007-06-28（12）．

［4］姚本先．论学生问题意识的培养［J］．教育研究，1995（10）：40-43.

［5］刘旭东．问题意识与教师教学智慧生成［J］．课程·教材·教法，

2010（5）：104－109.

［6］王中华，熊梅．民族地区中学个性化教学的缺失及其改进——以贵州省F中学为个案［J］．天津市教科院学报，2012（5）：73－76.

［7］李云鹏．中小学教师问题意识研究［J］．中国教育学刊，2010（12）：64－67.

［8］刘黎明．论教师的问题意识［J］．当代教师教育，2013（1）：26－30.

［9］汤正康．问题意识：教育科研的生命［J］．江西教育科研，2002（1）：67.

［10］叶澜．新世纪教师专业素养初探［J］．教育研究与实验，1998（1）：41－47.

［11］顾明远．教师的职业特点与教师专业化［J］．教师教育研究，2004（6）：3－6.

［12］张杰．实现研训一体须培养和提高研训教师的问题意识［J］．中小学教师培训，2012（9）：8－10.

［13］教育部．小学教师专业标准（试行）［EB/OL］．http：//teacher. eol. cn/teacher_ news_ 10922/20111212/t20111212_ 717835. shtml.

中小学教师焦虑心理及其化解

伴随着知识经济和信息化社会的日益发展，中小学教师的教学工作步伐和生活节奏加速。相关调查表明，人们产生心理焦虑的比例大致为："20世纪50年代初为1.5%；70年代为4%；80年代为8%；90年代为21%。"[1]然而，近些年来人们心理焦虑的问题越来越凸显。中小学教师由于教学工作压力太大，每天"朝七晚九"，备课、上课、批改作业、出考试题目、参加教研活动、应付检查等，钱没多几个，工作量却比以前增加了几倍。根据《湖北日报》2007年3月27日报道：中小学教师的心理问题检出率达40.4%，明显高于正常成年人。其中，焦虑问题是中小学教师心理问题的一个方面。中小学教师适度的心理焦虑是正常的，它有利于中小学教师冷静地分析问题和处理问题，促进教育教学活动。但是一旦中小学教师的心理过分焦虑，就会出现因为焦虑所导致的相关问题。很多中小学教师没有足够的心理承受能力，如2004年12月1日《重庆晚报》报道：22岁的重点中学女教师上吊自杀。大量的事实证明，全国许多中小学教师早已处在亚健康状态中。这些问题需要我们去正视和关切，同时能寻找正确的化解策略和途径，以便能更好地促进教师的专业化发展，提升中小学教学质量和教育品位。

一、焦虑的全面理解

（一）汉语词典的解释

对于焦虑一词，《现代汉语规范词典》作出了这样的定义："①形着急忧虑。心情过分焦虑。②名焦急忧虑的心情。声音里充满焦虑。"[2]

（二）英语词典的解释

焦虑，英语单词是“anxiety”，在英语词典里的解释为“troubled feeling in the mind caused by fear and uncertainty about the future.”[3]

（三）心理学的解释

上海林紫心理咨询中心李孟潮在《焦虑的理论与治疗》指出：“一般来说，在精神病学界和临床心理学界，焦虑的定义有三个要件：①焦虑是一种烦躁、急切、提心吊胆、紧张不安的心境；②焦虑者往往伴有植物神经功能紊乱的症状；③焦虑往往是没有相对固定的对象和明确的内容。”[4]

（四）总体的理解

针对焦虑一词不同层面的解释，综合上述理解，笔者认为，焦虑主要是指人在面临现实的或将来可能出现的某种威胁、危险时所产生的一种紧张不安、烦躁、担忧、痛苦甚至伴随植物神经功能紊乱的情绪情感体验。

二、中小学教师焦虑心理的表现

（一）中小学教师自我效能感低

美国心理学家班杜拉认为，自我效能感是指“人们对组织和实施达到既定操作目标的行为过程的能力判断”[5]，即自我效能感是一个人对自己在某一活动领域中的操作能力的主观判断或评价。总之，中小学教师自我效能感的实质就是教师个体面对教学工作时对自己的自信程度，对教育教学活动能力的预期和判断，相信自己有多大程度的把握去完成教育教学活动任务。由于中小学教师的焦虑心理，他们之中存在一种消极评价自己教育教学工作的意义和价值的倾向，感到在其教学工作中不再有什么值得去做，感觉自己无法给学生的生活带来更大的变化，何况他们的职业所带来的诸如金钱、社会认可等回报也少之又少，有较强的自卑感和失败感，即中小学教师自我效能感低，这种焦虑心理，不仅影响中小学教师的正常工作，而且还影响中小学教师正常的日常生活，甚至由于长期内心冲突、焦虑过度而形成焦虑人格，对教育事业产生失望情绪。

（二）中小学教师的情绪情感衰竭

中小学教师的情绪衰竭是中小学教师焦虑心理的一个重要方面。中小学教师长期工作在压力的情境下，教学工作中持续的疲劳及其在与他人相处中各种矛盾、冲突而引起的挫折感加剧，最终导致一种在情绪方面表现出精疲力竭、麻木不仁的高度精神疲劳和紧张状态，情绪和情感处于极度疲劳状态，性急易怒、容忍度低、工作丧失热情、缺乏活力，有一种衰竭、无助感，并对生活产生冷漠和悲观。这种不安、紧张、呆板、惶惶不可终日及缺乏随机应变能力，同时还会伴随神经系统功能紊乱，如失眠、溃疡等。这样的焦虑的时间持续太久了、过度了，就使中小学教师长期处于紧张状态，往往成为不愉快、受压抑，甚至是痛苦的心理活动过程，这就会阻碍中小学教师正常的认识活动的进行，影响中小学教师的各种能力的发展。

（三）中小学教师的非人性化行为

在中小学教育教学活动中，中小学教师存在焦虑心理，常常以一种消极否定、麻木不仁的态度来对待自己的同事或学生，减少接触或拒绝接纳学生，甚至把学生视为没有感情之物来对待，还有些中小学教师用带有蔑视色彩的称谓称呼学生或者用标签式语言来描述个别学生。不仅如此，对自己的同事也常常持多疑妄想的态度。

（四）中小学教师与学生的冲突

中小学教师处于焦虑状态，往往还会产生师生冲突。中小学教师在教育学生过程中，他们的出发点是好的，给学生多讲解些知识，管理严格一些，多布置一些作业，多督促学生的学习，而学生并不一定就“买账”，甚至与他们的老师发生语言冲撞或行为冲突，但是中小学教师认为他们的出发点“一切为了学生，为了一切学生，为了学生的一切”，所以中小学教师总有一种“恨铁不成钢”的感觉。

三、教师心理焦虑的产生原因

（一）内部原因

1. 身体素质差

中小学教师在繁重的教学任务和科研任务的条件下，许多教师缺乏身体的锻炼时间，再由于学校和社区缺乏体育锻炼的场所，许多中小学教师很少有机会去锻炼身体，同时他们又过分透支自己的体力，导致一些中小学教师身体状况欠佳、体弱多病，身体的病痛和不适，当然会带来心理的焦虑和其他的一些问题。

2. 心理素质差

在现行中小学教师队伍中，有一部分教师本身的素质特别是心理素质比较差，他们在走上教师工作岗位之后，更是背上了沉重的心理包袱，难以胜任教育、教学工作的需要。中小学教师的心理素质也是一个重要方面，如课堂教学中与学生的交际沟通，即“我与你”的心灵相遇，对于人际关系的交往等都需要中小学教师具有较好的心理素质，如果缺乏相关的心理素质，中小学教师就会在教学工作中产生焦虑的心理，害怕遭遇“失败”。

3. 教学能力欠缺

在教师专业化背景下，作为中小学教师不仅需要具有广泛的科学文化方面的条件性知识、扎实的专业知识等本体知识，同时还需要实践性知识，更需要能力。中小学教师需要教学工作所必需的能力如表达能力、反思能力、研究能力、设计能力等，但是一些中小学教师缺乏某些方面的教学能力，结果一旦面临问题时就会产生焦虑心理。

4. 自我调适方面

在遇到一些突发事件或不良情绪情感时，有些中小学教师不能进行有效的自我调节，当然也缺乏自我调适的经验和策略，特别是教学工作的新情况、新问题的出现，这样更需要中小学教师有勇气和心理素质去调整自己，转换自身角色去适应新的状况，如果中小学教师缺乏正确的自我调适，就不免产生心理焦虑的问题。

(二)外部原因

1. 新课程改革的教育理念冲击

肇始于2001年的我国第八次课程改革，轰轰烈烈的开展着，新的课程和教学理念需要中小学教师不断地去适应新的教学形势，这些新的教育理念不断冲击着中小学教师的已有的教学理念和自身角色。在新课程实施过程中，中小学教师会产生如何进行实施新课程标准下的新教材等一系列的焦虑。

2. 学校领导的评价所带来的压力

现在在部分中小学校，学校领导把“下岗”常常挂在嘴上，动不动给教师来上一通，于是教师惶惶然，领导欣欣然，找到了当官的感觉。毋庸置疑，目前中小学学校存在激烈的竞争，学校领导把学校的评比，学生的评比和教师的评比联系在一起，学校领导的评价给中小学教师带来了过分的压力和焦虑。

3. 学生家长和社会给中小学教师的压力

学生家长和社会认为，他们把自己的孩子送到学校来，是交了学费的，学校教师就应该教育好学生，让学生能在德、智、体、美、劳等方面实现全面发展，保证学生生命安全和能顺利升学，这样一来导致中小学教师需要关注学生的安全隐患，需要过分关注学生的升学，从而形成升学压力等。家长和社会对中小学教师的期望值越来越高，中小学教师的压力和焦虑感就越大。

4. 工作量大和时间过长

中小学教师工作量大，已经是一个不争的事实，一般寄宿制学校高达十四个小时左右，如某中学为例，“语文、数学、外语周课时为10节，政治、物理、化学、生物周课时为12节，历史、地理、体育、音乐、美术、劳技周课时为14节”[6]，从备课到上课、布置作业、批改作业、课外辅导、阶段测验、考试等流程可见一斑，还需要进行教育科研，开设选修课程、校本课程，对学生进行思想教育等工作，中小学毕业班还进行补课，这样的高压状态下中小学教师难免会产生焦虑。

5. 新时期的学生“难教”

新时期的学生特别是城市中小学的学生中独生子女日益增多，学生家庭背景比较复杂，社会不良风气也对学校教育进行了强烈的冲击。有些学生厌学、着迷于电子游戏、网络成瘾，看黄色影像制品，打架斗殴等，中小学学生越来越难于沟通和难以教育，特别是20世纪80年代出生的中小学教师面对20世纪90年代出生的学生，感觉很吃力和困惑。中小学生的难教，会导致中小学教师在思想上的困惑和心理上的焦虑。

四、教师心理焦虑的化解

（一）中小学学校领导转换学校管理的理念

首先，学校领导采取柔性管理。作为一名高明的中小学学校管理者，需要让中小学老师感觉到教学工作的乐趣，而不是教学工作的压力，让中小学教师感受到教学工作的幸福，而不是教学工作的痛苦，让中小学教师在宽松和谐的环境里将潜能发挥到极致，而不会让其在焦虑的环境里被动地机械地疲于奔命地活着，应让中小学教师沐浴在人性的光芒里。其次，学校领导坚持以人为本的管理理念。“以人为本”具体落实到学校的教学工作中来，就是学校领导尊重中小学生的发展，尊重中小学教师的专业发展，让中小学教师干的舒坦，让中小学教师干的开心，让中小学教师干的有收获！再次，优化和创设融洽和谐的学校工作环境。具体来说，学校领导要重视并关心中小学教师教学工作中所遇到的各种困难，耐心指导他们工作，以宽容的态度对待他们在工作中出现的问题，鼓励他们大胆改革和实践，避免因中小学教师的教学工作压力过大而影响质量，挫伤他们的积极性，产生心理障碍，把学校工作的需要和教师个体兴趣、特长结合起来，以最大限度的发挥中小学教师的潜能和积极性，给他们搭建充分施展才华的舞台，以满足他们的成就动机和需要，促进中小学教师专业化发展。

（二）加强中小学教师文化建设

我国教育学者石中英先生对文化概念的界定为“文化就是在人们的生存和发展历史中形成并通过人们的各种活动而表现和传承的行为方式、价值观念、风俗习惯、语言符号、知识系统的整体。它的核心是价值观念。”[7]根据对其文化的理解，笔者认为教师文化主要是指教师在教育生活和教学过程中所形成的行为方式、价值观念。教师文化包括教师物质文化、教师制度文化、教师精神文化和教师行为文化等。通过中小学教师文化的建设来改善其心理焦虑，提高其心理素质。具体而言可以从下列四个方面入手。

1. 教师物质文化建设

教师物质文化建设主要针对提高教师的物质待遇，为中小学教师的教学工作提供更好的教学物质工作环境。

2. 教师制度文化建设

教师制度文化建设，主要针对中小学教师管理和评价制度，加强中小学教师的科学性和人文性的管理，刚性和柔性结合的管理，同时改变中小学教师的评价制度，采取多元评价，以促进教师专业发展为本位的评价制度。

3. 教师精神文化建设

对于中小学教师精神文化建设，主要强调教师热爱教育教学工作，加强与学生的沟通、对话、交流，形成和谐融洽的师生关系，实现“视界融合”，“教学相长”。

4. 教师行为文化建设

中小学教师的教学行为主要包括备课、上课、批改作业和课外辅导等过程中所体现出来的行为方式。在这些教育教学过程中，中小学教师需要积极投入，尊重学生，促进学生发展和自身的发展。通过加强中小学教师文化建设，提升教师的文化修养和内涵，从而改善其心理焦虑的现状。

（三）实现中小学教师角色的转换

在新课程标准下，中小学教师的心理焦虑与他们没有很好地完成角色转换也是有一定关系的。新的课程与教学理念下，需要新的“教”的方式与“学”的方式，从教师中心走向学生中心；学生发展从单方面向多方面发展；学生的学习方式从独立学习到合作学习；学生的学习状态从接受学习到探究式学习；学生的学习反应从被动反应到有计划地行动；学习活动的内容从基于事实知识的学习到批判性思维，基于选择、决策；教学的背景从孤立的人工背景到仿真的现实生活中的背景；教学媒体从单一媒体到多媒体；信息传递从单向传递到多向交换。新的课程环境需要如果中小学教师没有很好地进行教育理念的转变和教师角色的转换，如果中小学教师没有很好地完成转换，就为焦虑心理埋下了祸根。因此，中小学教师需要从传统的教师角色转换，从以前的那种单纯的课程“消费者”转换为课程的建构者，懂得去开发课程资源，调整课程结构和课程设计；从教学的管理者转换为学生发展的指导者与合作者，启发学生探究、创造的动力，参与学生的学习，形成“学习共同体”；从裁判学生成绩的“法官”，转换为学生成长的促进者。通过中小学教师角色的转换，不断适应新的课程环境，来进行心理调试，提高焦虑心理的“免疫力”。

（四）中小学教师自身提高身体和心理素质

据调查：“58%的教师自我感觉身体状况一般，18.7%的教师自感身体比较差，认为自己身体健康的教师仅占20%。而在自感身体比较差的教师中，26～35岁的占19.4%，在各年龄中最高，其次为36～45岁，占19.3%。”[8]这两个年龄段的教师正是社会、学校、家庭的中流砥柱，他们的身体健康状况尤其值得关注。中小学教师需要加强身体锻炼和提高心理素质，通过身体锻炼来加强身体健康和心理健康。每天锻炼一小时，健康工作四十年，幸福生活一辈子。这个锻炼身体的理念已经深入到广大中小学教师中来。身体的锻炼是需要长期的过程，不是一两天就能锻炼好身体的，因此需要一个过程。尽管中小学教师的教育教学任务繁重，但需要计划每一天抽出一些时间来锻炼身体，让他们参与各自兴趣爱好的活动，如舞蹈、打拳、乒乓球、篮球、跳绳、羽毛球、跑步、搭搭球、排球等一系列丰富多彩的活动项目，通过身体锻炼来增强体力和生命活力，提高身体素质，在健康的身体基础上不断增强心理素质。

五、结语

中小学教师的心理焦虑问题是当前中小学教师队伍中普遍存在的现象，一定量的心理焦虑有益于教育教学工作的展开，但一旦超过一定的量，心理焦虑就会影响中小学教师的身心健康，也影响教学工作的质量和效率，因此中小学教师的心理焦虑问题值得我们大家去关注。

参考文献

[1] 陈小建．简论焦虑心理与调试方式［J］．江西社会科学，2000(10)：144.

[2] 李行健，等．现代汉语规范词典［M］．北京：外语教学出版社，

2004：655.

［3］A S HORNBY. 牛津高阶英汉双解词典［M］. 李北达，译. 北京：商务印书馆，2002：52.

［4］李孟潮. 焦虑的理论与治疗［EB/OL］. http：//www. xlzx. cn/html/school/dpt/newdev/2007/0612/5305. html.

［5］班杜拉. 思想和行动的社会基础：社会认知论［M］. 林颖，等，译. 上海：华东师范大学出版社，2001：391.

［6］江苏省泰州市第二中学. 江苏省泰州市第二中学各学科教师工作量标准［EB/OL］. http：//www. tzez. com/bmzy/ShowArticle. asp？ArticleID＝1130.

［7］石中英. 教育学的文化性格［M］. 太原：山西教育出版社，1999：82.

［8］杨金玉. 浅析教师的身体素质［EB/OL］. http：//www. zxccjy. cn/html/jyky/084409250. html.

农村特岗教师的心理冲突与调适

农村特岗教师旨在公开招考高校毕业生到西部地区“两基”攻坚县的县以下农村中小学校去任教，并引导与鼓励高校毕业生从事农村中小学教育工作，从而创新农村义务教育阶段的教师补充机制和逐步解决农村中小学师资总量不足与结构不合理的问题，以便提高整个农村教师队伍的素质和推进城乡教育之间的均衡发展的一项政策。2007 年开始启动和实施“农村特岗教师计划”以来，关于农村特岗教师的问题与研究日益增多，一方面，由于农村特岗教师作为高校毕业生就业问题备受社会的关注；另一方面，作为农村教师补充机制的研究也得到了广泛的重视。那么，当前农村特岗教师的生存状态究竟现状如何？笔者以西部 T 地区某些县市地区的农村特岗教师进行了相关的调查，发现了农村特岗教师存在的心理冲突与问题。为此，我们需要进一步思考产生心理冲突的原因，并寻找相应的调适策略，从而更好地推进农村特岗教师政策的发展和提升农村特岗教师的职业幸福感。

一、农村特岗教师的心理冲突的表现

（一）继续深造与留岗之间的心理冲突

继续深造与留岗之间的心理冲突是当前农村特岗教师心理冲突的表现之一。一方面，一些农村特岗教师想脱离艰苦条件的农村中小学生活，试图通过考取研究生去继续深造，为自身的发展创造更好的条件和平台。另一方面，当前我国硕士研究生的就业环境和就业状况普遍并不理想和乐观，使得一些农村特岗教师感到就业压力巨大，使得其放弃脱产考研的想法。因此，在继续脱岗深造和继续留任之间的选择过程中，农村特岗教师往往产生了心理冲突和矛盾。

（二）转行与留岗之间的心理冲突

面对“农村特岗教师计划”，农村特岗教师往往在转行和继续留岗的过程中徘徊和挣扎，“骑驴找马”心态比较严重，多数农村特岗教师不愿长留。[1]根据笔者的调查发现，面对“服务期满后，您会怎么样?”的回答中，近31.8%的农村特岗教师选择“坚持不渝地选择教师职业”，而36.4%的农村特岗教师选择“转入其他行业”，也有31.8%的农村特岗教师选择“看政策，政策好就继续从教，否则就转行”，可见，近70%的农村特岗教师在服务期满后将选择转行或者徘徊转行之中。因此，在服务特岗教师的过程中，一些农村特岗教师采取考公务员等多种方式在为自己的“后路”准备。当前，转行与继续留岗之间的心理冲突是农村特岗教师比较重要的心理冲突之一。

（三）去城镇学校发展和待在农村学校之间的心理冲突

一个不可否认的现实是：农村工资待遇远低于城镇，政策所规定的工资待遇却不能真正落实，农村特岗教师物质生活的相对匮乏加上精神生活得不到充实和满足。[2]在这样的现实面前，去城镇学校工作成为农村特岗教师的一个梦想。但是，到城镇学校教师教学任务和压力更大，生活的负担也更重，也是不能回避的客观现实，那么，面对城乡之间的差距，面对生活中的不容忽视的现实困境，到底是去城镇学校发展，还是待在农村学校继续工作，这两者之间的心理冲突和矛盾就逐渐发展成为目前农村特岗教师的心理冲突。

二、农村特岗教师的心理冲突原因

（一）对农村特岗教师政策的认识不足

农村特岗教师对于农村特岗教师政策和计划的认识模糊，缺少对该政策的理性认知，是导致农村特岗教师心理冲突的重要原因。根据调查发现，农村特岗教师对于当初为何选择“农村特岗教师”的回答中，我们不难发现：“找不到合适工作，缓解就业压力”的就有36.4%，“受同学朋友的影响”占59%，而“服务基层，乐于从教”只占4.5%。可见，农村特岗教师对农村特岗教师政策的认识不足，缺少服务农村义务教育，成为农村中小学教师的理想和信念，使得其在面对农村特岗教师这个特殊的岗位时变得心理矛盾和冲突。

（二）生活中的重重困难

第一，生活不适应。当前，农村特岗教师普遍存在“住房难”“交通难”“培训难”“流动难”等生活中的现实问题。[3]在笔者的调查中发现，42.3%的农村特岗教师选择了“生活不适应”。面对农村的生活，与自己的学校生活相比，显得格格不入，于是一些农村特岗教师显示出种种的不适应，往往表现出一种抱怨、哀叹与试图逃离农村中小学的想法。第二，人际关系问题。农村特岗教师的人际关系也在困扰着农村特岗教师的心理，根据相关的调查发现，农村特岗教师在人际关系和孤独感之间存在显著相关的关系，而人际交谈困扰、待人接物困扰、人际交友困扰和孤独感呈正相关的关系。同时，人际关系困扰在一定程度上影响着其孤独感的变化。[4]可见，人际关系也是形成农村特岗教师的心理压力和心理冲突的重要方面。第三，其他的一些困难和矛盾。面对“经济负担”“教学任务”“职称晋升”“个人婚恋”“能否转正”等一系列的问题时，大部分农村特岗教师认为“经济负担”“教学任务”等方面都成为了其心理压力的主要来源。

（三）农村特岗教师缺乏自我调适

在农村特岗教师的调查中不难发现，挫折感是影响农村特岗教师发展的主要问题之一。[5]面对教育教学中的挫折，面对生活中的困难，面对专业发展的困惑等现实中的问题时，农村特岗教师往往不能正确对待和处理，不能有效地进行自我心理调适，没有强大的情绪智力，也未形成较强的心理调适能力，更没有找到合适的心理调适方法，使得心理冲突没有得到恰当的调节和调适，因此，导致心理冲突得不到化解。

三、农村特岗教师的心理调适策略

（一）农村特岗教师政策的关照

第一，农村特岗教师工资待遇上的关照。尽管 2006—2012 年中央财政已累计安排拨付给农村义务教育阶段学校农村特岗教师工资性补助经费153亿元，共对52.3万名农村特岗教师给予工资性补助。[6]但是，农村特岗教师的待遇还有待提高和改善。因此，在农村特岗教师工资待遇上的关照，能进一步改善农村特岗教师的生活条件和教学条件，让更多的农村特岗教师获得心理上的平衡，减少心理上的冲突和矛盾，从而留住农村特岗教师为农村义务教育服务。第二，农村特岗教师专业发展上的关照。面对农村特岗教师培训和继续教育以及进一步攻读硕士深造的问题，为解决其进一步学习的需要和愿景。教育部颁布了《关于做好2011年特岗教师在职攻读教育硕士工作的通知》，并决定从2011年开始开展服务期满留任农村特岗教师在职攻读教育硕士专业学位工作以支持农村特岗教师在职学习与专业发展。[7]通过对农村特岗教师的专业发展上的关照，一方面，解决农村特岗教师专业发展的需要，让其能稳定在农村中小学教育岗位的第一线，解决其心理冲突和矛盾。另一方面，提高农村义务教育教师的质量和水准，从而提高农村中小学教师的整体素质。第三，加强农村特岗教师的法律法规和政策。当前，对于农村特岗教师的法律法规还不健全，缺少对农村特岗教师的法律保护，导致一些政策、法律、法规等地带的空白，使得农村特岗教师的事业和生活得不到进一步的保障。因此，进一步完善农村特岗教师的法律法规政策为其发展提供动力和保障是当务之急。

（二）构筑农村特岗教师的社会支持系统

构筑社会支持系统能为农村特岗教师的心理冲突和解决其心理矛盾具有重要的作用。农村特岗教师的社会支持系统主要是指一定的社会网络包括父母、亲戚、朋友等运用一定的物质和精神手段对农村特岗教师群体进行无偿帮助的行为的总和。在面对农村特岗教师的待遇普遍低于国家规定的平均水平、工作负荷重、医疗失业养老和住房公积金等缺乏保障的条件下，[8]农村特岗教师显得心理冲突和心理不平衡。那么，此时此刻需要更多的社会支持来帮助其渡过困境，使其获得物质上和精神上的帮助，获得心理上的慰藉和平衡，从而化解心理冲突。

（三）农村特岗教师的自我调适

第一，农村特岗教师需要提高自己的情绪智力，增强自我调适的能力。

农村特岗教师需要正确认识到自己的心理上的冲突与矛盾。面对自己心理上的心理不平衡，产生了心理矛盾和心理冲突，这是正常的，“人非草木，孰能无情”，一个人具有七情六欲，具有情绪情感都是必然的，那么，面对不良情绪时，农村特岗教师需要提高自己的情绪智力，加强情绪管理，增强自我心理调适的能力。第二，农村特岗教师需要学会自我心理调适的方法。心理学原理告诉我们，心理调适的方法诸如语言调节、意识调节、自我控制、行动转移、注意转移、释放法等多种方法，但是农村特岗教师需要寻找一种适合自己的心理调节方法。

（四）加强农村特岗教师的对话与交流

第一，加强农村特岗教师的对话与交流。2011 年 2 月 22 日，中国农村特岗教师论坛成立，该论坛立足于为广大农村特岗老师提供帮助的平台，为特岗老师的日常生活与学习提供力所能及的帮助和服务，通过农村特岗教师论坛的平台，全国的农村特岗教师都能加强对话与交流，从而让农村特岗教师心理上获得更多的同伴支持。第二，加强特岗教师的分享与合作。农村特岗教师之间需要加强分享与合作，以县域范围为基础，由于在县内的农村特岗教师之间具有相同的地理条件和基本相似的教育状态以及相同的心理困惑等可以进一步地进行心理上的分享和情感上的交流，如当一天的教育生活结束后，能分享一下彼此一天的心情，而当大家在为学生的事情焦头烂额和没有办法处理时，也许可以从其他特岗教师那里获得所需要的答案。总之，加强农村特岗教师的对话与交流，能避免前面所提到的教师的孤独感和无助感，形成一种教育上的合作和心理上的分担以及情感上的分享，从而进一步化解心理上的冲突和矛盾。

（五）深入研究农村特岗教师的心理

农村特岗教师作为农村义务教育教师补充机制过程中重要的一环，为农村义务教育的发展提供了强大的师资和动力源泉，同时也是一个特殊的教师群体。因此，需要进一步关注和研究，从 2006 年以来关于特岗教师的研究日益增多，从中国知网上搜索的论文将近 140 篇，可见，对特岗教师的关注还是较多的。但是对于农村特岗教师的心理状态，对农村教师的心理冲突与矛盾问题还是需要进一步去关注和重视，所以，深入研究农村特岗教师的心理是迫在眉睫的。

四、结语

农村特岗教师计划是完善农村义务教育阶段教师补充机制的重要内容，而且从2007年到今天，“农村特岗教师计划”的事实也证明，农村特岗教师的存在为农村义务教育的发展提供了强大的师资力量，但是其中的一些问题也是客观存在的，诸如农村特岗教师的心理冲突是不可回避的问题之一，那么，我们需要进一步去面对和解决。

参考文献

[1] 王纬虹，杨军，金星霖．农村特岗教师期待多元支持［N］．中国教育报，2013－03－25（3）．

[2] 刘莉．农村中小学农村特岗教师队伍的现状及思考［J］．学周刊，2014（1）：13.

[3] 陈树德．民进云南省委呼吁解决农村特岗教师后顾之忧［N］．中国教育报，2012－05－30（3）．

[4] 谢国秀，傅丽萍．农村特岗教师人际关系与孤独感之相关研究［J］．贵州师范大学学报：自然科学版，2012（1）：21－25.

[5] 王安全，马友慧．农村特岗教师挫折感的形成与消除［J］．宁波大学学报：教育科学版，2012（1）：73－76.

[6] 中央财政累计拨付农村特岗教师工资性补助153亿元［EB/OL］．2013－01－06. http：//news. xinhuanet. com/yzyd/local/20130106/c_ 114265512. htm？prolongation=1.

[7] 焦新．支持农村特岗教师在职学习和专业发展［N］．中国教育报，2011－12－24（2）．

[8] 李军合．特岗教师，你在他乡还好吗［J］．基础教育研究，2010（9B）：5－8.

新媒体时代教师的心理危机及其化解策略

21 世纪是一个新媒体时代，那么新媒体时代又是什么？我们认为，新媒体时代主要是指相对于报刊、广播、电视等传统媒体而言的媒体形态，是以数字技术、移动技术、网络技术等技术手段，借助于互联网、卫星、无线通信网等渠道及手机、电脑、数字电视机等客户终端，向用户提供信息和娱乐服务等传播形式和媒体形态。那么，在新媒体时代，教师有哪些心理危机，我们将如何去解决，这是本文需要回答的问题，希望以此文来引起更多的关注。

一、新教育媒体时代

（一）含义

当前，对于新媒体时代众说纷纭，还没有一个通用的统一定义。具体而言，新媒体时代主要是指相对于报刊、广播、电视等传统媒体而言的媒体形态，是以数字技术、移动技术、网络技术等技术手段，借助于互联网、卫星、无线通信网等渠道及手机、电脑、数字电视机等客户终端，向用户提供信息和娱乐服务等传播形式和媒体形态。在此文中，笔者主要以慕课、翻转课堂、微课程等方面对教育方面的影响来进行分析新媒体时代。

（二）特点

1. 信息海量化

新媒体不同于传统媒体的信息有限性，而新媒体时代，将互联网、手机等终端能为客户提供海量化的信息。

2. 知识碎片化

新媒体时代的提供的知识和信息更加及时更加几何级数增长和速度快，

因此，带来的知识也更加碎片化。

3. 虚拟化

新媒体时代提供信息和环境更加虚拟。

4. 互动性强

以互联网为中心的新媒体时代，将强调人与人之间的交流与互动，例如，通过手机刷屏能迅速地对话和交流，因此互动性更加强大。

5. 影、音、字的整合

新媒体时代能提供影、音、文字等方面的整合，通过文字、影、音能提供一个更加全方位的时间和空间。

6. 开放性

新媒体时代关注学生学习空间的开放性，学生不仅能在教室进行学习，也可以在教室外进行学习，例如，以微课程来理解，通过微课程，学生能进一步去学习在课堂教室里没有理解的知识。同时，开放性还体现在没有更多的约束，例如，网易公开课平台，只要有账号注册就能学习网上的经典微课程。

（三）新媒体时代对教育的影响

1. 冲击知识观

传统的知识观是知识是系统化的、结构性的，知识是稳定的，而在新媒体时代，知识更加碎片化，知识作为信息存在，掌握信息更加容易，但是要形成系统结构性的知识更加困难。

2. 冲击教学观

传统的教学是在课堂和教室中教师的教和学生的学等统一的活动。但是，新媒体时代打破了教师教和学生学的统一和同步性，从教向学转变，即教师的教学需要以学为主，例如，翻转课堂就是强调教师的指导，学生的学为主。

3. 冲击师生关系观

传统的师生关系是教师是拥有“知识”的人，学生是“无知”者，但是今天教师和学生之间在信息获得方面，并不一定会形成对等关系，教师信息获得不一定比学生多，于是，师生关系走向互相学习，形成学习共同体，师生更加民主和平等，正如学者指出的，在新媒体时代，师生关系更为密切。[1]

4. 冲击学生观

在新媒体时代，教师需要改变传统的学生观，学生不是无知者，学生是带有一定学习经验的，同时，在关注学生的知识与技能的学习，还需要重视学生的学习需要和个性化学习能力的形成。

二、新媒体时代教师心理危机的表现

（一）认同危机：不能有效接受新媒体

面对新媒体时代，一些教师不能有效把握诸如 MOOCS、翻转课堂、微课程等。新时代所出现的新的教育方式和教学形式以及课堂组织形式，也不能认同这些新的教育方式和教学模式。甚至，一些教师认为这些玩意儿只是一种贴上“新”标签的时髦而已，不会对学生和教育产生很多的影响。但是，一个不否认的事实就是一门慕课注册人数达到 16 万多人，[2]这是一个惊人的数字，将给我们教师带来很多的反思。那么，面对新媒体时代，教师产生了更多的认同危机。

（二）角色危机：不能清晰定位自己的角色

在新媒体时代，诸如一些慕课、微课程、翻转课堂等现代信息技术下产生的教学模式和学生学习方式给教师的教学带来了“革命式”的冲击和影响。不可否认，这些教学模式给教师带来的既有正面的价值，也有负面的影响。但是，如果不能清晰地注意到教师在新媒体时代自己的角色是什么，教师应该做什么，教师能做什么，学生该做什么，学生能做什么，这一系列问题正在影响和左右着教师的角色定位。新媒体时代强调教师成为学生学习的组织者和合作者以及指导者，但是，一些教师没有清晰认识到教师角色，更没有清晰认识到“学生通过互联网获得海量信息资源和广泛的人际交流机会这一发展趋势，促使我们重新思考教育者自身的角色。”[3]

（三）应用危机：不能有效操作

新媒体时代，要求人人都是学习者，人人都能充分利用有效的新媒体资源，能具有媒介素养，能进行微课程制作，能进行翻转课堂，能进行慕课学习。但是，由于一些教师没有进行学习和操作，以至于对计算机不熟悉，对网络技术比较缺乏，甚至对现代信息技术比较陌生，不敢去或者不屑于学习或者动手操作，导致教师出现不能恰当地运用和操作新媒体教学手段或者工具，以至于不能运用一些新的教学模式。

（四）评价危机：不能有效评价学生

在新媒体时代，教师该如何评价学生，如何去衡量学生的学习效果，怎么样的教学才是有效的教学，怎么样的学习才是有效的学习以及什么样的学生才是好学生，如何去评价学生等一系列的问题摆在教师面前，特别是在“课堂翻转后，教师不再是绝对权威，学生可以‘没大没小’地平等讨论问题。”[4]在这样的背景下，教师将出现不能有效地评价学生的现象和困境。

三、新媒体时代教师心理危机的产生原因

（一）对新事物的敏感度不够

新媒体时代突破了传统教学必须发生在特定时间和空间的局限，而新媒体时代的学习资料将以视频形式长期在网络上大家所共享，只要有手机、电脑等移动设备和互联网络的支持，学生就可以随时随地根据自身学习需要进行学习。[5]那么，新媒体时代背景下教学模式和教学形式以及教学方式的改变，那么就客观需要教师积极地去应对，并及时纠正自己的教学理念、教学方式以及学生的学习方式，做到“世易时移，变化宜已”，但是，由于一些教师没有及时地去了解新媒体时代的新事物，以至于出现各种危机心理。

（二）知识储备不够，同时缺乏学习

传统媒体时代背景下的教学方式单一，对教师的教学技术水平和要求相对来说比较简单和容易操作，不需要太多的技术含量，只要教师能掌握基本知识与技能就足够应对。因此，在职前教育和职后教育阶段都没有太多关注媒体素养教育。但是在新媒体时代，教师必须“针对学生的这些特点精心选择教学内容，以适合网络传播以及满足不同学生的需要，便于更多的学生学

习。”[6]那么，在如此情景下，教师就显得信息技术知识储备不足，同时，加上一些教师不能进行丰富的信息技术知识与技能的学习，因此，就不能有效地面对新媒体时代的教学模式和教学方式，于是产生心理危机。

（三）保守性，开放性不够

创新性与保守性，一直是一对矛盾，在教师身上也不无例外。教学需要创新，但是创新与保守一直并存于教师的教学过程中。面对新媒体时代的教育教学，即使一些教师想去创新，但是其“教学惰性”却让其退缩，一方面，“害怕失败，导致得不偿失”，另一方面，认为“教师工作量加大”[7]在保守性占据教师主导心理的前提下，教师开放性不够，从而使得教师不能认同新媒体时代的教育模式，也导致心理危机的存在。

（四）倦态心理与回避心理

教师职业特点决定教师劳动的无限性，这样也使得教师职业倦怠成为教师研究一个永恒的话题，在教师备课、上课、改作业以及学生辅导等繁重的工作面前，教师对新媒体时代的教学模式，显得“很疲惫”。同时，对一些新的、不了解和不熟悉的事物，常常会让人产生不同程度的怀疑态度和不安全感，进而产生消极的抵触行为和回避心理。[8]因此，面对新媒体时代的教学模式，教师产生了一种心理危机。

四、新媒体时代教师心理危机的化解策略

（一）认知方面：学习，终身学习

新媒体时代的到来时，教师该如何化解自己的心理危机，去充分接受新媒体教育的挑战。有的学者提出，以辩证的眼光来审视，以开放的心态来迎接，以改革的勇气来创新，以协同的精神来推进。[9]因此，笔者认为首先教师需要去学习，再学习，从而树立一种新媒体时代的学习思想，具有学习新媒体教学技术的认知，充分认识到学习新媒体时代出现的慕课、翻转课堂、微课程等新的教学模式和教学理念，从而在知识与技能方面学习到新媒体时代教育之本质所在。

（二）态度方面：以开放心态悦纳新事物

教师为应对新媒体时代所带来的挑战，需要以开放的心态接纳新媒体时代的教育形式，要充分认同新媒体教育的价值所在，并以开放的心态悦纳之。正如美国的萨尔曼·可汗指出：“我的教育理念摒弃的是课堂上单调乏味的教育方式，即让学生死记硬背、生硬地套用公式，这种方式的意义无非就是让学生在考试中取得好成绩，而不会让他们记住所学的。”[10]可见，新媒体时代的教学形式和教学模式也是基于“一切为学生的发展服务”的理念，也是在创新教学模式的基础上更好地实现教育服务。因此，教师需要在态度上，一方面认同新媒体时代教育方式的多元化及其价值所在；另一方面需要一种悦纳的心态去接受并内化为自己的知识与教学能力。

（三）情感方面：加强教师之间的交流与沟通

不可否认，新媒体时代背景下，慕课、翻转课堂等新媒体教学模式作为一种“破坏性创新”的教学方式，改变了教师角色也改变了学生角色，更加改变了教学与学习的时间分配以及知识载体，给教师的传统课堂教学带来了巨大的冲击。[11]但是，其积极作用也是不可忽视的，因此，教师在情感方面，需要对新媒体时代的教育模式加以重视和关注。同时，教师需要加强教师之间的交流与沟通，以博客、微信等平等进行对话与交流，例如，微课程、微信平台等就是一个教师交流和沟通的平台，在微课程、微信平台方面比较重视大家之间在微课程制作的知识与技能技巧方面的交流，能让很多新知识传授给那些不甚了解微课程的教师，使其受益。因此，教师需要改变那种“单打独斗”的局面，参与“团队作战”，进行教师之间的交流与沟通，从而有效地化解心理危机。

（四）行动方面：好教师的标准严格要求自己

在认同新媒体时代教学模式和教学方式的同时，更加需要进一步去行动，将新媒体时代教育理念和教学模式付诸教学行动。因此，一方面，需要以好教师的标准严格要求自己，加强新媒体时代教育理念和信息技术的学习，不断丰富和提高自己。正如习近平在北京师大教师座谈会上指出的，作为一个好教师就是始终处于学习状态，站在知识发展前沿，刻苦钻研、严谨笃学，不断充实、拓展、提高自己。[12]另一方面，在教育教学实践中，教师需要进一步去进行课堂教学改革，逐步运用和实践新媒体时代的教育教学方式，从而进一步去化解心理危机。

总之，新媒体时代给教育和教师带来了前所未有的变革，教师心理危机的存在也折射了新媒体时代对教师的影响和冲击，因此，教师需要采取对策来进行应对。

参考文献

[1] 陈玉琨，田爱丽．慕课与翻转课堂导论［M］．上海：华东师范大学出版社，2014：27.

[2] 姜泓冰．“慕课”来了，大学是“危”还是“机”［EB/OL］．(2013-08-28)［2014-12-01］．http：//www.qstheory.cn/kj/jyll/201308/t20130828_265347.htm.

[3] 陈国胜．新媒体时代教育观——教学方式变革五大趋势［EB/OL］．(2013-12-08)［2014-12-01］．http：//blog.sina.com.cn/s/blog_986106e10101hhr7.html.

[4] 董奇．“翻转课堂”是解放学生学习力的革命［J］．中国教育学刊，2014 (10)：106.

[5] 黄金煜，郑友训．翻转课堂与教师角色转型［J］．上海教育科研，2014 (6)：49-51.

[6] 张丹．略论慕课对教师角色的深层影响［J］．学校党建与思想教育，2014 (7)：45-47.

[7] 付小倩，袁顶国．中国式“翻转课堂”的实践困境与突围［J］．现代中小学教育，2014 (7)：45-48.

[8] 徐建，华姜君．我国基础教育慕课热的冷思考［J］．中国教育学刊，2014 (8)：34-37.

[9] 赵艳波．慕课时代我国基础教育的应对策略［J］．教学与管理，2014 (30)：28-30.

[10] 萨尔曼·可汗．翻转课堂的可汗学院［M］．杭州：浙江人民出版

社，2014：前言.

[11] 杨伟杰. 翻转课堂：转变与挑战 [J]. 教学与管理，2013 (30)：93－95.

[12] 习近平. 做党和人民满意的好老师——同北京师范大学师生代表座谈时的讲话 [EB/OL]. (2014－09－10) [2014－12－01]. http://politics.people.com.cn/n/2014/0910/c70731－25629093.html.

高校教师亲和力的缺失及其反思

我们知道，高校教师与高校学生的关系同中小学教师与学生的关系是不一样的，中小学中师生关系伴随依赖和半依赖关系，那是因为中小学阶段学生处于未成年阶段，生理和心理发育处于未成熟时期，但是高校学生是成年人，不再需要像中小学教师那样呵护他们，而是学生更多的独立自主地学习与生活，更加个体社会化。因此，在高校师生关系具有其特殊性。高校教师亲和力就是在高校教师与学生的交往、交流、合作中彰显出来的。然而，今天的高校教师的亲和力逐渐地缺失，高校课堂逐渐变成高校教师的“课堂”，而不是教师与学生共同“在场”的阵地，教师更多的是站在讲台前或者坐在讲台前进行课堂教学，显得高高在上，而学生往往是被动的“听讲”，“调查发现，33. 5%的学生认为多数教师的课堂教学方式是以讲解为主；仅有23. 5%的学生认为课堂教学有互动交流，允许学生表达自己的看法和见解；还有21. 7%和21. 3%的学生认为课堂教学方式属于满堂灌和自由放任型”。[1]在这样的背景下，教师没有显现出亲和的形象，而是教师显得不那么亲近，让人感觉也不是那么和蔼，学生得不到那种“亲和”的感觉，在高校中师生关系逐渐地被疏离与异化，让高校课堂逐渐变得冷漠，让高校中人际关系变得淡薄。究竟是什么原因导致了高校教师与学生之间在心灵上产生隔膜，高校教师没有了亲和力呢？所以，我们需要探究背后的影响因素，同时，要进一步去寻找对策，以便更好地促进高校教师专业化发展，提升高等教育品质。

一、亲和力的内涵理解

（一）亲和力的字面理解

“亲”指亲切、亲密、亲近、和蔼可亲等表示感情好、关系密切之意，集中表现为信任、爱心、关心、温暖、支持、帮助等方面。“和”指和蔼、和谐、和睦、协调。

（二）亲和力的词典上的诠释

从字典上来看，亲和力是指“两种或两种以上的物质结合成化合物时相互作用的力”。

（三）亲和力的理论解释

心理学理论则认为，亲和力是指在人与人相处时所表现出来的亲近行为的动力水平和能力。

（四）教师亲和力的含义

教师亲和力主要是指“在身教、言教过程中教师通过其人格魅力以及信任、关心、爱护、帮助学生等带有感情倾向的行为感染学生、教育学生，让学生感受到的亲切感和信赖感”。[2]

二、高校教师亲和力缺失的素描

（一）教师在课堂上对学生的“不友好”现象

课堂教学是高校教师的任务之一，也是高校作为三大职能（科研、教育、服务）的表现之一，高校教师亲和力的展现需要在课堂教学中进行，需要采取严谨的教学姿态，科学的教学方法，丰富的学科教学知识，个性化的教学风格等来开展教学，同时需要友善对待学生充分展现其亲和力，这是高校教师的应然。但是，在现实教学中却存在教师在课堂上对学生的“不友好”现象，如中央美院研一的必修课《现代性理论与实践》的课堂上，老师对学生使用“劣等生”“没文化”等侮辱性言语，并说他们不可能理解大师的学术观点。一名女生当场站起来与他理论，没说几句，老师就用手指着这名女生，说她是“半文盲，不配上他的课”，这名女生当场就哭了。随后几十名研究生罢课。[3]而且，诸如此类的现象在现实的高校课堂中绝对不是仅此一例。

（二）高校教师与学生关系异化

“一日为师终身为父”是自古以来一直流传至今的关于师生关系的经典话语。但是在今天的背景下，高校教师与学生的关系发生了180度的转换，教师往往被学生称为“老板”，师生关系异化成剥削与被剥削的关系。在“利益驱使”和“彼此回报”的驱动下，当下很多师生关系已被“异化”——学生需要导师提供项目与经费，以使他们完成论文和获取学位，他们并不在意老师是否能真正给予学术上的指导；导师需要学生参与课题，成为自己“项目组”的“劳动力”，至于学生能从中学到什么，以后成长为怎样的人，他也并不在意。这样一来，学生希望投靠课题多、项目大的“大老板”，而“老板”则希望找到听话、勤快乃至“有后台”的学生。[4]在如此社会变革和教育改革的情况下，高校教师亲和力遭遇挑战，甚至荡然无存。

三、高校教师亲和力缺失的原因探究

（一）社会因素

市场经济条件下，对金钱的膜拜逐步改变了高校中教师与学生之间的关系。当前，我们更加看重经纪人假设的引导，忽视社会人假设理论。我们从经济人假设来看，经济人假设是指当一个人在经济活动中面临若干不同的选择机会时，他总是倾向于选择能给自己带来更大经济利益的那种机会，即总是追求最大的利益。在当前往往忽视了社会人假设，没有认识到在社会上活动的人不是各自孤立存在的，而是作为某一个群体的一员有所归属的“社会人”，是社会存在。人具有社会性的需求，人与人之间的关系和组织的归属感比经济报酬更能激励人的行为。“社会人”不仅有追求收入的动机和需求，他在生活工作中还需要得到友谊、安全、尊重和归属等。在高校中，高校教师和学生往往更加关注的是利益最大化，例如，现实中存在有些高校教师在自己学校上课时，显得尤其无力，随便应付，敷衍了事，但是在进行兼职时却显得生龙活虎、精力充沛，正如足球场上那些运动员在国家队踢球时似乎状态不佳，而在俱乐部踢球时表现得非常英勇。因此，高校教师受到“经济人假设”理论的影响，其亲和力不能有效表现是有根据的。

（二）文化因素

后现代文化时期，与传统教师文化的决裂，高校教师文化在不断构建和重塑之中。在社会转型与文化转型的过程中，高校教师的文化价值观在经受着结构与重构的阶段，高校教师逐步将“一日为师终身为父”的那种理念进行革新，不断形成与学生之间的平等对话与合作交流，教师不再是高高在上的说教者，更是与学生形成“学习共同体”，“于疑难之处同商量而已”。在这样的历史背景下，高校教师亲和力在接受着洗礼，因此，当前高校教师也没有恰当的亲和力的表征。

（三）高校教师因素

（1）高校扩招导致高校学生的数量逐步增加，在学生的数量增加的同时也在改变高校教师与学生之间的关系，逐步影响了高校教师亲和力。从1999年高校扩招以来普通高校在校人数不断攀升，到2009年，全国普通高校在校生总人数2285.15万人。高校学生的增加，引起班级和专业人数增加，教师在上课过程中和指导学生的过程中，指导次数和指导力度不断下降，高校教师有些显得力不从心，“统计显示，46%的博导同时指导的学生超过7名，最多的高达47名。大部分博导认为自己适合指导的学生不超过6名”。[5]在巨大的指导学生数量面前，高校教师对亲和力的关注力度呈下滑趋势。

（2）在教学与科研的天平上逐步倾斜，高校教师更关注科研，而对教学显得不够重视。根据对上海大学、上海政法学院、广州大学、长江大学、湖南商学院、长沙理工大学东中部六所高校的802名高校教师科研压力感的调查（有效问卷794份）显示，感到“没有压力”的教师只有21人，占2.64%；感到“有一点压力”的教师341人，占42.95%；感到“压力比较大”的教师372人，占46.85%；感到“压力非常大”的教师60人，占7.56%。可以看出，其中感到“压力比较大”和“压力非常大”的教师总计432人，占调查对象总数的54.41%。[6]在强度较大的科研重压下，高校教师将更多的精力与时间放在科研上，加上对评职称等问题的关注，而对课堂教学相对重视度下降，更别奢谈亲和力。

（3）师生交流少。高校教师与学生的交流较少，师生关系比较淡薄，据调查显示：大学生认为师生关系“较冷淡”的占到了74.1%，认为“很冷淡”的占到了11%。[7]在高校师生关系的冷淡中，高校教师对学生往往是不够关心，不够关注，淡然也就无所谓亲和力了。

（四）高校教育与管理因素

（1）高等教育管理跟不上时代步伐。高等教育的扩招，学生数量的增加，导致宿舍、教室、图书馆包括辅导员等教学和管理资源不足，人数越来越多，但是相关的教育管理跟不上扩招的步伐，高校往往也缺乏对高校中教师与学生的关系的关注，笔者在读大学时曾经目睹一大学辅导员来到宿舍（我们宿舍是混合宿舍）用粗鄙的语言辱骂我们室友，只是因为我们室友没有叠好被子。试问，一个没有素质的辅导员老师怎么会带来亲和力。

（2）在对高校教师管理与评价过程中，高校往往关注教师在EI、SCI、CSSCI、SSCI等期刊上发表的论文数量，重视高校教师的文章被《人大复印资料》《新华文摘》等引用率，加大力度申报国家项目、省级项目等方面的评价，忽视导师带研究生的效果，轻视教师在课堂的亲和力。

（五）高校学生因素

高校学生的学习动机不纯，促使高校教师亲和力缺失的原因之一。例如，在研究生选老师的时候，往往是那些有领导职位或者学术上非常有名气的导师选报的数量超员，而那些没有多大名气也没有一官半职的老师往往填报的人数较少。在这样的学习动机下，高校教师非常的感慨和无奈，其对学生的亲和力也因此下降。学生动机不纯的情况再比如在学生到教室听课，特别是公共课，有些学生纯粹是来瞎混的，经常旷课迟到早退，为了修满学分，有些学生来到教室也是心不在焉的，或者玩手机、看其他的书籍，跟同学讲小话，当然不排除一些认真的学生，在这些良莠不齐的学生群体中，高校教师对他们的亲和力也大打折扣。

四、高校教师亲和力的回归路径

（一）构建高校教师亲和力的理论

1. 人本主义理论

将人本主义理论纳入到高校教师亲和力的理论基础中来。人本主义心理学者马斯洛认为人类具有真、善、美、正义、欢乐等内在本性，拥有共同的价值观与道德标准，强调自我实现，同时要尊重高校学生的个性，强调师生之间的平等与民主，要求教师理解、信任、关心学生，尊重他们的选择与自由，而不是将自我的情感、意愿强加给学生。总之，“以学生发展为本”。

2. 积极心理学理论

积极心理学理论是当前备受关注的理论之一，美国心理学者克里斯托弗·皮德森（Christopher Perterson）总结前人成果汇聚积极心理学之大成，其基本假设就是，“人们的美好和卓越，与疾病、混乱和悲痛同样都是真实存在的”[8]，倡导希望和积极的情绪情感。在高校教师进行课堂教学中需要对学生进行积极正面的引导，增强亲和力，让学生“如沐春风”。

3. 后现代理论

高校教师需要正确对待自身的位置，改变以往居高临下的俯视学生的传统，与学生进行对话与交流，成为学生中“平等的首席”，高校教师不应该只是一个独白者，而是与学生共同合作完成课堂教学，形成教学上的共鸣与和谐课堂，在这个过程中展现教师亲和力。

4. 关心理论

美国学者诺丁斯提出了关心理论，关心不仅是一种关系，也是一种生命状态，也是人类的基本需要，“关心是一切成功教育的基石。”[9]笔者认为，“不管学习成绩优秀的学生，还是暂时处于落后状态的学生，都期望得到教师的注视与关心。”[10]因此，高校教师需要增加亲和力，更加关心学生的学习、心理与生活。

（二）重塑高校教师文化

日本学者佐藤学认为“教师文化系指教师的职业意识，专业知识与技能，感受‘教师味’的规范意识与价值观、思考、感悟和行动的方式等，即教师们特有的范式的职业文化。”[11]高校教师文化是高校教师专业化建设的重要方面，高校教师文化包括行为文化、精神文化、物质文化等方面。笔者认为主要从以下几个方面来进行。

1. 高校教师精神文化建设

高校教师需要具有人格魅力，要关爱学生，严谨笃学，淡泊名利，自尊自律，以人格魅力和学识魅力教育感染学生，做学生健康成长的指导者和引路人。

2. 高校教师行为文化建设

高校教师需要做到在形象上得体恰当、努力维护高校教师的形象，继承和发扬几千年来所形成的优良教师传统，不断提高自身的专业学识和专业修养，严格以高校教师的标准要求自己，以便增强自身的亲和力。

（三）改良高校师生关系

要改良高校师生关系可从如下两方面着手。

（1）在课堂教学过程中，加强高校师生对话与交流，合作与沟通，形成思维火花的碰撞，达到心灵的共鸣，通过师生关系的改善来达到增加教师的亲和力。当代教学理论告诉我们，教学是教师的教和学生的学共同构成的双向活动，同时教学是一个开放的自组织系统。因此，在课堂教学中，高校教师需要与学生进行信息交流和互换，进行心灵的沟通和对话。

（2）在生活与平时学习过程中，以网络、手机等信息化手段为平台，加强高校教师与学生的交流与沟通。教育信息化已经是当代教育的一个重要特征，以网络为主要表征的信息化工具无时无刻不在影响和改变师生生活，特别是QQ、微博、MSN、E－mail等网络技术手段为教师与学生的联系提供了非常方便和便利的交流渠道，教师与学生在合作学习中不断增强信任感与安全感，高校教师也在与学生的关联中得到了亲和力的提升。

（四）促进高校教学管理制度的创新与改革

1. 加强高校教师队伍建设，提升高校教师的亲和力

“严格教师资质，提升教师素质，努力造就一支师德高尚、业务精湛、结构合理、充满活力的高素质专业化教师队伍。”[12]通过提高整个教师行业队伍的素养，来推进高校教师的亲和力的提高。

2. 创新和改革高校教学管理制度，关注高校教师的亲和力

高校教学管理制度的改革与创新是高等教育改革的重要组成部分，也是高校教师专业化过程中需要改革的一个内容。通过高校教学管理制度创新，充实学校管理的发展类型，如研究性大学、教学型大学、研究—教学型大学、教学—研究型大学，将教学与研究的侧重点落实后，关注高校教师的课堂教学改革，重视教师的教学品质，也强调教师的亲和力。

3. 开展教育家工程

我国历史上出现了很多的教育家，例如孔子、孟子、陶行知等，在今天也同样呼唤教育家，“那些对教育充满虔敬之心、对学生充满爱心，同时不懈地改变现实、勇于革新的名师、名校长，才能破茧化蝶、步入教育家的殿堂；否则，他们只能享受作为成功的教育官员和教育企业家的风光。”[13]因此，我们需要开展教育家工程，培养出更多的教育家式的高校教师，拥有教育家式的亲和力。

五、结语

总之，在开创高等教育的新纪元之时，在关注高等教育改革过程中，在充分重视高校教师的专业发展途中，我们也需要关注当下的高校中教师与学生的关系，注视高校教师的亲和力。

参考文献

[1] 王静娴. 高校师生关系的现状与对策研究［J］. 高等函授学报：哲学社会科学版，2010（9）：18.

[2] 王中华. 新课改中教师亲和力探析［J］. 班主任之友，2007（12）：9.

[3] 美院教师指骂学生没文化部分学生中途离席讨说法［N］. 宁波晚报，2006－10－13（A13）.

[4] “导师”真成“老板”？谁把师生关系功利化［EB/OL］. 2005－12－09. http：//www. china. com. cn/chinese/EDU－c/1055476. htm.

[5] 陆雁. 1个导师可带47人研究生教育已变味［N］. 长江日报，2010－08－25.

[6] 孙佳，刘志成. 科研压力对高校教师的影响［J］. 教师，2010（5）：29.

[7] 邓显波. 浅析师生关系淡漠的原因［J］. 经济与社会发展，2008（6）：162.

[8] 克里斯托弗·皮德森. 积极心理学［M］. 徐红，译. 北京：群言出

版社，2010：3.

［9］内尔·诺丁斯．学会关心——教育的另一种模式［M］．于天龙，译．北京：教育科学出版社，2003：38.

［10］王中华．内尔·诺丁斯关心理论及其启示［J］．天津市教科院学报，2010（1）：73.

［11］佐藤学．课程与教师［M］．钟启泉，译．北京：教育科学出版社，1999：12.

［12］教育部．国家中长期教育改革和发展规划纲要（2010—2020 年）［N］．中国教育报，2010－07－30（1）.

［13］杨东平．呼唤当代中国的教育家［J］．学术界，2010（1）：117.

师爱与班级管理工作

一、师爱在班级管理中的功能

（一）引导功能

心理学原理告诉我们，中小学学生正处在未定型阶段，可塑性强，正在发展过程中，学生的自我意识虽然在逐步形成，能认识和评价自己的品质，但有时看问题不够全面深刻，情绪容易偏激。所以，为了学生健康发展，班主任需要加强疏导、劝导、开导、因势利导。“爱是教育的原动力”[1]，没有爱，就不可能有教育的引导。在班级管理中，班主任倾注师爱，让学生感受到爱，而且体味到班主任对他们的关心、尊重、理解、信任等师爱，学生才可能“亲其师而信其道”。

（二）调节功能

班主任是班级工作的组织者，班集体建设的指导者。在进行班级管理工作中，班主任需要处理好师生关系。师生关系是班主任与学生两个心灵相互碰撞的过程，在这个过程中，班主任爱的流动，不是单向度的，而是双向的，它必然引起学生的爱的反馈，形成一种尊师的爱的回流。班主任表现诸如尊重、信任、热情、关怀等情绪，必然激起学生对班主任的感激、信任、爱戴等情绪，使师生关系融洽，反之则反。这个过程中，师爱具有重要的调节作用，只有班主任真正热爱学生，循循善诱，才能使学生形成良好的心境，从而转化为接受教育的内部动力。师爱的调节还表现在它能打开学生的心扉，“爱在彼此中实现”[1]。师爱生，生爱师，从而使师生在心理上的感情得到沟通，在他们之间建立一座相互信任的桥梁，打开他们的心灵的窗口，才能使班主任更清楚地了解学生内心的世界，达到进一步调节班主任教育与管理“步伐”和手段。

（三）感染功能

班主任是社会人的缩影，“他的世界观，他的品行，他的生活，他对每一现象的态度，都会这样或那样地影响着全体学生”（加里宁语）。一个好的班主任所影响的不仅是学生的现在，还可能是学生的一生。班主任的师爱是一座通向学生心灵深处的桥梁。班主任的师爱在潜移默化中发生作用，成为一种教育力量，使学生的人格受到感化，可以培养他们健康的情感、健全的人格，以使他们在今后的人生之旅中，以积极的认识态度和爱心去感受一切美好的事物，用自己的爱去创造更加绚丽的世界，真正体现自己的生命价值。

（四）激励功能

在班级管理活动中，班主任的师爱对每个学生的成长都有激励价值。因为班主任的师爱不仅是个人之间的一种态度，一种情感，更是一种评判、评价。在班级管理过程中，学生往往把班主任对自己的关心、爱护、尊重、信任与班主任对自己的评价联系起来，把自己在班集体的地位与人格价值联系起来，在每个学生心目中具有巨大的心理力量。毋庸置疑，师爱对班主任自身也具有激励作用，师爱是一种积极的情感，有了师爱，班主任就会把学生放在心上，就能做到“学而不厌，诲人不倦”，能引发班级管理的动力。

二、班主任表达师爱的策略

（一）了解与关爱

教育家乌申斯基说过：“如果教育者从一切方面去教育人，那么就必须从一切方面去了解人”。只有真正了解学生，才能更好地热爱学生。每个学生都是一个丰富的世界，每个学生都是一个发展变化中的个体，全心全意地热爱学生，而要真正地、深情地、无私地热爱学生，班主任就必须全面地了解学生。只有真正地热爱学生，才能更好地了解学生，班主任需要全方位地了解学生，走进学生的心灵，了解学生的所思所想，所急所需。没有对学生本质的了解，没有把握住学生的思想和心理特点，不去研究学生的身心发展规律，很难取得好的教育效果，很难管出效果来。因此，主动地、全面地了解每一个学生，这是师爱的认识基础，也是班主任工作的前提。关爱要求班主任在情感上与学生充分沟通的情况下，还要从利他目的出发给学生以无微不至的关怀，为他们提供必要的帮助和照顾，以实际行动给予师爱。班主任的工作，不纯粹是管理学生，更重要的是从学习上、生活上为学生服务，给学生关怀。教育部周济部长对新时期师德内涵做出这样的概括和阐述："爱与责任——师德的灵魂。"可见，师爱不仅是一种爱，更要表现出一种责任，一种关心。在具体的班级管理中，班主任的师爱的对象不是针对某个学生或某些学生，而应该是每个学生。同时，班主任爱班级学生的每个方面，坚持正面教育，对学生的点滴进步及时给予表扬鼓励，对有缺点错误的学生要晓之以理，动之以情，进而耐心诚恳的教育。

（二）尊重与信任

尊重学生是班主任对学生的一种善意的肯定的态度。一方面表现了班主任对达到要求的学生给予充分的肯定与承认，另一方面也表现了班主任对学生的愿望、要求给予善意的理解与帮助。只有尊重学生，学生才会自尊自信，学生的积极主动性才能调动起来。班主任在班级管理实践中需要尊重学生的自尊心、学生的人格、学生的创造性、学生的个性、学生的选择，特别是尊重班级中学生的差异。信任学生是班主任热爱学生的重要纬度，尊重学生出自信任，只有真正信任学生，才能更好地尊重学生，热爱学生。信任是对学生的思想品德、智慧才能的充分肯定，实质上是一种尊重和热爱，是学生个体向着自我奋进的力量源泉。班主任在班集体中需要架起师生间信任的桥梁，既要信任学生的能力，又要信任学生的人格，把握学生的思想脉搏。

（三）平等与民主

班主任与学生是处于平等的地位，不仅在法律上是平等的，在人格上也是平等的，平等对待每个学生是现代教育的重要特征，教师是"平等中的首席"。班主任在表达师爱过程中，要平等对待每一个学生，还学生以权利，公平公正地对待每个学生，评价学生时需要辩证地看待学习暂时先进与落后的学生，对学生一视同仁。当然，平等对待学生并不意味着用同一模式、同一标准去对待所有学生，而要做到因材施教。班主任与学生的关系也是民主的。

班主任在班级管理工作中需要建立民主平等、和谐的师生关系，加强班级民主管理理念，设立学生评价班主任工作的班级民主管理制度，真正体现师生民主，从而更好地表达师爱，创造和谐与民主的班集体。

（四）同情与理解

师爱也表现为同情，特别是班级中学生出现特殊情况时，班主任不应该嘲笑、打击学生，而是予以同情。当然，班主任的师爱需要做到情理结合，克服那种有理无情、有情无理的做法。理解，是指在了解学生心理特点和个性差异的基础上理解他们。班主任应站在学生的立场上去考虑问题，采取“换位思考”，真正理解学生的愿望、要求和困难。只有这样，班主任的师爱才能落到实处。

（五）热切期望与严格要求

期望是师爱的一个重要方面。班主任应对自己的学生寄予期望，有了期望，班级管理才有了希望。心理学上著名的皮格马利翁效应告诉我们，如果一个人的愿望十分强烈，并且全身心地去追求它，就可能把本来难以实现的想法变成现实。班主任对自己班级的每个学生都有不同的期望，要为“差生”创造显示才能的机会，同时班主任的期望需要尊重学生的实际水平。爱学生，也要做到爱与严的有效结合。班主任对学生的爱并不等于一味地迁就学生，而应该做到坚持原则，宽严有度，真正体现师爱。

三、结语

我国近代教育家夏丏尊指出，教育之没有情感，没有爱，如同池塘没有水一样。没有水，就不成其为池塘，没有爱就没有教育。在建设班集体的过程中，班主任需要深刻体会，学会表达师爱。

参考文献

［1］雅斯贝尔斯．什么是教育［M］．邹进，译．北京：生活·读书·新知三联书店，1991：92.

第四部分

教师专业发展的培训研究

论终身教育理念下的中小学教师培训

一、前言

终身教育（Lifelong Education），作为一种教育理念、教育思想、教育原则，自古代开始就有之。但是随着科学知识和技术的进步、人口增长、自由闲暇的时间增加、思想意识形态的危机等情况的出现，终身教育被日益受到关注，特别是《终身教育引论》的出现，震撼了整个世界的教育界，世界各个国家不断关注与重视之。到今天，终身教育在我国的理论研究和实践已经广泛开展，终身教育已经成为“与生命有共同外延并已扩展开社会各个方面的这种连续性教育”。[1]

目前，中小学教师培训是一种教育制度，“先培训，后上岗；不培训，不上岗。”从中小学教师培训类别来看，中小学教师培训包括了新任教师培训（为新任教师在试用期内适应教育教学工作需要而设置的培训。培训时间应不少于 120 学时）、教师岗位培训（为教师适应岗位要求而设置的培训。培训时间每五年累计不少于 240 学时）、骨干教师培训（对有培养前途的中青年教师按教育教学骨干的要求和对现有骨干教师按更高标准进行的培训。）从中小学教师培训层次来看有国家级、省地级、学校级等层次的培训。尽管国家教育部对中小学教师培训日益重视，国家级培训项目直接培训百万名教师、教师网联计划实现共建共享，构建开放高效的教师培训体系、各种类型的培训已覆盖全国 1000 多万名中小学教师，推动了教师师德水平和教育教学水平的提高，有力地促进了教师队伍特别是农村教师队伍整体素质的提升。“中小学教师培训计划成效显著”，[2]但是在中小学教师培训过程中存在诸如培训目标的不明确，培训课程内容缺乏针对性，培训方法单一，导致中小学培训缺乏实效性。因此，中小学教师培训需要加强改革。

在终身教育理念下，我们需要关注中小学教师的继续教育和培训，需要从终身教育和终身学习能力的培养视角来反思中小学教师培训，促进中小学教师培训改革，提高其实效性。

二、终身教育的主要理念

（一）终身教育的四大支柱

1. 学会认知，强调理解

第一，学会认知作为一种手段，使每个人学会了解他周围的世界，至少是使他能够有尊严地生活，能够发展自己的专业能力和进行交往。第二，学会认知作为一种目的，其基础是乐于理解、认识和发现。

2. 学会做事

第一，从资格到能力的转换。需要不断从专业资格概念转换到能力上来，获得能够应付多情况和集体工作的能力。第二，关注知觉、觉察力、判断力和使一个集体紧密团结的能力的培养。

3. 学会生存

第一，教育部应该重视人的任何一种潜力，包括记忆力、推理能力、美感、体力和交往能力等。第二，充分发展自己的人格，并能以不断增强的自主性、判断力和个人责任感来行动。

4. 学会共同生活，学会与他人一起生活

第一，发现他人。尊重多元性、相互了解和平等的价值观的形成。第二，为实现共同目标而努力。增进人与人之间的相互理解，认识到相互依存的重要性，开展共同项目学习。

（二）教育机会均等

（1）继续教育和在职培训是符合经济、民主的要求。通过继续教育和培训能够提高竞争力，为个人更新知识提高机会和提供晋升的可能性。

（2）引起继续学习的欲望是终身教育的价值所在，给更多的人提供继续教育和继续学习的机会。

（3）机会均等是一个重要原则。

（三）教育的多层面性

教育的多层面性主要指：

（1）从内容上说，教育内容包括了知识、技能、共同生活知识和生存知识等多个内容。

（2）从途径上看包括了正规教育和非正规教育。

（3）从时间上来看，教育和学习是从摇篮到坟墓的整个人生过程。

（4）从空间上来说，教育包括了家庭教育、学校教育和社会教育等多种教育空间。

（四）寻求教育的协同作用

（1）需要寻求教育形式和教育环境的多样化和互补性，满足社会表达的多样性和教育途径的多样化。

（2）教育已经成为社会所有人的事情。教育不仅是学校教育工作者的工作内容，而且涉及了社会全体公民的切身利益。

（3）继续教育和培训不仅符合文化发展需要，而且符合迅速变革社会中的每个人积极自力更生方面的至关重要的新要求。

（五）自我教育

（1）自我决定希望学习的课程数目、课程内容和进度。

（2）自己选择教育和学习时间。

（3）自我选择学习和培训的方式。

（六）关注生活与教育的联系

（1）终身教育建立在“终身、教育、生活”等基本术语之上的。

（2）社会生活的变化引起教育的内容、形式、结构等变化。

（3）教育在生活中进行。

（4）生活本身就是教育。

（5）教育的目的是为了生活的美好和幸福的生活。

三、终身教育理念下的中小学教师培训

（一）重新定位中小学教师培训目标

1. 中小学教师培训总体目标需要关注教师的“四个学会”

第一，让教师学会认知，培养教师的认知和理解能力。在中小学教师培训过程中，教师学会了解周围世界，能够有尊严的生活，发挥自己的专业能力，并且能够理解、认识和发现，唤起对知识的好奇心，激起批判精神和独立思考的能力。第二，让教师学会做事，培训不仅是取得一种资格，更重要的体现在能力的获得，“个人能力的概念则被置于首要地位”。[1]第三，培养教师学会生存，突出教师的创造能力。在今天就业压力越来越大和竞争日益剧烈的背景下，中小学教师培训需要关注教师的潜力的充分发挥，增加自主性、首创精神、判断力和个人责任感。第四，让教师学会共同生活。中小学教师培训需要关注教师的多样性，让教师尊重多元性，形成相互了解和平等的价值观，“为实现共同目标而努力”。[1]

2. 中小学教师培训的具体目标

第一，中小学教师的知识素质。知识素质的培养，包括培养专业知识、科学文化知识，还包括教育科学知识等。第二，教师教学方法和教学技能素质。培养中小学教师的教学方法和教学技能，还包括教学信息技术等方面。第三，职业道德素质。中小学教师职业道德素质包括“爱国守法、敬业奉献、热爱学生、教书育人、为人师表、终身学习”。[3]第四，中小学教师培训需要重视教师能力的培养。在中小学教师培训中，教师的能力的培养是一个重要方面。不仅培养教师的知识、技能和方法，更重要的是关注教师的能力包括处理人际关系、课程与教学设计、组织和管理能力、学习能力、研究能力等方面。第五，激起教师的继续教育和培训的欲望。《中小学教师职业道德规范中》明确将“终身学习”作为中小学教师职业道德规范提出来，倡导中小学教师去崇尚科学精神，树立终身学习理念，拓宽知识视野，更新知识结构。潜心钻研业务，勇于探索创新，不断提高专业素养和教育教学水平。中小学教师培训需要从“知识授予型”向“知识创造型”转换，“教师变‘要我学’为‘我要学’，是继续教育成败的关键”。[4]不断激发中小学教师的继续教育

和培训的欲望和热情。

（二）加强中小学教师培训课程调整和改革

1. 课程内容的改革

《中小学教师继续教育规定》规定了中小学教师继续教育的内容主要包括：思想政治教育和师德修养；专业知识的更新与扩展；现代教育理论与实践；教育科学研究；教育教学技能训练和现代教育技术；现代科技与人文社会科学知识等。在中小学教师培训课程方面需要加强改革，第一，课程内容需要体现科学发展观、先进性、先导性和时代性，增加现代教育技术、心理健康教育、教育法律法规等课程内容。第二，课程内容突出针对性、可操作性和实效性，增添案例教学、教学策略等方面的课程内容。第三，课程内容体现出前瞻性、全面性和发展性，加强世界教育和课程改革的课程、教师专业发展等课程内容。

2. 课程设置方面的改革

"设置有利于教师实践智慧提升和教育教学行为改进的课程。"[5]第一，实施学分制课程制度。中小学教师培训中可以尝试学分制制度，增加课程的选择性和适应性，加强必修课程与选修课程以及研修课程的设置。第二，设置公共课程和专业课程。第三，设置理论方面和实践方面的课程。

3. 课程结构方面的改革

在课程结构上中小学教师培训课程需要突出选择性、综合性、地方性和个性。

（三）探索和开拓中小学教师培训的途径

1. 国家级中小学教师培训

2009 年，国家教育部颁布了一系列的中小学教师培训计划和项目，包括"2010 年农村学校教育硕士师资培养计划""2009—2011 年中国移动中小学校长培训项目""2009 年中小学教师国家级培训计划""2009—2012 年中小学教师国家级培训计划"等国家级中小学教师培训。

2. 中小学校本教师培训

中小学校本教师培训，是基于学校，在学校内部，为了学校的发展服务等原则和要求，按照国家中小学教师培训要求，根据学校教师的培训现状和学生的实际需要而开展的校本培训，开展生动开放、因校制宜、各具特色的校本培训活动，切实提高教师培训工作的针对性和实效性。

3. 以考代训

一些地区的学校，根据地区教育教学的实际情况，教师教学的现状，采取以考试来替代继续教育和培训，如安徽省进行了《新世纪教师素养》统考，来代替对中小学教师的培训。

4. 中小学教师网络联盟培训

在以网络为平台的教育信息化条件下，中小学教师培训的途径得到扩展，“教师网联是在教育部支持下，以部分现代远程教育试点大学为先导，并逐步扩大，吸纳其他教育机构参加的开展远程教师培训的行业协作组织”。[6]中小学教师可以通过远程教育，如全国教师教育网络联盟、全国中小学教师继续教育网等网络，以推进教师网联计划为抓手，实施新一轮中小学教师全员培训。

5. 教师的自我教育

“自我教育是培训的主要目的。”[7]第一，自我教育强调教师继续教育和培训的动因不是校长等外部因素的强加，而是中小学教师的自我意识，自我发展的专业成长。通过教师的自我教育，不断更新知识和技能，形成新的课程与教学理念，提高专业道德，提高教育教学能力。第二，自我教育关注中小学教师自我选择培训内容，自我选择课程数量和课程进度以及培训时间。

（四）关注中小学教师培训民主和机会均等

（1）中小学教师参与培训是一种教育权利和义务，是一种民主的表现。《中华人民共和国教师法》明确规定了参加继续教育和培训是中小学教师的一项基本权利，也是一项基本义务。

（2）中小学教师参与继续教育和培训，需要关注培训的全员性，普遍提高中小学教师的素质，给予更多中小学教师以培训机会。同时，《中小学教师继续教育规定》明确规定了“中小学教师继续教育原则上每五年为一个培训周期”，同时教师岗位培训时间五年累计不得少于240学时。

（五）寻求中小学教师培训的社会协同

（1）中小学教师培训体现层次性、复杂性和途径的多样性。中小学教师培训是一个系统复杂的工程，牵涉到社会的许多方面，所以需要考虑到中小学教师培训的复杂性如东中西部地区的差异性，民族的多样性，文化的多元化等。因此，中小学教师培训层次和途径是多样性的，是符合多样文化发展的要求。

（2）中小学教师培训不是一个教育部门、一个学校、一个中小学教师的事情，而是社会所有相关人员的事情。因此，中小学教师培训需要社会人士的广泛关注与支持。

（3）中小学教师培训与企事业单位的协同合作培训。中小学教师培训可以到企业进行实践和培训，增加教师的实践技能，“是提高教师专业技能水平和实践教学能力的有效途径”。[8]

（六）坚持中小学教师培训的培训原则

1. 理论性与实践性的统一原则

在中小学教师培训中，需要关注理论知识的培训，同时需要加强实践操作的培训，让培训关注两者的结合，“提高培训实效性”。[9]

2. 统一规定性与灵活自主性结合的原则

一方面中小学教师培训需要加强统一的培训，包括国家级培训、省级培训、学校级培训等培训；另一方面也需要关注教师培训的自主性、选择性和灵活性。

3. 学历教育培训与非学历教育培训的结合原则

学历教育可以提高中小学教师的学历层次，非学历教育包括新任教师培训、教师岗位培训、骨干教师培训。通过学历教育和非学历教育培训的结合来促进教师的岗位适应和职业兴趣，提高教师的教学智慧。

4. 发展性和生活性相结合的原则

在中小学教师培训过程中，需要培养中小学教师其专业知识、专业能力以及专业情意，促进其专业发展，同时需要重视中小学教师培训与生活的关联，尊重教师的学习需要和现实教育生活需求，将教师培训从“形而上”的说教，走向“形而下”的教师生活世界，关注教师的教育生活，在培训生活中彰显教师的个体幸福。

（七）利用教育信息化，推进中小学教师培训

1. 充分理解教育信息化和中小学教师培训的关系

教育信息化主要是指：“以现代信息技术为基础的新教育体系，包括教育

观念、教育组织、教育内容、教育模式、教育技术、教育评价、教育环境等一系列的变化和改革。教育信息化并不简单地等同于计算机化或网络化，而是一个关系到整个教育改革和教育现代化的系统工程。”[10]发展教育信息化的目的是使我国现有的教育体系适应信息时代对新一代公民教育的基本要求。第一，教育信息化是促进中小学教师培训重要的手段和工具。第二，中小学教师培训是教育信息化的途径。第三，两者成为一对矛盾统一的关系。

2. 利用教育信息化，推进中小学教师培训

第一，促进中小学校园信息化建设，为中小学教师培训提供信息技术的硬件设施。第二，加快中小学教师信息化理念的形成，以便更好去进行培训。第三，提高中小学教师的信息技术和手段的掌握，以便更好去参与培训。第四，在网络平台下，以信息化带动中小学教师培训的现代化，充分发挥“人网”（即由中央电大、省级电大、地（市）级电大、县（市）级电大、各行业电大及相关管理规范软件组成的广播电视大学教学组织管理网络系统。）、“天网”（即 Ku 波段数字卫星播放及其遍布全国各地的 Ku 波段数字卫星电视、VBI 和 IP 教学信息接收网）和“地网”（即基于因特网、电信网、有线电视网并与中央电大远程教育网络平台、各省级电大及地市、县市电大的校园网络相连的计算机网络）在中小学教师培训中的作用，增强中小学教师培训的开放性和时效性。

四、结语

“终身教育是进入 21 世纪的关键所在，也是必须适应职业界的需要和进一步控制不断变化的个人生活的节奏和阶段的条件。”[1]终身教育在我们生活和学习中具有重大的意义，它关注继续教育和培训，关注终身学习。在今天，我们需要重视终身教育在中小学教师培训中的应用，提升中小学教师培训的理论基础和实践运用。

参考文献

［1］雅克·德洛尔．教育——财富蕴藏其中［M］．北京：教育科学出版社，1996：90，79，84.

[2] 刘华蓉. 国家级培训示范引领　各省市培训不断创新　农村教师成培训重点 [N]. 中国教育报, 2008-11-22.

[3] 教育部. 中小学教师职业道德规范 (2008 年修订).

[4] 方方. 教师继续教育动力机制问题研究 [J]. 教育发展研究, 2001 (4): 12.

[5] 汪文华. 对"十一五"中小学教师培训课程设置的初步思考 [J]. 中小学教师培训, 2009 (5): 18.

[6] 教育部. 关于加快推进全国教师教育网络联盟计划, 组织实施新一轮中小学教师全员培训的意见.

[7] 保罗·朗格朗. 终身教育引论 [M]. 中国对外翻译出版公司, 1985: 102.

[8] 教育部. 关于建立中等职业学校教师到企业实践制度的意见.

[9] 卢荷. 提高中小学教师培训实效性的探索与思考 [J]. 继续教育研究, 2009 (5): 107.

[10] 黎加厚. 谈教育信息化 [J]. 中国电化教育, 2002 (1): 2.

“世界咖啡”汇谈：一种中小学教师培训模式

“世界咖啡”汇谈主要是指一种具有启发性和开展建设性合作对话以及进行思考的特殊谈话方式。它着重强调在尊重参与者的多元性和个性的基础上，采取主动对话与交流的轻松方式来实现不同意见之间的相互碰撞，从而激发不同的创新点，同时，在相互尊重与相互理解之中达成共识，在成就和发展彼此中拉近心灵的距离。“世界咖啡”汇谈具有改变中小学教师培训中培训者和学员之间的角色，尊重被培训者的多元性和个性，改变以往被动式的培训模式等价值。将“世界咖啡”汇谈运用到中小学教师培训实践中，主要有正确选择、精心设计环节、恰当提出主题和问题、合理主持“世界咖啡”汇谈等方面。但是，在“世界咖啡”汇谈应用于中小学教师培训过程中，需要提高培训师资的自身素养和注意把握好汇谈时间，还需要形成学员的积极态度，更需要避免将汇谈流于形式。

《国家中长期教育改革和发展规划纲要（2010—2020年）》将提高中小学教师培训质量列入我国基础教育当前改革和发展规划的工作重点。[1]然而，目前我国中小学教师培训过程中却存在诸如不重视培训需求的调查分析，培训内容脱离中小学教师专业发展与教学实践的需要以及中小学教师培训方法仍然以传统的“集中讲授”和“听课评课”为主以至于不能充分调动学员积极参与培训等问题。[2]为此，我国中小学教师培训需要进一步探索新的培训模式和创新培训方法，从而实现中小学教师培训的有效性和提高其质量，推进中小学教师队伍建设。笔者认为，“世界咖啡”汇谈作为学习型组织培训的重要工具，能把传统中小学教师培训的那种“教”的培训方式转换到“学”的培训方式，从而为中小学教师培训提供一定的智力和理论支持，这值得我们进一步去探索。

一、“世界咖啡”汇谈的基本内容

（一）“世界咖啡”汇谈的提出

《世界咖啡：创造集体智慧的汇谈方法》是由美国著名管理学家朱安妮塔·布朗和戴维·伊萨克合著，该书适合企业、教育、政府等组织，适合进行会议组织、团队学习等各种活动，在书中提到了“世界咖啡”汇谈的相关内涵和汇谈方法。“世界咖啡”主要是指“一种启发和开展建设性合作对话及思考的特殊谈话方式”。[3]“世界咖啡”是一种比喻集体对话与面对面交流的汇谈方式，即让背景不同和观念不一甚至相互不认识的汇谈成员能够在坐在一起喝咖啡聊天的情境和氛围中进行轻松交流和长谈，从而达到以饱含意义的汇谈来激荡出更多汇谈成员内心的无尽智慧。于是乎，“世界咖啡”汇谈意味着每一条意见和建议都将可能产生实际的效果，从而使汇谈成员充满信任和责任心去投入到问题探讨过程中来，而在此过程中所表现出的“魅力”是难以用语言来形容的，当然，“世界咖啡”汇谈也适合于中小学教师培训。因此，掌握“世界咖啡”汇谈能帮助中小学教师培训挖掘更多的教师集体智慧。

（二）“世界咖啡”汇谈的精神所在

“世界咖啡”汇谈的主要精神就是“跨界”，即通过不同的专业背景和不同的职务以及不同部门的一群汇谈成员，针对多个主题和问题，进行发表各自的见解和意见，达到汇谈成员各自的意见互相碰撞，从而激发出意想不到的创新观点。同时，在相互尊重与相互理解中寻求共同点，在成就与发展中拉近汇谈成员彼此之间的心灵距离。“世界咖啡”汇谈是通过所有汇谈成员的参与，分享汇谈成员的意义，从而实现在群体和个体中获得新的理解与共识，但是，这并不意味着去分析解剖事物，也不必去赢得“争论”，而是一种汇谈成员之间的集体参与和分享。“世界咖啡”汇谈就如一种流淌于人们之间的“意义溪流”，它使所有的汇谈成员都能够参与进来，并分享这一“意义之溪”，也因此能够在汇谈群体中萌生新的“理解”和“共识”。然而，在“世界咖啡”汇谈进行之前，这些“理解”和“共识”并不存在。所以说，那种富于创造性的“理解”和“共识”是一种能被所有汇谈成员参与和分享的意义，起着类似“胶水”或“水泥”的作用，将人和社会黏结起来。[4]

（三）“世界咖啡”汇谈的操作程序

每个“世界咖啡”汇谈最好设定两名教师或者骨干成员承担 A/B 角色充当“主持人”，一名“主持人”负责调控汇谈程序，另一名“主持人”负责汇谈结果的概括总结，“主持人”把学员按照不同学历或者经历将每 4 ~8 名学员分为一组或者说一桌，要求每个小组或一桌推选一名“桌长”进行小组或者咖啡桌的主持，推选另一名善于概括归纳的“记录员”，其他培训学员按照所分组进行就座，一般是面对面的圆桌式的座位，例如将汇谈分为四个小组。当然，每个小组可以选择一个不同的主题或者话题。“世界咖啡”汇谈的时间一般为 2 ~3 小时，分为下面几个步骤进行：第一，主要是培训学员讨论培训教师所规定的主题，各咖啡桌或者小组记录员记录本组成员的观点和问题解决的方案。第二，小组其他成员进行换组讨论，例如第一组到第二组去讨论第二个问题，第二组到第三组讨论第三个问题，第三组到第四组讨论第四个问题，第四组到第一组讨论第一个问题。其三，进行第二次换组讨论。第四，进行第三次换组讨论。第五，小组成员还原为换组前最原来的位置，四个组分别推选一个代表进行汇报自己小组的观点和意见，其他成员也可以进行补充。第六，主持人对四个关联的讨论结果进行总结提炼，从而，“世界咖啡”汇谈的成果诞生了。[5]通过这个例子，我们可以清楚地知道，“世界咖啡”汇谈的基本程序和操作流程。

（四）“世界咖啡”汇谈的设计原则

“世界咖啡”汇谈的设计原则由七个方面构成，具体来看，第一大原则就是提出“世界咖啡”汇谈的内容，并明确交流目标与参加人数以及参加汇谈的地点。第二大原则是创造宜人的汇谈环境，为汇谈成员提供一个安全的、热情友好的、人性化的汇谈环境。第三大原则是探索重要问题，特别是注意对于汇谈成员来说最重要的问题。第四大原则是鼓励汇谈中每个汇谈成员的投入和贡献，让每个成员有意义地参与并且有实在的期望。第五大原则是吸收多元文化和接受不同的观点，鼓励不同观点并且探究不同观点的相互联系。第六大原则是共同审议不同的模式和观点以及深层次的问题，共同聆听和洞察不同问题，并深化对问题的理解，还吸纳和内化所有汇谈成员的观点以及激情的共鸣中的团体观点。第七大原则是收获并分享汇谈成员的共同成果，接受并分享共同的集体发现，还将团体的共同智慧“显性化”。

二、“世界咖啡”汇谈在中小学教师培训中的价值

（一）改变中小学教师培训中培训者和学员之间的角色

我们知道，以往的中小学教师培训更多的是一种教师与学生之间的对立或者说不平等的关系，然而在“世界咖啡”汇谈的形式下，培训教师更多的转变为“世界咖啡”汇谈的设计者与主持人以及“世界咖啡”汇谈主题的提供者和合作者。培训学员从被动的学习者转变为学习和培训的体验者以及“世界咖啡”汇谈的主人、交流者和分享者。可见，在“世界咖啡”汇谈形式下，中小学教师培训过程中的学员与教师之间是一种对等的合作关系，更是一种“世界咖啡”汇谈的提供者和“世界咖啡”汇谈的参与者之间的平等关系，从而打破了传统意义上的那种尊卑关系，重构一种对话交流的关系。这样一来，在“世界咖啡”汇谈过程中，学员能以更加平等身份的参与者参与到培训过程中来。

（二）尊重学员的多元性和个性

“世界咖啡”汇谈倡导一种通过喝咖啡、聊天的方式让相互不认识的学员在一起，包括不同专业背景、不同学习经历和不同工作经历、不同地区和不同学校、不同职务等不同个性和差异的学员在一起进行学习和相互切磋。这种培训模式改变了过去那种采取唯一的“教案”进行教学和培训的做法，改变那种忽视学员的差异性和多元的局面，强调尊重学员的多元和个性差异，关注包容的课堂教学模式。

（三）形成一种主动的培训愿景

“世界咖啡”汇谈改变以往被动式的培训模式，形成一种学员主动参与培训的愿景。这种中小学教师培训模式，重视学员的主动参与和体验性培训，让学员形成一种主动的参与课堂和培训，充分满足其学习兴趣和学习需求，能使其在更加主动的学习氛围中获得认知、情感、态度的发展，从而使培训

的效果落到实处。

（四）注重开放式的培训

作为新兴的教师培训模式，“开放式的中小学教师培训”在未来的中小学教师培训工作中将会越来越受到关注和重视。[6]“世界咖啡”汇谈就是一种开放式的教师培训理念，教师在开放的、愉悦的气氛中相互交换意见、相互分享和相互沟通，达成共识。这种培训方式改变过去那种培训教师直接告诉学员答案、让学员学习和接受答案的做法，而是让学员与学员之间共同“商量”和“汇谈”得出问题的答案，例如华南师范大学广州市中小学骨干教师培训过程中，在《世界咖啡：教师专业发展的机遇与挑战》课堂教学中，培训教师让学员通过世界咖啡汇谈，得出培训学员的集体观点：“课程教学现状：课时多、内容多、班级人数多、没有语境、两极分化严重等。”并提出对策：“重视过程、提供优质资源、加大师资力量、小班化教学等。”可见，世界咖啡”汇谈就是一种开放式的教师培训理念。

三、世界咖啡汇谈在中小学教师培训中的实施

（一）正确选择世界咖啡汇谈

“世界咖啡”汇谈并不是通用于各种中小学教师培训的场合，只有当中小学教师培训达到以下几个方面才能选择“世界咖啡”汇谈：第一，为了分享学员之间的知识，激发学员的创新思维，并且建立社群和考究问题的需要。第二，为了第一次参与汇谈的学员就能够进行真正的对话的需要。第三，为了加深现有学员的对话关系和对结果的共同负责。第四，为了在培训学员和培训教师之间建立一种有意义的互动。第五，当学员规模超过 12 人，让每个学员都有机会发表自己的观点的时候。第六，当中小学教师培训的时间超过 1 个半小时。在这些条件下，中小学教师培训才更适合用世界咖啡汇谈。然而，这些场合是不合适的，诸如培训教师想让学员达成预先设定好的结论和答案的时候，或者培训教师想做简单的信息传递的时候，或者培训教师在做详细的实施方案与任务分配的时候，或者培训的时间少于一个半小时的时候，或者参与培训学员少于 12 人的时候，或者中小学培训在一种极有可能引起激烈

争论的场合的时候等情况下就不适合进行"世界咖啡"汇谈，否则，就适得其反。因此，在中小学教师培训过程中，我们需要避免"世界咖啡"汇谈的泛化或者滥用。

（二）精心设计世界咖啡汇谈环节

一般来说，"世界咖啡"汇谈具有三个环节，而每个环节大约持续20～30分钟，接着是面向全体学员的一场汇谈。有些回合的汇谈时间可能长一些，但是各个回合的汇谈时间如果不足20分钟，培训学员就会感到时间太仓促，所以，面向全体学员的汇谈之前，小组学员汇谈的次数与时间长度取决于培训专家的意图和培训目标。可见，在"世界咖啡"汇谈应用于中小学教师培训的过程中，中小学教师培训专家需要精心设计好"世界咖啡"汇谈的每一个环节以便保证小组汇谈和集体汇谈具有充裕的时间，从而保证中小学教师培训过程的顺利实施。

（三）恰当提出"世界咖啡"汇谈的主题和重要问题

在"世界咖啡"汇谈应用于中小学教师培训过程中，培训师资和培训专家选择的话题或者问题对汇谈至关重要。因此，培训专家需要根据培训的目标和内容准备咖啡汇谈的主题或者问题，即在汇谈过程中需要具有一个主要话题和重要问题来进行，这些问题的设计需要具有下列特点：第一，简单清晰。第二，耐人寻味。第三，产生正能量。第四，注重探讨。第五，令假设浮出水面。第六，可以开辟许多可能性。例如华南师范大学中小学教师培训"世界咖啡"汇谈中以"中小学教师专业化发展"为主要话题，围绕该话题进行几个方面的讨论，将教师专业发展分为"教师的科研""教师的教学""教师的知识与学习""教师的生活方式"等一些开放性的话题来进一步分割问题，从而让参与中小学教师培训学员具有进一步探索和思考的空间。

（四）合理主持"世界咖啡"汇谈

（1）欢迎中小学教师培训学员。当培养学员到达的时候，作为主持人的培训教师应该站在门口欢迎，并把他们带到放点心的地方，请他们就座，回答中小学教师培训学员提出和现场安排有关的问题，要一直到第一环节开始。

（2）解释"世界咖啡"汇谈的相关要求。中小学教师培训学员坐下以后，培训教师解释“世界咖啡”汇谈的目的以及相关流程安排等事宜，告诉他们要按照“主持人”的要求在不同桌子之间来回移动。培训教师还要告诉培训学员在一个环节结束之后，每个“咖啡桌”需要留下一个人作为这个咖啡桌下一个环节的“主持人”，即我们俗称的“桌长”，而这桌的其余学员可以到其他桌去，与别的学员结合成一桌进行下一个环节的汇谈，然而，这个“桌长”不是正式的引导员，而是“参与者”和“服务人员”，是带领其他学员进行交流的人员。同时，“咖啡桌”中的每一个学员都有责任支持“主持人”来开展汇谈，每一个学员可以选择做笔记或总结主要观点以及画图来帮助把自己“咖啡桌”成员有趣的想法更好地反映出来。即便下一环节要到其他桌的学员也要将这次汇谈的核心观点、主题以及问题带到下一个咖啡环节其他桌的汇谈中去。

（3）明确“世界咖啡”汇谈的礼节与汇谈程序。中小学教师培训专家需要让学员明白“世界咖啡”汇谈不是一种激烈的辩论或争论，而更多的是一种观念的分享。因此，需要学员具有相关的礼节，做到“步调一致”。同时，中小学教师培训专家可以通过幻灯片告诉学员“该做什么”与“不该做什么”等相关的汇谈程序。

（4）“世界咖啡”的第一环节。中小学教师培训专家将问题写在白板或者幻灯片上向学员展示，如果有必要可以多展示几份汇谈主题到会场周围或者印在小卡片上发给每个“咖啡桌”。每个桌子的学员根据自己的观点同桌子其他成员进行汇谈和交流，逐步形成不同的观点和见解，并记录下来。

（5）“世界咖啡”的第二环节。每个桌子的“桌长”坚持不动，每个桌子的其余人员到其他桌子上去进行交流与讨论，并将在第一环节中所形成的观点同新的“咖啡桌”学员进行商量和讨论，并记录下新的观点。

（6）“世界咖啡”的第三环节。再一次进行“咖啡桌”成员之间的互相移动和成员之间的调动，当然，“桌长”还是不动，其他学员进行移动，同时，需要每桌新的成员到新的桌子上，还需要将其原来的“咖啡桌”上的观点带过来并进行再次探讨。

（7）进行汇谈观点的展示和全班学员的交流。通过前面三个环节的交流与互动，所有学员还原到第一次汇谈时的桌子成员。然后，每一个桌子派一名代表来阐述自己桌子成员的观点，作为主持人的中小学教师培训专家需要引导全班学员发表意见和观点。当然，中小学教师培训专家需要做最后的陈述和总结。

四、应用“世界咖啡”汇谈于中小学教师培训中须注意的问题

（一）提高培训师资的自身素养

首先，培训教师对“世界咖啡”汇谈的正确理解。对中小学教师培训专家和师资来说，需要对“世界咖啡”汇谈的理念与原则以及操作规则进行深刻的理解和恰当的把握，对其思维工具的运用，也需要进行进一步的学习和深化。当然，培训教师和专家还需要对“世界咖啡”汇谈的操作程序进行了解和学习，同时，更理解“辩论”与“汇谈”之间的本质区别，见下表。其次，培训教师尊重培训学员的多元和个性。作为培训教师和专家需要改变过去的忽视学员个性和多元差异的做法，需要改变传统采取整齐划一的教学和培训方法甚至采取填鸭式的教学与培训的方式。在“世界咖啡”汇谈教学方法下，教师需要根据学员的学习需要和学习兴趣进行讨论分组，并尊重学员的个性化和多元化回答。再次，培训教师需要营造热情、愉悦的氛围与环境。“世界咖啡”汇谈强调的是一种轻松愉悦的环境和氛围，而不是一种紧张的、不和谐的、争吵的教学氛围，而是在相互分享和相互表达中获得知识和技能的增长，达到培训的效果。最后，世界咖啡汇谈是“主持人的艺术”，因此，培训教师需要具有当主持人的艺术，掌握主持人的礼仪和职责。因此，在应用“世界咖啡”汇谈于中小学教师培训中去时，需要提高培训师资自身的素养。

辩论与深度汇谈之间的本质区别表

比较点	辩论	深度汇谈
学习方式	内在认知	外在探求
学习的过程	寻求答案	发现问题
研讨的结果	重在胜负	获得分享
教师与学员的地位	不平等	平等
教师的地位彰显	传统权力的展现	尊敬与推崇
研讨的最终目标	证实观点：保卫立场	聆听观点：发现可能

（二）精心设计讨论主题

根据“世界咖啡”汇谈的流程，“世界咖啡”汇谈主题的设计是“世界咖啡”汇谈成功的核心内容和关键所在，因为真正的问题是那些我们“没有答案”的问题，它引导培训学员去创新和创造出尚未存在的“观点”与“洞见”。因此，在“世界咖啡”汇谈应用于中小学教师培训过程中，我们知道，需要根据培训项目的目标与主旨，来进行合理设计出恰当的主题和汇谈论题。例如在华南师范大学“广东省小学骨干教师培训”课堂中《世界咖啡：教师专业发展的机遇与挑战》中设计出“生活方式组、教研科研组、课程与教学组、素质教育组”等汇谈主题。可见，在“世界咖啡”汇谈的应用中，培训教师需要深刻把握汇谈主题，通过适当主题的设计来满足不同学员的学习和培训需要，以便促进学员参与到培训课堂中来，从而实现培训目标。

（三）把握好汇谈时间

在“世界咖啡”汇谈应用于中小学教师培训的教学过程中，培训教师需要把握课堂的时间问题。例如在华南师范大学中小学教师培训过程中，培训教师在进行《世界咖啡：教师专业发展的挑战和机遇》课堂教学中，教师设计课堂的时间是如下安排：

找到自己的“咖啡桌”，大家推选“桌长”
“桌长”组织讨论，每人发言（1 次不超过 3 分钟，可以多次）
本桌针对研讨问题提出 5 个主要观点，写在大白纸上
（以上程序 30 分钟）
“桌长”留下，其他成员分散到另外不同咖啡桌
“桌长”热情介绍，首先介绍本桌首轮观点、期望
来宾介绍自己咖啡桌讨论结果，对新到咖啡桌发表观点
“桌长”记录、补充、完善上述 5 条观点，准备 5 分钟的汇报内容
（以上程序 15 分钟）
“桌长”留下，其他成员第二次分散到其他不同咖啡桌，同上轮
各桌集合，汇聚本桌观点
（以上程序 10 分钟）

“桌长”汇报，主持人、学员代表点评活动内容与形式
（每位“桌长”时限5分钟）

但是，在中小学教师培训课堂教学具体的操作过程中，教师往往出现某个培训流程的时间过长，或者某个流程时间过短的现象，因此，在培训教师具体应用“世界咖啡”汇谈于中小学教师培训过程中，需要恰当地把握好时间，以便更好地利用有限的时间达到培训的理想目标。

（四）形成中小学教师培训学员的积极态度

在“世界咖啡”汇谈应用于中小学教师培训过程中，培训教师和专家需要对“世界咖啡”汇谈的概念进行认同和内化，去构建一种和谐的和热情的以及能让全班学员积极参与的氛围，从而充分调动学员的积极性和主动性，改变传统培训过程中那种“被动式”和“接受式”的培训方式，让学员能体验到培训课堂和分享学员之间的学习经验的差异和个性的差异，在积极的“世界咖啡”汇谈中获得知识和能力，从而提高中小学培训的实效性和质量以及达到培训的效果与目标。

（五）坚持“世界咖啡”汇谈的原则

“世界咖啡”汇谈强调七大原则：第一原则是设定汇谈情境；第二原则是营造友好的汇谈空间。第三原则是探索真正重要的汇谈问题；第四原则是鼓励每个人的积极参与汇谈和做出自己的贡献；第五原则是成员之间的交流并连接不同观点；第六原则是共同倾听其中的模式、见解和深刻的问题；第七原则是收获与分享集体发现和智慧。因此，在中小学教师培训中需要注意坚持“世界咖啡”汇谈的七大基本原则。

（六）避免将“世界咖啡”汇谈流于形式

在中小学教师培训过程中，我们需要认识到“世界咖啡”汇谈不是一种形式和摆设，也不是一种“走过场”，而更是一种培训理念的转变和培训方式的变革，更强调的是在一种热情、轻松的环境和愉悦的氛围中进行学习与交流，改变过去那种被动式的培训和被动式的学习以及灌输式的培训学习，而是一种学员积极参与培训过程的课堂教学模式，体现学习和分享学习的培训

方式。因此，在中小学教师培训过程中，避免将“世界咖啡”汇谈流于形式而达不到培训效果的做法。

五、结语

“世界咖啡”作为世界流行的一种学习型组织的交流工具和学习研讨方式，备受关注和重视。在我国中小学教师培训强调实践性和实效性的时刻，我们需要转变培训模式和培训方法，积极探索新的培训形式，而“世界咖啡”汇谈不失为一种有益的尝试，希望引起广大的关注。

参考文献

[1] 教育部. 国家中长期教育改革和发展规划纲要（2010—2020 年）[N]. 中国教育报，2010-07-30（1）.

[2] 薛海平，陈向明. 我国中小学教师培训质量调查研究 [J]. 教育科学，2012（6）：53-57.

[3] 朱安妮塔·布朗，戴维·伊萨克. 世界咖啡：创造集体智慧的汇谈方法 [M]. 郝耀伟，译. 北京：机械工业出版社，2010：2.

[4] 世界咖啡 [EB/OL]. http：//baike. baidu. com/view/3508937. htm.

[5] 董立人. 优化世界咖啡式汇谈在干部教育培训中的应用 [J]. 唯实，2011（6）：42-44.

[6] 仇惠龙，赵建平. 构建开放式中小学教师培训模式初探 [J]. 教育理论与实践，2006（2）：26-28.

当前民办中小学教师培训的问题与对策

《国家中长期教育改革与发展规划纲要（2010—2020年）》中指出，“加强教师队伍建设，提高教师整体素质”。[1]当然，民办中小学教师作为整个教师队伍中的重要组成部分，也不能被忽视，也需要加强培训和提高其整体素质。2009年开始，“中小学教师国家级培训计划”逐渐开展。目前来说，“国培计划”开展得如火如荼。但是，中小学教师培训的实效性不强，在培训方式与培训内容以及培训考核等方面仍存在着一系列问题，如中小学教师培训效果满意度并不高等问题。[2]特别是对于民办中小学教师的培训却显得不足和关注得不够。然而，从目前的民办中小学教师队伍发展现状来看，民办中小学教师队伍建设面临着队伍不稳定、结构不合理、流动不畅、重使用轻培养等弊端与现实问题。因此，加强民办中小学教师培训显得非常的迫切。以广州市为例，2013年开始首次将民办中小学教师的培训纳入到中小学教师培训过程中来，于是广州市教育局给本地区民办中小学校教师培训的指标为550人，然而，因为各种原因，实际上只有250多人参加培训。由此可见，民办中小学教师参与培训的积极性不高，民办中小学教师培训不受重视和关注等一系列的问题。为此，我们需要进一步去思考该问题产生原因并积极寻找对策，以便促进民办中小学教师培训的发展，提高民办学校教师队伍的整体素质。

一、民办中小学教师培训的问题

（一）教师参加的机会少

不可否认，民办中小学在我国中小学教育事业发展过程中逐渐起到越来越重要的价值和作用，民办中小学教师队伍在我国广大的中小学教师队伍建设中与公办学校教师一起在我国教育事业的发展做出应有的贡献。近些年来，我国教育部、财政部逐渐重视中小学教师培训，努力提高中小学教师的素质和教育水平，进一步提高中小学教育质量。“国培计划”，成为我国基础教育教师队伍建设史上重要的一笔。于是，中小学教师培训在我国各个省和教师培训机构轰轰烈烈地开展起来。但是，中小学教师培训主要是针对公办的中小学教师，而更多的民办教师往往被拒之门外。可见，民办中小学教师参与教师培训的机会不多。尽管从2013年开始，广东省广州市教育局将民办中小学教师培训纳入到“国培”中来，然而，数量并不多，广州市地区只有550个名额。

（二）参与培训的教师所体现出的自卑感

在中小学教师培训过程中，由于没有单独地进行民办中小学教师培训，而是公办学校的教师和民办学校的教师一起参与培训的，在面对公办学校教师时，民办中小学教师往往表现出一定的自卑感。以华南师大基础教育培训学院2013年7月中旬所组织的一次中小学教师培训为例，在教师培训过程中，一些民办学校的教师常常体现出一种自卑感，如在《世界咖啡——教师专业发展的机遇和挑战》的培训课堂中，在讨论学校教师的待遇问题，探讨中小学教师专业发展问题等过程中，一些公办学校的教师“显得底气十足”，而一些民办学校的教师“显得底气不足”。可见，在中小学教师培训过程中，一些教师由于自己来自民办中小学而深深感到自卑。

（三）教师参与培训的热情不高

尽管政府逐渐鼓励民办中小学教师参与“国培”，然而，往往“事与愿违”，一些民办学校和民办教师参与的积极性并不高，有些采取拒绝的姿态，有些采取消极应对，甚至有些“不太感冒”。以广州市2013年中小学教师培训为例，广州市教育局给予民办学校550人民办中小学教师培训的名额，然而，出于种种考虑，有些尽管报名，但是，没有参与，最终只有250多人真正参与到中小学教师培训中来。可见，面对中小学教师培训，民办学校和民办教师参与培训的热情并不高，而且有些是出于民办中小学教师自愿的，但是有些教师往往是“被参与”的。

（四）教师培训的效果不大

对于民办学校的教师参与中小学教师培训，由于其出发点和宗旨与公办学校的差异，加上在中小学教师培训过程中的消极应对，以及在中小学教师培训过程中的诸多困难等原因的影响，民办中小学教师培训的效果也并不理想，甚至可以说收效甚微。

二、产生上述问题的原因分析

（一）“马太效应”：政策对民办中小学教师培训的忽视

心理学中的“马太效应”，告诉我们：“凡有的，还要加给他叫他多余。没有的，连他所有的也要夺过来。”在中小学教师培训过程中，我们很多时候对民办中小学教师培训关注得少，从政策到培训实际，从理论层面到操作层面，往往是忽视了对民办学校教师的培训，以至于民办中小学及其教师也逐渐漠视中小学教师培训，于是民办中小学教师培训的积极性不高。

（二）“敝帚自珍效应”：民办中小学对骨干教师的保护之策

我们知道，敝帚自珍就是自家的破扫帚也比别人家的新扫帚更有价值，而在经济学上在引申为“禀赋效应”（Endowment Effect）是指同样一件商品，一旦人们拥有它，相对于还没有拥有这件商品的人而言，将会对此商品估计一个更高的价格。在民办中小学教师参与培训的过程中，民办中小学往往出于自己学校的考虑，一方面，担心学校的一些骨干教师参与中小学教师培训，有些教学工作就完不成或者需要其他教师来完成，这样就会出现学校的教学计划的混乱，也会出现学校的财政开支增加，于是民办学校领导往往会组织骨干教师参与培训；另一方面，民办学校的领导出于担心其学校教师参与培训，提高自己的教学理论水平和教学经验，提高其素质，会导致这些参与培训的教师出现“离岗”或者“跳槽”，从而损害了学校的利益，于是就反对学校的骨干教师参与教师培训。

（三）“破罐子破摔”：民办中小学教师的自我放弃

“破罐子破摔”，往往形容那些已经弄坏了的事情就干脆不顾了，于是任

其发展下去和不求上进。

在民办中小学教师看来，参与这些教师培训本来就没有什么意义和价值，以至于有些教师认为“培训不过是走走过场，到头来还是需要回到学校”的悲惨场面，而且“培训的内容并不适合民办学校”，有些教师认为“是学校派我来参与培训的，不是我自己要来的”，还有些教师认为“民办学校的教师没有必要参与什么培训”等，在如此前提下，民办学校的教师往往认为自己来自民办学校“低人一等”“底气不足”等，因此，在中小学教师培训面前，显得自卑和不自信，有些教师甚至放弃去培训的机会和名额，于是就出现培训热情不高以及培训中的负面情绪。

（四）“不值得定律”：民办中小学教师认为参与培训不值得

心理学原理告诉我们，不值得定律主要是指不值得去做的事情，就不值得去做好。“不值得定律”反映了人们的心理，就是一个人如果从事的是一个自己认为不值得去做的话，常常会保持冷嘲热讽和敷衍了事的态度。这样一来，不仅成功几率较小，而且即便成功，也没有觉得有多大的成就感。[3]在民办中小学教师培训过程中就是这样，民办中小学教师往往持有一种心态，认为中小学教师培训对其教学价值不高，对其工资增长意义不大，对其提升也没有多大作用，因此，民办中小学教师往往认为中小学教师培训对其来说与其说是一种“荣耀”，不如说是一种“负担”，于是，民办中小学教师显得积极性不高，甚至采取抵制的态度。

三、解决民办中小学教师培训问题的对策

（一）价值观层面：重审民办教师培训的价值观

第一，对中小学教师培训的核心价值观的反思。北京师大朱旭东教授指出过，“国培计划”的国家公共价值性在于公共性与权威性，其社会价值在于提高整个教师队伍和教育质量，其教师专业发展价值在于促进教师行为和能力等方面的教师专业化发展。[4]那么，在中小学教师培训过程中，特别是在进行中小学教师培训的顶层设计的过程中，需要对民办学校的教师进行周全的考虑，需要重视和关注民办学校的教师参与培训。第二，对民办中小学教师

参与培训的价值观的重新认识。民办学校参与培训的价值到底在哪里？我们需要充分认识到，民办学校教师参与培训不是某一个学校的利害关系所在，更是整个民办教师队伍建设中的重要组成部分，也是整个教师队伍建设的重要步骤。因此，需要看到民办教师参与培训的整体价值，而不是“只见树木，不见森林。”第三，形成民办中小学教师对培训核心价值观的认知。民办中小学教师在参与培训过程中，往往是由于价值没有认识到，没有进一步厘清中小学教师培训的认识，因而他们没有热情去参与其中，因此，在中小学教师培训过程中，需要民办中小学教师对培训的价值观进行界定和认知。

（二）政策层面：政策上对民办中小学教师倾斜和关照

第一，从法律上给予民办学校教师以公平的培训待遇，以提高教师参与培训的积极性和热情。尽管我国已有法律对此进行规定，1993 年 10 月 31 日的《中华人民共和国教师法》第 32 条规定：“社会力量所办学校的教师待遇，由举办者自行确定并予以保障。”1995 年的《中华人民共和国教育法》中规定教师享有“按时获取工资报酬，享有国家规定的福利待遇以及寒暑假期的带薪休假。”2002 年 12 月 28 日的《中华人民共和国民办教育促进法》第 27 条规定：“民办学校的教师、受教育者与公办学校的教师、受教育者具有同等的法律地位。”但是，在法律法规的实际操作中，在中小学教师队伍建设的实践中，往往存在这样或者那样的漏洞和问题。因此，需要制定相关的法律法规进一步规范民办中小学教师培训，为民办中小学教师参与培训提供法律保障。第二，政策上对民办中小学教师参与培训的支持和倾斜。在“国培计划”，我们需要对民办中小学教师的培训在政策上给予优先考虑和特殊关照，从而使民办中小学教师培训获得更大的政策上的支持。

（三）学校层面：民办中小学给予教师以支持

第一，民办学校对中小学教师培训采取支持态度。根据研究表明：“我国民办学校的组织职业生涯管理工作做得越好，教师个人成就动机越高，教师的一般自我效能感越高。”[5] 因此，在民办中小学教师培训工作，学校领导和管理部门需要加强对教师的支持，通过学校领导鼓励教师参与到培训中去，从而使民办中小学教师培训顺利进行。第二，民办学校为教师的培训创造条件。民办学校对自己学校的教师参与中小学教师培训，应该给予物力、财力、人力等多方面的支持，并为其创造条件，解决参与培训教师的“后顾之忧”，从而使其更加安心于中小学教师培训。

（四）专家层面：培训专家更多关注民办中小学教师

第一，重视和关注民办中小学教师培训。一方面，培训专家需要对民办中小学教师培训加强研究，以便寻找到更好的培训方案。另一方面，通过研究和关注，寻找到应对民办中小学教师培训问题的策略。第二，提供个性化和差异性的民办中小学教师培训目标。《关于深化中小学教师培训模式改革全面提升培训质量的指导意见》中强调中小学教师培训“要以实施好基础教育新课程为主要内容，以满足教师专业发展个性化需求为工作目标，引领教师专业成长”。[6]那么，在中小学教师培训过程中，培训专家需要进一步思考个性化和差异性的培训目标，去做到“直面问题”和“求真务实的准确定位”，特别是针对民办中小学教师的培训，做到需要适合其特点和差异的培训方案。第三，提供更加适合民办中小学教师培训的培训内容。中小学培训内容的不合适，培训缺乏针对性已经备受质疑，以六省市中小学教师培训内容调查，8.6%的教师认为全部是我需要的、52.4%的认为大部分是我需要的、21.4%的认为绝大部分课程都学过需要深入、17.6%的认为绝大部分课程对自己没有什么用。[7]从调查数据中，我们可以发现，培训课程与参与培训教师的期待还是有一定的差距，因此，在未来的中小学教师培训中，特别是民办中小学教师培训过程中，需要进一步做到“按需施训”，而不是罔顾受训教师的需求而盲目的进行民办中小学教师培训设计。从而使民办学校教师获得真正所需要的教师培训，而不是“被培训”，以提高民办教师参与培训的积极性和主动性以及创造性。

（五）教师层面：参与培训的民办中小学教师自我心理调适和积极面对

第一，参与培训的民办中小学教师需要进行心理调适。面对中小学教师培训，民办中小学教师需要采取正确的心态去面对，一方面，需要积极地把握好机会去参与其中，并在培训过程中努力学习和培训，从而提高自己的教师素养，而不是去“埋怨”和“怨天尤人”，不是消极地去应对，而是主动去接受。另一方面，民办中小学教师需要表现好自己，争取更多的参与培训的机会，因为人力、财力和物力等方面的限制，不可能让每一个民办学校的教师都参与培训，因此，教师需要积极争取机会，而不是主动放弃机会。第二，积极面对中小学教师培训。只有让民办中小学教师“打心眼儿里喜欢，心甘情愿接受培训”。这样民办中小学教师培训质量才能够得到保证。当然，也只有让民办中小学教师“感到培训切合自身的需求，能够促进自身发展”。这样的情境下，民办中小学教师才会发自内心地接受培训和喜爱培训，并满怀热情地投入到培训过程中去。[8]因此，参与培训的民办中小学教师自我心理调适和积极面对是促进民办中小学教师培训的重要步骤。

（六）社会层面：社会支持和宽容

在社会上，往往很多人误认为，“民办学校的教师就是民办学校的教师，没有必要去参与中小学教师培训”。实际上，民办学校的教师也有参与培训的心理需求，也有参与培训的必要。因此，社会需要给予民办中小学教师更多的心理支持和社会宽容，从而为民办中小学教师参与培训提供强大有力的社会支持系统，使其更加有信心、有决心去参与培训。

四、结语

中小学教师培训是当前比较受到关注的问题之一，而民办中小学教师培训问题又具有其特殊和个性。因此，为促进我国民办教育事业的发展，为促进民办中小学教师队伍建设，我们需要对民办中小学教师培训加以关注。

参考文献

［1］教育部．国家中长期教育改革与发展规划纲要（2010—2020 年）［N］．中国教育报，2010 -07 -30（1）．

［2］罗儒国．中小学教师培训状况的调查与分析［J］．现代教育管理，2011（12）：83 -86.

［3］“不值得”定律［J］．中国市场，2004（7）：48.

［4］朱旭东．论“国培计划”的价值［J］．教师教育研究，2010（5）：3 -9.

[5] 赵敏，吕有典．民办中小学教师自我职业生涯管理的影响因素研究——来自广东省东莞市的调查［J］．教育理论与实践，2011（10）：40－44.

[6] 教育部．关于深化中小学教师培训模式改革　全面提升培训质量的指导意见．

[7] 陈中原，李孟华，肖人翔，等．教师培训：接地气才有更好效果——六省市教师远程培训调研报告［N］．中国教育报，2013－05－27（3）．

[8] 孙世杰，周国华，梁伟．怎样的教师培训最有效［N］．江苏教育报，2013－09－18（8）．

情境认知理论及其对中小学教师培训中的启示

情境认知理论认为知识是鲜活的实践，学习是参与实践共同体，提倡学徒制和抛锚式教学以及在情境中进行评价。在中小学教师培训过程中，我们可以应用情境认知理论去进行：转换中小学教师培训过程中的知识观，建构中小学教师培训中的学习共同体，重视中小学教师培训的情境评价，促进中小学教师培训的信息化等。促进中小学教师培训的实践性转换，提高中小学教师培训的效果和效率。

一、情境认知理论

（一）情境认知理论的基本前提

温格（Wenger，1998）指出，将情境认知理论的基本前提总结如下。

（1）我们是社会的人。

（2）就有价值的事业而言，知识是一个能力的问题。

（3）在追求这些事业时，知晓是一个参与的问题，也就是说，主动参与到世界中。

（4）意义是我们体验世界的能力并且我们投入世界是有意义的，这也是学习最终所要产生的东西。

（二）知识是鲜活的实践

（1）莱姆基（Lemke，1997）指出，知识是鲜活的实践，将社会文化场景和人们在该场景中的活动纳入到想学习中来。

（2）知识是人们通过在社会中的鲜活实践而逐渐增长的。

（3）这种实践是有意义的行动，在某些文化系统中，这些行动彼此之间存在意义关系，并从社会方面和个体方面的关系加以理解知识。

（三）学习是参与实践共同体

（1）莱夫（Lave）和温格（Wenger，1991）指出学习是一种参与。学习是一种个人、个人行动、世界三者之间的不断更新的关系。

（2）学习是一个共同创设的实践过程。在这个学习过程中，所有的参与者通过其行动及在世界中的关系而发生改变和被转化。

（3）学习是参与实践共同体，还意味着个体参与的不止一个共同体，而且通过其个人的参与轨迹，并在每个共同体中获得了自己的身份。

（四）合法的边缘性参与

根据莱夫和温格（1991）的观点，合法的边缘性参与应当理解为规定了隶属于某一实践共同体的方式。合法的边缘性参与（Legitimate Peripheral Participation）是情境认知理论的中心概念和基本特征。

（1）合法指资源的社会组织及对资源的控制。不是一个合法的参与者，就不能访问课程信息资源。

（2）边缘性的参与是指由于学习者是新手，他们不可能完全地参与共同体活动，而只是作为部分共同体活动的参与者。他们应该在参与部分共同体活动的同时，通过对专家工作的观察、与同伴及专家的讨论进行学习。

（五）认知学徒制

（1）根据布朗等人的观点，学生参与实践共同体的一种方式是通过认知学徒。

（2）认知学徒制指将传统学徒制方法中的核心技术与学校教育相结合，以培养学生的认知技能，即专家实践所需的思维、问题求解和处理复杂任务的能力。在这种模式中，学习者通过参与专家实践共同体的活动和社会交互，进行某一领域的学习。

（3）认知学徒制的优点是真实的活动、文化的共享。

（4）缺点是出现僵化现象。特里普（Tripp，1993）指出，认知学徒制会出现僵化现象。

（六）抛锚式教学

1990年，范德比尔特的认知与技术小组（Cognition and Technology Group at Vanderbilt，CTGV）引进了抛锚式教学的思想，作为实施情境学习条件的一种重要手段。抛锚式教学有时也称“实例式教学”或“基于问题的教学”。这种教学要求学生到实际的环境中去感受和体验问题，而不是听这种经验的间接介绍和讲解。在实际情境中一旦确立一个问题，整个的教学内容和教学进行进程就被确定了（就像轮船被锚固定一样）。

（七）在情境中进行评价

麦克米伦（1993）建议采纳柯林斯（Collins，1990）提出的三个评价模型作为评价情境学习的一种方法。

（1）诊断评价。麦克米伦（Mclellan，1993）指出，诊断必须根据随时分析学习者的进展情况并根据此改变方法、顺序及其他学习的条件以满足学习者实时的迫切需要。

（2）总结性统计评价。这种统计经常借助于计算机保存并表明学习者的成绩随实践变化的模式和趋势。

（3）作品选集评价。这种评价强调学习的过程和结果，学生按照教师列出的指导，选择能说明他们在不同时间的进展和成绩的作品。在评价自己工作的过程中，“这些反思对学习者有帮助。”（Reeves 和 Okey，1996）

（八）情境认知理论的基本术语

（1）情境（Context）。情境是学习真实发生的环境、地点和场所。基于个人的经验，学习者能使用一系列的方法顺利地完成情境中的工作。正是有意义的资源和有目的的活动促进了问题解决，同时也促成了学习向真实情境的迁移。

（2）内容。内容是学习者习得的具体概念。概念、活动和情境对学习过程至关重要。当学习植根于内容时，学习者比较容易将知识运用于真实的日常情境。

（3）激励。激励有助于学习者内化知识。换句话说，激励能帮助学生提高认知能力、自我监控能力和自我纠错能力。激励的方法有模仿、辅导、指导、协作和提供建议。

（4）评估。基于情境的评估测试有很多的用途，因此，采用适当的评估形式来管理学习者的学习过程很重要。评估应该侧重认知发展而不是有关领域的评价（Evaluation）。换句话说，评估应有挑战性，而且也应复杂。评估的方法包括自我参照、档案袋评价和绘制概念图等。

二、情境认知理论对中小学教师培训的启示

（一）转换中小学教师培训过程中的知识观

（1）改变传统中小学教师培训过分关注理论知识的教学观念，转向既重视对中小学教师的理论知识的培训，也关注中小学教师的实践知识的培训。

（2）关注知识是一种鲜活的实践，注重中小学教师的社会文化背景和自身的教学经验，在不同层次的中小学教师培训过程中，需要采取不同的教学内容和教学模式，而不能采取“一刀切”的培训模式。同时需要关注中小学教师自身的教学经验和生活经验。

（3）需要关注中小学教师知识的生成性。在中小学教师培训过程中，教师的知识与技能是在鲜活和现实的培训过程中生成的，因此，需要中小学教师参与到培训实践中去。

（二）中小学教师培训中的导师制

（1）认知学徒制告诉我们，让学生参与实践共同体的一种重要方式是认知学徒制。那么，在中小学教师培训过程中，我们可以采取认知学徒制。

（2）在中小学教师培训过程中，认知学徒制可以转换为导师制，即参加培训的中小学教师可以选择一定的培训专家做自己的指导老师，从而增加培训的实效性。

（3）在中小学教师培训过程中，需要关注中小学教师的教育实践与教育实习，即在此过程中不仅关心对中小学教师的理论知识的生成，更需要关注其实践智慧和实践能力的养成，让其在培训过程中去参与培训专家的教育实践，进行教育实习，跟随指导老师和参与专家的研究课题等，通过这样的中小学教师培训，一方面培养其教学实践能力，另一方面增加中小学教育科研能力。

（三）建构中小学教师培训中的学习共同体

（1）参与培训的中小学教师进行合法性的边缘性参与。参与培训的中小学教师归属于某一培训实践团体，是一个合法的成员，能充分利用教育和培训的资源，参与到培训专家的教学活动，在参与部分共同体活动的同时，通过对专家工作的观察、与同伴及专家的讨论进行学习。

（2）在 CSILE（Computer - Supported Intentional Learning Environment），或者叫计算机支持的有意义学习环境下，给参与培训的中小学教师一种学习共同体中参与知识建构的方式，让参与培训的中小学教师关注感兴趣的问题并且开始建构一个有关问题的公共信息数据库。

（3）创造一个有益于中小学教师终身学习和自我更新的“学习共同体”，让中小学教师彼此之间要经常在培训与学习过程中进行沟通、交流及分享各种学习资源，共同完成一定的学习任务，共同体成员之间形成并具有相互影响、相互促进的人际关系。

（四）重视中小学教师培训的情境评价

（1）对参与培训的中小学教师进行诊断性评价。根据参加培训的中小学教师的培训与学习进展情况随时进行分析，并且根据中小学教师的具体进展状态进行有针对性的改变培训教学方法、教学的内容顺序及其他学习的条件来满足中小学教师的实时的迫切需要。

（2）对中小学教师培训状态进行总结统计。在以网络为平台的信息化条件下，对中小学教师学习程序的过程中可以记录有关的资料如访问了哪些信息，中小学教师与信息相互作用了多长时间等。在总结统计的基础上对中小学教师培训情况进行评价。

（3）对中小学教师进行作品选集评价。在中小学教师培训专家的指导下，选择能说明中小学教师在不同培训时间段的进展和成绩的作品，让中小学教师参与到培训评价中来，根据中小学教师的作品对中小学教师培训效果进行评价。

（五）给中小学教师提供学习型课程

（1）重视中小学教师培训过程中中小学教师的自主学习、主动参与。

（2）把参与教学实践看作中小学教师培训的必要条件。

（3）中小学对培训的目的有共同的理解。

（4）学习共同体里的实践活动是所要建立课程的潜力，即实践活动是中小学教师发展的源泉。

（5）互动是中小学教师培训的基本方式，即中小学教师与培训专家之间的不断互动（包括对等的和不对等的互动）。

（6）重视合作。参与培训的中小学教师认为大部分的学习是通过与其他中小学教师所建立的关系而发生的。

（7）中小学教师培训专家不是学习资源的唯一拥有者，学习共同体本身（包括中小学教师）便是学习资源。

（8）重视话语的生成性，即话语不只是用来讲述有关的实践，还在实践中形成。

（9）强调为中小学教师培训而进行的评估，把评估看成一个沟通的机制，并主要关注提供给中小学教师的回馈，并且这种评价经常是结合真实性活动进行，并鼓励参加培训的中小学教师自我评价和反思，从而使中小学教师在培训过程中不断修正方向。

（六）重视中小学教师的培训与教学模式设计

（1）提供真实与逼真的境域以反映知识在真实的中小学教学生活中的应用方式。

（2）在中小学教师培训过程中提供真实与逼真的教学活动，为教学理解与教学经验的互动创造机会。

（3）提供接近中小学培训专家以及对其工作过程进行观察与模拟的机会。

（4）在中小学培训过程中为中小学教师扮演多重角色，产出多重观点提供可能。

（5）构建学习共同体和实践共同体支撑知识的社会协作性建构。

（6）在中小学教师培训的关键时刻应为中小学教师提供必要的指导与搭建“脚手架”。

（7）促进对中小学教师培训过程与结果的反思以便从中汲取经验，扩大默会知识。

（8）促进中小学教师的清晰表述以便使缄默知识转变为明确知识。

（9）提供对中小学教师培训的真实性、整合性评价。

（七）关注中小学教师培训中抛锚式教学

（1）关注实例教学，加强中小学教师培训的实践教学。中小学教师培训需要改变传统培训与教学模式下的那种过分重视理论知识的教学现状，需要加强中小学教学过程中的案例教学，以实际案例为教学路线，不断增加中小学教师培训的实践性知识与技能的培养。

（2）重视基于问题的教学，加强中小学教师培训的针对性。坚持以问题为中小学教师培训的“锚”，将这个“锚”固定下来，在教学实际情境中一旦确立一个问题，整个的教学内容和教学进程就被确定了，根据这些问题进行有针对性去培训中小学教师。

（3）构建故事中心课程与教学。“故事中心课程”（Story－Centered Curriculum，SCC）是由美国卡耐基梅隆大学的著名学者 R. C. 斯坎克（Roger C. Schank）提出的。通过故事中心课程，在中小学教师培训专家指导下，中小学教师以故事为中心，以行动为基础，以目标为导向，共同寻找故事，完成中小学教师培训的目标。

（八）促进中小学教师培训的信息化

（1）促进中小学培训信息化，为中小学教师培训提供一个认知的情境。必须为学习者提供机会从多种观点中识别关键概念，由此促进学习者对真实活动过程复杂性的鉴赏力以及形成学习者在根据独特的真实活动情境发现应对问题的方式时的灵活性。

（2）促进中小学培训信息化，为中小学教师培训提供更加广泛的信息资源。

（3）促进中小学培训信息化，提供中小学教师与培训专家的沟通、对话与交流的信息化平台。

三、结语

目前，情境认知理论作为一种教学和学习理论，在教育理论和教育实践中备受重视和关注，在中小学教师培训改革过程中，我们需要加强情境认知理论的研究和应用。

参考文献

[1] M P德里斯科尔. 学习心理学 [M]. 上海: 华东师范大学出版社, 2008: 129-153.

[2] 金玉梅, 靳玉乐. "故事中心课程"在中小学教师培训中的应用 [J]. 中国教育学刊, 2006 (7): 74-75.

[3] 高文. 情境学习与情境认知 [J]. 教育发展研究, 2001 (8): 30-35.

论学习型组织理论关照下的地理教师继续教育

学习型组织理论是当代一种重要理论，关注自学习机制，强调系统思考，重视团队学习等方面。目前，中小学地理教师继续教育过程中存在一系列的问题如地理教师继续教育内容过于强调理论学习，继续教育的形式、方法单一等。根据学习型组织理论，我们可以采取如下对策：实现强调理论知识与实践技能的结合，继续教育形式多样、方法丰富，进行有效的继续教育评价等策略，来推进和促进中小学地理教师的专业发展。

一、学习型组织视角的主要观点

1. 学习型组织的核心：自学习机制

学习型组织强调组织内部成员在工作中学习，在学习中工作，学习成为工作新的形式，关注在组织内部建立完善的自学习机制。

2. 学习型组织的精神：学习、思考和创新

学习型组织强调学习是团体学习、全员学习，思考是系统、非线性的思考，只有站在系统的角度认识系统，认识系统的环境，才能避免陷入系统动力的旋涡里去。同时，学习型组织强调创新是观念、制度、方法及管理等多方面的更新。

3. 组织学习的基础：团队学习

团队是现代组织中学习的基本单位。许多组织不乏组织现状、前景的热烈辩论，但团队学习依靠的是深度汇谈，而不是辩论。深度汇谈是一个团队的所有成员，摊出心中的假设，而进入真正一起思考的能力。深度汇谈的目的是一起思考，得出比个人思考更正确、更好的结论，而辩论是每个人都试图用自己的观点说服别人同意的过程。

4. 学习型组织的要求：团结、协调、和谐

组织学习普遍存在“学习智障”，个体自我保护心理必然造成团体成员间相互猜忌，这种所谓的“办公室政治”导致高智商个体，组织群体反而效率低下。从这个意义上说，班子的团结，组织上下协调以及群体环境的民主、和谐是建构学习型组织的基础。

5. 传统组织与学习型组织的区别

传统型组织与学习型组织之间存在很大的区别，如下表所示。

传统型组织与学习型组织的区别

区分点	传统型组织	学习型组织
对变革的态度	只要事情还能运转就不要改变它	如果不能改变它，则运转不了多久
对新思想的态度	如果不能付诸实践就不要理它	如果一再为实践所证明，就算不上什么新思想
谁对创新负责	研究与开发部门	组织中的每一个人
主要的担心	犯错误	不学习，不改进
竞争优势	产品与服务	学习能力、知识和专业技能
管理者的职责	控制其他人	推动和支持其他人

二、当前地理教师继续教育存在的问题

（一）地理教师继续教育内容过于强调理论学习

在地理教师继续教育过程中，现有的继续教育与培训内容过分关注地理专业理论知识的学习，忽视了地理知识的应用，忽略了地理实践活动，轻视地理教学技能的学习等方面的学习，导致重理论的学习，轻实践的学习，难以反映广大教师的迫切要求，教师最想学习的那些实用性课程如《计算机地理辅助教学》《中小学地理教学实践论》《中小学地理典型课例分析》《中小学地理课堂教学设计与前沿热点、难点问题整合》等所占比例少。

（二）地理教师继续教育形式、方法单一

在目前的中小学地理教师继续教育过程中，形式和方法单一，一般采用

短期的集中的业余培训形式，过分集中统一，忽视了个性化的中小学地理教师继续教育。在中小学地理教师继续教育方法上，基本上采用课堂讲授法等单一的继续教育方法，忽视了其他教学方法，导致中小学地理教师继续教育的效果不佳。

（三）地理教师继续教育和培训缺乏一定的针对性

在每年的中小学地理教师继续教育（硬性规定的培训）强调要30课时以上，这一硬性规定本来是很有必要的。但由于这30课时必须是在网上完成或者参加区、县教师进修学校组织的培训才算数，于是逼着老师们只能选培训机构规定的内容。导致有时中小学地理教师所学习的内容与自身所渴望学习的课程根本就是两回事，所学非所用，所用所非学，以至于继续教育资源的浪费，达不到继续教育本来的效果。

（四）地理教师继续教育和培训的教育观念与教学模式的二元对立

我国现有的中小学地理教师继续教育和培训，往往在倡导先进的、科学的教育思想，同时却采用了与这些继续教育观念不符甚至是相悖的继续教育和培训方式。例如中小学地理教师继续教育和培训的目的本来是要提倡和鼓励学员积极参与的教育观念，但对教师的培训却仍然采用灌输式的教学方式，而不给受训教师提供参与的机会，又如本来希望提倡和鼓励学生主动创造的教育观念，但对教师的培训却仍然沿袭传统课堂中“教师讲，学员听”的教学模式，导致教师在培训中只是模仿培训者提供的教学技巧，而没有自己的主动创造。

（五）地理教师继续教育缺乏有效的教育管理

在目前的中小学地理教师继续教育过程中，教育管理是一个致命的缺点：只管人数，不管教育质量。每次办班，点名和出勤制度是非常严格的，既签名，又凭票。但是，一旦进入课室，有些学员干其他事；有些学员在睡觉，甚至中间开溜都无人过问，这些就是教育管理的问题了。

（六）地理教师继续教育缺乏自组织学习与团队学习

在中小学地理教师培训过程中，往往重视培训组织部门教师的讲解和培训，忽视参与培训教师的自组织学习，也忽视地理教师的团队学习。

（七）地理教师继续教育缺乏有效的评价

评价在中小学地理教师继续教育过程中将起到重要的作用，那么究竟谁来评价，评价什么，怎么进行评价等一系列的问题摆在了我们眼前，目前的中小学地理教师继续教育评价主要存在评价主体单一，评价方式固定化，评价内容缺乏多样化等问题。

三、学习型组织理论视角下的地理教师继续教育的策略

（一）重新定位中小学地理教师继续教育与培训的目标

（1）中小学地理教师继续教育和培训的目标定位于让中小学地理教师不断更新地理专业知识，让其具备更加前沿的地理科学知识。

（2）中小学地理教师继续教育和培训的目标定位于让中小学地理教师掌握更加新颖的地理教育教学方法。

（3）中小学地理教师继续教育和培训的目标定位于让中小学地理教师进一步掌握地理课程改革的教育理念与课程理念，更加深刻理解《地理课程标准》所倡导的新课程理念。

（4）中小学地理教师继续教育和培训的目标定位于形成中小学地理教师的终身教育和终身学习的理念。中小学地理教师继续教育与培训不仅是一种知识与技能的学习，也是一种教育教学方法的学习和观摩，更是一种终身教育理念和终身学习理念的形成。

（二）中小学地理教师继续教育形式多样、方法丰富

1. 分层次、多级别的继续教育形式

第一，新上岗教师的继续教育和培训，对刚参加教学工作的地理教育专业的中小学教师进行培训，使其主动地思考如何去做一个合格的地理教师。第二，对一般在岗的中小学地理教师进行的继续教育和培训。通过继续教育和培训，使其成为系统、扎实专业知识和地理教学规律的称职教师。第三，对中小学地理骨干教师的继续教育和培训，通过继续教育和培训，使其成为

各具特色的中小学地理骨干教师或学科带头人。第四，中小学地理教师继续教育和培训可以实现国家级培训，省市级、县镇级等地方级的培训，还可以进行校本培训等多种形式，多种培训途径。

2. 多样性的、丰富的教育教学方法

第一，集中学习理论。中小学地理教师继续教育与培训过程中，可以组织教师集中学习理论，以讲授为主的教学方法来集中学习地理专业理论知识、法律知识、教育科学理论知识、信息化理论知识等。第二，实例分析。针对中小学地理教师的实际境况，采取以课堂案例分析为主的教学方法，让参加培训的学员学习和借鉴。第三，多媒体展示。现代信息化社会，教育信息化不可避免，为了更好地促进教学信息化，可以多媒体演示，达到声、像图文并茂的教学效果。

3. 座堂讨论

以问题为线索，在培训教师的指导下，通过在课堂中受训学员与教师的交流，受训学员与受训学员之间的讨论，达到获得知识的教学效果。

4. 组织调查和野外实地考察活动

地理学科本身所具有的特点决定了中小学地理教师继续教育与培训，需要加强户外教学与实地考察，通过实践活动，进一步促进地理教学的效果。

（三）中小学地理教师继续教育内容实现强调理论知识，关注实践技能的培养

（1）地理专业知识的学习。中小学地理教师继续教育过程中，需要加强《人文地理》《自然地理》等专业地理课程的学习，掌握地理学科课程的前沿知识与热点问题，如关注 2008 年汶川地震、2009 年台风莫拉克等地理现象。

（2）心理知识的学习。中小学地理教师继续教育和培训需要加强心理学知识的学习，一方面增强中小学地理教师自身的心理素质；另一方面增加心理健康教育能力，为中小学地理教学过程中对学生的心理辅导。

（3）中小学地理活动方法、手段的介绍与实践。中小学地理教师继续教育和培训需要介绍中小学地理活动方式、手段，让中小学地理教师掌握现代化多媒体教学手段，进行地理课程与教学设计，如在进行《地理运动》一章节的教学中仅仅依靠教师的讲述难以在学生头脑中形成清晰的地球运动的景象，依靠多媒体辅助教学，只要简单的演示，会取得事半功倍的效果。让中

小学地理教师掌握信息化的教学手段，提高教学实践技能。

（4）加强中小学地理教学研究。中小学地理教师继续教育和培训过程中，需要加强对中小学地理教学的研究。通过地理教学为地理教学研究奠定基础，通过地理教学研究来促进地理教学。

（5）关注中小学地理教师的教学经验。中小学地理教师的经验主要是指中小学地理教师在中小学地理教学过程中所获得的知识与教学技能。中小学教师的知识经验和生活经验、教学经验等是一种重要的教育资源和学习资源，对中小学地理教师的经验需要加以发掘，有利于丰富地理课程资源。

（6）提倡中小学地理教师参与到继续教育和培训过程中来，通过参与式培训，一方面进一步推进培训教师与受训教师之间的关系，加强继续教育和培训过程中的交流和合作；另一方面培养中小学地理教师的教学实践能力。

（四）中小学地理教师继续教育进行有效的管理和评价

1. 重视中小学地理教师继续教育的管理工作

我们知道，管理主要是指管理者为有效地达到组织目标，对组织资源和组织活动有意识、有组织、不断地进行的协调活动。在中小学地理教师继续教育过程中需要加强人本管理，建立以人为本的管理理念，提高教学管理的效率，转换那种“走过场”的管理模式，切实让中小学地理教师继续教育达到应有的效果。

2. 构建科学合理全面的中小学地理教师继续教育评价体系

第一，评价主体的多元化。在中小学地理教师继续教育和培训过程中，坚持多元评价的主体，打破单一的评价主体，让中小学地理教师自身参与到评价中来。第二，评价内容的全面性。在中小学地理教师继续教育评价过程中，评价的内容不仅是理论知识的学习，更加需要关注中小学地理教师教学实践能力的培养和锻炼。第三，评价目标的发展性。评价“不是为了证明，而是为了改进”。中小学地理教师继续教育评价着重于促进中小学地理教师的发展，促进地理教学的发展。第四，评价方式方法的多样化。在中小学地理教师继续教育和培训过程中，不仅重视考试评价方式，还应关注其他的评价方式，需要倡导多样化的评价方式。

（五）中小学地理教师继续教育需要坚持的原则

1. 实用性

成人学习的特点告诉我们，中小学地理教师继续教育更加重视所学习的知识与技能对中小学地理教学工作的改进的价值。

2. 时代性

中小学地理教师继续教育过程中，所培训的知识内容和技能、方法等都需要关注时代性，体现时代特点，适应当代基础教育课程改革的发展需要，适合21世纪新时代学生的发展特点。

3. 生活性

中小学地理教师继续教育需要密切联系中小学地理教师的生活经验、教学实践经验等，关注与生活的密切联系，沟通与容纳生活中的知识与技能，服务于生活。

4. 终身学习性

中小学地理教师继续教育过程中，需要关注中小学地理教师的终身教育的理念和终身学习的基础知识与能力，为中小学地理教师可持续发展和专业化成长打好基础。

5. 体验性

在中小学地理教师继续教育过程中，重视中小学地理教师的体验过程，强调其知识的生成，重视其教学的体验。

（六）中小学教师培训管理者的任务

中小学地理教师培训与管理者的一个主要责任就是为中小学地理教师构建和培育一个有利于参与培训教师继续教育和学习的环境，以建立整个培训组织的学习能力，包括从组织的最底层到组织的最高层的所有领域。

（七）中小学地理教师继续教育信息化

现代社会是一个信息化社会，以网络为平台的信息化无处不在。教育领域内不可避免需要进行信息化。教育信息化是实现教育“面向现代化、面向未来、面向世界”的一个重要方式和手段，也是教育现代化的一个重要标志。在教育信息化的背景下，中小学地理教师继续教育需要进一步实现信息化。

第一，在中小学继续教育过程中，让中小学地理教师需要掌握信息化的理念，转换地理教育过程中的角色，重新审视师生关系。第二，在中小学继续教育过程中，让中小学地理教师掌握地理教学信息化的基本技术手段和工具，能为地理教学顺利进行奠定基础。第三，在中小学继续教育过程中，让中小学地理教师具备教学信息化的创新能力与应用能力，在信息化的教学条件下能进行地理教学的创新。

参考文献

[1] 斯蒂芬·P 罗宾斯，玛丽·库尔特. 管理学 [M]. 孙健敏，等，译. 北京：中国人民大学出版社，2004：46.

[2] 李建海. 我国地理教师继续教育目标的研究 [J]. 重庆教育学院学报，2004 (2)：91.

[3] 刘国军. 新课程改革背景下中学地理教师继续教育的课程改革 [J]. 兰州教育学院学报，2005 (1)：25.

[4] 刘水凤. 教师继续教育存在的问题与对策 [J]. 邵阳学院学报：社会科学版，2004 (5)：134.

[5] 王亚宁. 关于中学地理教师继续教育的初步构想 [J]. 潍坊教育学院学报，1998 (4)：17.

[6] 王中华. 教育信息化：校长专业化的技术支撑 [J]. 中小学电教，2009 (7-8)：52.

试论当前我国高师教育专业地理课程存在的问题与对策

百年大计，教育为本，教育大计，教师为本。高师地理教育是培养中小学地理教师人才的一种重要途径，因此，关注地理课程改革是促进中小学地理教师人才培养的重要方面。江泽民同志多次指出："创新是一个民族进步的灵魂，是一个国家兴旺发达的不竭动力。"随着全球经济一体化和知识经济时代的到来，世界范围内正在经历着一场前所未有的社会变革。地理知识是国民综合素质构成的重要组成部分，如何应对加入 WTO 以后中国亿万青少年学生地理知识的普及和地理综合能力的培养，深入改革高师地理课程体系，将是一个任务艰巨、意义深远的研究课题。

一、高师地理课程改革的现实背景

（一）人才需求与高师地理课程改革

高师地理教育主要是为各级各类学校培养合格的地理教师。新时代的地理教师，不仅需要具有良好的思想素质、过硬的专业知识，还应具有运用先进技术和设备的能力，如制作多媒体课件以及运用 3S 技术开展地理教学与研究等. 随着中学教育的发展，能教会写的科教型老师更受学生、学校和社会的欢迎，这为高师地理教学改革提出了更高的要求。

（二）我国教育改革的机遇与高师地理课程改革

（1）江泽民同志指出："把我们的事业全面推向 21 世纪，这就是要在世纪之交的历史时刻，抓好机遇而不可丧失机遇，开拓进取而不可因循守旧。"为了适应新世纪科技、经济和社会发展的需要，我国基础教育领域正在进行全方位改革。这不仅给高师地理教学改革提出了新的要求，同时也为之提供了良好的机遇。

（2）高中地理新教材的实施，一改旧教材以介绍地理事物、地理景观特征、地区分布为主的课程结构，把人类关注的人口、粮食、资源、环境等问题的产生与地理环境改造作为主线，增加可持续发展理论、国土整治、区域开发和地理信息系统等与经济发展、社会进步密切相关的知识。其中的一些内容在高师课程中没有涉及或不完善，因此，必须尽快调整现行高师地理课程，以适应形势发展的需要。同时，综合题型、综合试卷的出现，要求高师地理的课程设置必须作出相应的调整，以便为中学培养出更多的优秀地理教师。

（3）2002 年秋季就开始实施的初中地理新课标、新教材，要求教师必须具有新的理念、新的思维方式，因此必须不断更新知识结构以满足现代教学的需要。

（4）素质教育是国家教育部根据我国社会经济建设人才综合素质的需要而推行的重要改革。中学地理是广大青少年学生了解人口、环境、资源等全球问题及国情、省情、环境保护情况，培养综合分析、解决问题能力的基础课程。为适应素质教育的要求，高师地理课程结构理应作出相应改革，为中学教育培养出高素质的地理教师。

二、高师地理课程存在问题剖析

（一）课程目标定位缺乏全面性

当前的高师地理课程目标显得单一：只为中小学地理教师人才。当代社会需要 T 型人才，需要综合性发展的人才，需要那种能终身学习，具备很强的学习能力的人才，需要将地理课程方面的知识与其他知识进行融合。

（二）课程内容与生活相互脱离

高师地理教学计划课程设置与中学地理教学脱钩现象较为严重。高等教育拥有自身完善的课程体系及周密而稳定的教学计划是十分必要的，但课程体系的建立、教学计划的制定必须与学科培养目标相联系。早在 20 世纪 90 年代初，为了尽快与国际接轨，我国中学地理教育率先在初中借鉴欧、美模式，使中学地理教材内容精简，图文并茂，贴近生产、生活。尽管目前高师地理专业所选用的教材大多是面向21世纪的教材，内容丰富、体系新颖、方法先进，与我国改革开放、社会经济发展联系密切。但随着高师地理课程的调整，与之相适应的教材编写、出版却显滞后，如《世界地理》一直以“世自”和“世经”代替，《中国地理》等课程增加了许多经济统计数据但大多是“十五”当中的数据，难以满足当前教学需要．另外，乡土教材内容陈旧，结构过时，有些省区迄今还没有一套完整乡土教材，给学习者带来诸多不便。

（三）高师地理课程结构不合理

笔者对近百名富有经验的中学地理教师，征询其对目前高师地理课程结构、地理知识构成以及满足中学教学需要等方面的意见，归纳起来主要有：第一，片面强调部门自然地理的重要性，把着眼点放在基础课程的课时增加及难度的加深上。在内容的取舍上重视岩石与矿物、植物特性、气象变化等内容，忽视了与地理学综合性、区域性特征关系密切的地质构造与地貌类型、植被类型及分布、气候特征及其成因等内容，导致部门地理太过专业化。第二，专业主干课程比重偏小，尤其是区域地理课程的课时比例偏低，难以完成教学任务。其结果是导致广大中学地理教师普遍缺乏区域地理知识，特别是缺乏中国和全球典型区域开发与研究的案例。第三，人文地理课程貌似加强实为削弱。在现行的高师地理课程中，人文地理包括人文地理概论、旅游地理、文化地理、人口地理等多门课程，这些课程使地理学的重要主干课程得到加强。但由于相互间重复、交叉，任课教师容易顾此失彼，既加重了学生负担，又使人文地理学的整体性特征难以体现。

（四）课程实施过程中实践性教学环节薄弱

以铜仁学院地理教育专业为例，目前该专业只开展基础地理野外实习，且地点少、时间短、课程多、任务重，难以实现理论与实践的统一．对于最能锻炼和培养综合分析、解决问题能力的综合区域地理实习，却因市场经济冲击、教学经费严重不足而被迫取消。据作者了解，兄弟院校的同类问题也是普遍存在。

（五）在高师地理课程评价方面没有关注学生的综合能力

在高师地理课程评价过程中，往往忽视对学生的综合能力的评价。受现行教学计划及全国高校课程结构的影响，高师地理课程结构中对地理学综合性、区域性特征的学习与培养均分散于各门课程当中，既没有明确的目标又没有较完善的计划，因此学生综合分析问题的能力普遍较低，尤其是依托理论知识开展地理科研论文撰写的能力是如此。学生撰写的毕业论文往往缺乏自己的观点和分析手段，生搬硬套，任务性明显。

三、高师地理课程改革的策略

（一）重新确立高师地理课程目标

在我国高师地理课程目标的确定时候，需要充分考虑我国的现实情况和国际地理教育发展趋势，以及社会经济发展的需要，加强综合性人才的培养，不仅培养学生的地理知识与地理教学技能，还需要培养学生的学习能力，让学生“学会认知、学会做事、学会生存、学会共同生活”。因而，新的课程既要注意传统地理知识的传授，又要体现应用型以及发展学生个性和创造性思维能力的发展。

（二）加强高师地理课程内容改革

在课程内容上大幅度压缩部门自然地理课时量，开设《自然地理学》课程；区域地理由原来的中国自然地理、中国经济地理、世界自然地理、世界经济地理四门课程整合为中国地理和世界地理两门课程；完善人文地理课程类，适当增补经济地理学，人口地理学、城市地理学、旅游地理学等课程；环境科学概论内容应完善，不限于污染环境，还包括生态环境；增加地理信息系统、遥感概论、地理野外工作方法、测量学等技能课程。

（三）调整地理课程结构

（1）合并部门自然地理，开设《自然地理学》课程。高师地理教育主要是培养中学地理教师，实践证明《自然地理学》足以满足培养目标及为高年级专业课程学习提供自然地理基础知识的需要。这种改革，一方面可以极大减轻学生负担，匀出更多的时间自学、选学有利于专业发展的课程；另一方面也可以改变目前存在的知识前后重复出现或遗漏现象。

（2）适当增加区域地理课时，重点安排典型区域开发案例分析。现行的区域地理课程，如《中国地理》《世界地理》课时只及原来的1/3，教学任务难以完成。同时，国内外的典型区域开发案例少，对培养合格人才不利。

（3）人文地理知识的学习重点应放在《人文地理学》课程教学之中，其他相关课程以选修、讲座方式完成。

（4）改革选修课程教学模式，变讲授为讲座，促进师生互动。现行的选修课既增加学生负担，又耗教师精力；花时多，但效果并不明显．本方案设计的大多数选修课均为讲座形式，教师用50%的课时把相关课程的重、难点结合研究成果介绍给学生，并指导学生阅读有关书籍。

（四）加强课程实施中实践性与实验性教学环节

（1）加强室内实验教学。主要是指学科专业课程在课程教学过程中，根据地理学科特点，结合课程相应内容，在专业基础实验室进行的与课堂教学统一进行的室内实验教学。比如《地质学基础课》的岩石、层理等内容，老师在地质实验室，一边对照标本，一边讲解理论，地层、岩石、现象、描述、结论都可以直观地呈现在学生眼前，把书本中描述的理论、图片等死板的知识活化起来，学生随时可以向老师提出各种问题，并可以在很直观的情景中得到答案。地图学、遥感学、地理信息系统等也都需配备相应的实验实践课，他们是专业理论课程的验证、应用及创新，其对于深化课堂教学内容，培养学生的专业基本技能具有重要作用。

（2）进行专业层次的教学实践——专业野外实习。是根据地理学科的特点和专业培养目标而设立的，是创新思维与研究方法训练的必要过程。

（3）加强教师教育技能层次——中学教育实习是教师专业技能训练的关键环节。主要是根据各专业的培养目标和学生未来的主导就业方向而设立的专业技能实习。如地理学科师范专业主要是中学教育实习，培养学生的实际操作能力。

（五）课程评价关注学生的全面评价

在对地理教育专业的学生进行地理课程评价时，需要重视学生的地理知识与技能、地理学习的过程和学习方法、地理学习的情感态度价值观等方面的评价，重视对学生的实践能力和创新精神的培养，加强对学生的综合素养的全面评价。

（六）促进信息技术与地理课程的整合

信息技术与地理课程整合是指地理教师根据地理课程的特点，通过地理课程的设计，在地理教学过程中，把信息技术、信息方法与地理信息资源的利用、学生学习和地理课程内容有机结合起来，形成教学系统，以实现地理课程目标，完成地理课程教学任务的一种新的教学方式。其基本内涵包括信息化环境中实施课程，即：施教环境信息化；这是信息技术与地理课程整合的基础。对地理教学内容进行信息化处理后成为学生学习地理课程资源，即：学习资源信息化；这是信息技术与地理课程整合的条件。利用信息加工工具促使学生进行地理知识的重构，即：知识重构和创新信息化，这是信息技术与地理课程整合的目的。通过信息技术与地理课程整合内涵认识，我们可以发现信息技术作为师生之间共同完成地理课程目标的一个媒介，通过信息技术与地理课程整合，对教学方式起到积极的作用。

四、结语

高师地理课程改革是系统工程，关系到中小学地理师资的培养，关系到高师地理教育改革，可见高师地理教育地理课程改革是架构高校教育与基础教育课程改革的一个重要的桥梁。因此，我们需要加以关注。

参考文献

［1］颜长青，郭睿．试论知识经济时代创新型师资的培养［A］//高师论坛. 北京：新华出版社，1999：46－52.

［2］蒋梅鑫，等．面向21世纪的高师地理课程改革初探［A］//高师论坛. 北京：新华出版社，1999：561.

［3］左登华，等．高校地理科学专业课程设置的思考［J］．中国成人教育，2009（2）：125－126.

循环学习理论及其对中小学地理教师学习的启示

一、循环学习理论的理解

第一，浪漫阶段，即领悟阶段。只要学生能模糊地意识到这个新的刺激物是与他们有关联的，它就会在学习者心中引发兴趣和激发某种情感上的醒悟。如果学生对一种新的情境有所了解，那么学生就会和这种新的情境产生关联。即对学生来说这一情境不应该是全新的、全然不同的或者与他毫不相干的，而是可以使他认识到这一情境和他过去的经验是有某种联系的。从接触单纯的事实，到开始认识事实间未经探索的关系的重要意义，这种转变会引起某种兴奋，而浪漫的情感本质上就属于这样一种兴奋。

第二，精确阶段，也叫文化规则阶段。怀特海认为，在这个阶段，知识的广泛的关系居于次要地位，从属于系统阐述的精确性。这是文法（所谓文法，是指语言的文法和科学的基本原理）规则的阶段，因此，在浪漫阶段期所学到的广泛但理解模糊的知识以及那些一知半解的内容在精确阶段被详尽地具体化和系统化了。但是，如果没有前面所说的浪漫阶段，精确阶段是无结果的：如果对事实的一般规律缺乏模糊的理解，前面的分析就是一种毫无意义的分析。它不过是一系列关于单纯事实的无意义的陈述，是人为制造出来的，没有任何更多的意义。

第三，综合运用阶段，也叫重归浪漫阶段。这个阶段把从精确阶段获得的特殊概念运用于具体事实，并调整以适应新的问题，它是一个获得满足和审美经历的过程。特别要提到的是，浪漫阶段所经历的最初的感觉与精确阶段获得的意识知觉要在综合化阶段对照和融合。怀特海认为，最后的综合化阶段补充了分类概念和有关的技能后，重又回归浪漫即重归自由。其实，在综合运用阶段中，学习者完成了两个方面的任务：一方面，学习者需要进一步精确知识，进行常规问题解决，将知识综合化、条理化、系统化和活化；另一方面，学习者在将知识应用到更广泛的情景当中时常常会遇到某些“反常”现象，原有的精确知识遇到无法解决的困难。

二、循环学习理论对中小学地理教师学习的几点启示

（一）反思中小学地理教师学习的问题

循环学习理论昭示：须不断反思中小学地理教师学习问题。当前，在中小学地理教师继续教育中存在学习的异化：学得越多，越被动；知识技能越多，创新精神与实践能力越少；满腹经纶，却迷失了自我。我们不禁要问：学习何以成为异化人的力量？对于学习的异化现象，我们究其根源大致包括：第一，心理主义的学习本质观：认为学习是受“客观规律”支配的心理现象，只要遵循心理学的教导，把学习变成一套技术操作程序或心智技能规则并遵循之，即可实现任何学习目的。第二，功利主义的学习价值观：为培训而学，为社会升迁而学，至于学习的内在价值则无足轻重。其实，这两个方面是紧密相连：心理主义的学习本质观旨在通过对学习的控制而达成对世界的控制，必然走向功利主义，而功利主义的学习价值观本质上是控制的。因此，我们需要纠正这种功利主义的学习观，树立正确中小学地理教师的学习观。

（二）掌握中小学地理教师学习的心理规律

循环学习理论是在心理学基础之上构建的，是关心人的心理现象的。因此，在中小学地理教师学习过程中，我们需要关注中小学地理教师作为成人学习的心理规律。根据华东师大高志敏教授等学者的观点认为，成人分为成年早期（16 至 35 岁左右），成年中期（35 岁左右到退休年龄），成年晚期（60 岁左右至死亡）。我们所说的主要是指成年早期和中期。因此，中小学地理教师学习的规律和特点主要有：第一，从身体方面来看，个体身体状况处于一生最佳的时期，包括心力、呼吸力、体力乃至性功能等都处在最佳时期。从智力方面来看，个人的智力处于发展的顶峰，其记忆、思维、学习能力、

解决问题的能力都处于最强盛、最富有能量的状态中。第二，从心力、社会发展方面来看，在人生的道路上最动荡、最富有变化的时期，进入职业生涯，获得经济的独立，不断思考人际关系，逐步建立婚姻家庭，设计和创造适合自己的生活模式，担当社会责任，为促进个性的继续社会化而作准备。根据这些中小学地理教师阶段的发展特点，我们必须去思考中小学地理教师的心理，在充分了解和尊重中小学地理教师心理发展规律的基础上，来思考中小学地理教师的学习。

（三）关注中小学地理教师学习的过程或阶段

循环学习理论告诉我们，学习划分为三个阶段，即浪漫阶段、精确阶段和综合运用阶段。因此，在第一阶段，我们需要关注中小学地理教师学习的自主或者自由，而其活动开启的动机一般源于自我激发的内在兴趣，学习的兴趣越浓，个体学习的愿望就越强烈，学生对学习内容的兴趣还会直接影响学习策略的应用。第二阶段，精确阶段。精确阶段实现的条件是形成学习共同体。为了形成学习共同体，需要引导中小学地理教师总结在前一阶段根据自己的兴趣发现的新事物、产生新的观念和想法，开展对话与交流，在一定的引导下逐步达成共识。第三阶段，综合运用阶段。在综合运用阶段，学习者要完成两个方面的任务：进行常规问题解决，将知识综合化、条理化、系统化和活化；在将知识应用到更广泛的情景中时常常会遇到某些“反常”的、原有的精确知识，遇到无法解决的困难，学习者要做好回到新的浪漫阶段的准备。

（四）由重视中小学地理教师“继续教育”向关注“继续学习”转换

一直以来，中小学地理教师继续教育理论更多的是关注教育，重视如何进行“教育”，而不是“学习”，更多的重视如何“教”的研究，忽略了对其学习的探讨。在中小学地理教师继续教育实践中也是关注如何去“教”，而不是如何去鼓励“学”。总而言之，循环学习理论告诉我们需要关注中小学地理教师的学习，关注中小学地理教师的学习过程，关注学习的“回归”。因此，我们需要关注当前中小学地理教师继续教育理论体系中的中小学地理教师学习，重构由重视“继续教育”向关注“继续学习”转换。

参考文献

[1] 弗朗茨·里伏特. 怀特海的循环学习理论及其对教育的启示 [J]. 盐城师范学院学报：人文社会科学版，2007 (2)：105-108.

[2] 王念. 基于学习循环理论的企业学习能力锻造 [J]. 中国商贸，2010 (10)：67-68.

[3] 张华. 学习哲学论 [J]. 全球教育展望，2010 (6)：5-8..

[4] 张华. 走向学习哲学 [J]. 上海教育科研，2004 (2)：1.

[5] 林崇德. 学习与发展 [M]. 北京：北京师范大学出版社，1999：41-43.

[6] 章水生. 教育心理学 [M]. 石家庄：河北教育出版社，1996：88-89.

[7] 高志敏，等. 成人教育心理学 [M]. 上海：上海科技教育出版社，1997：21-24.

第五部分

教师专业发展的信息化研究

体验教育信息化

当前，教育信息化已经成为了一个教育关键词，不时在网络和报刊中出现，同时教师专业化也是教育学界的一个重要字眼，不断袭击着人们的眼球，那么究竟两者是什么关系呢？教育信息化对教育专业化有什么影响呢？笔者就这个问题进行思考与探讨，以此文与大家共勉。

一、教育信息化对促进教师专业化发展的价值

（一）教育信息化为教师专业化提供信息资源支持

教育信息化是指在教育教学的各个领域中，积极开发并且充分应用信息技术和信息资源，促进教育现代化，以培养满足社会需要人才的过程。教育信息化包括以下六个方面：信息网络基础设施建设、信息资源的利用与信息技术的应用、信息化人才的培养与培训、教育信息资源建设、教育信息产业化、信息化政策法规和标准建设。在这六个方面中，信息化人才建设是教育信息化的重要保障，没有信息化的教师人才，教师专业化就将是一座空中楼阁。江泽民同志说，教育的关键在于教师。当然教育的信息化的关键就在于教师的信息化，在于掌握一定的信息技术和信息资源的教师，所以要实现教师专业化，必须“教育信息化先行”。

（二）教育信息化为教育现代化提供技术支持

教师在具备一定的信息技术基础之上，不断采用新的思路进行教学设计、课程开发、教学资源管理、学生管理。教师利用信息网络开发信息资源，实现信息资源的利用与信息技术在教育上的应用。教师借助信息技术为教育现代化的实现提供了有力的技术支持。如教师利用个人网站进行网络教学，有

效地拓宽了教学的界限，从而为实现教育教学、教师培养和培训提供信息技术方面的示范。

（三）教育信息化能够进一步完善教师资格认证制度

首先，教师要获得教师资格证必须具有所要求的教育技术和信息技术的素养。教育信息化以后，教师具备了良好的信息技术素质，有利于教师资格认证。教师专业化要求、教师职业制度、教师准入制度、教师资格认证的条件是普通话的等级、教育学的考试合格、心理学的考试合格、学科专业水平的考试合格、教师思想的考核合格。教师信息技术素质考核也应成为教师资格认证的重要条件。其次，教育信息化促进了教师资格认证的公开化，增加了教师资格的透明度。随着我国科学技术的发展，我国高等教育的学历认证逐步在互联网上开通。只要输入学生毕业证号、姓名，就可以找到该学生曾在哪个学校毕业。教师资格证也是在互联网上公布，可以查看该教师是否具有教师资格证。《教师资格条例》规定“弄虚作假、骗取教师资格证的，品行不良、侮辱学生、影响恶劣的”取消教师资格证。教育信息化可以促进教师利用信息技术区别教师资格证的虚伪与真实，从而有效地保障教师专业化发展。

（四）教育信息化有利于教师聘任制度的发展

《中华人民共和国教育法》第 34 条规定：国家实行教师资格、职务、聘任制度，通过考核、培养和培训，提高教师素质，加强教师队伍建设。教师与其他的行业一样要改变长期以来的国家包分配的状况，将教师岗位纳入竞争的范畴。教师信息化有助于教师聘任制度的发展表现有：第一，教育信息化能够让教师快速地获得人才招聘信息。教师招聘信息公布于互联网上，只要点击鼠标就可以查看。信息的获取速度比以前快数倍，信息的数量也有相应的增加。如此快的速度既有利于应聘者快速地获得招聘信息，也有利于招聘单位及时得到反馈信息。第二，可以提高招聘制度的管理效率。可以通过互联网把招聘单位、招聘对象、教师工资待遇等相关信息公布于众。教师只要上网就能获得信息。可以有效地防止招聘中的欺骗行为，从而保证教师招聘的公开、公平、公正、合理、有序地进行，改进教师招聘的管理工作。

（五）教育信息化可以进一步促进教育服务的理念的形成

教师是一门职业，更是一门事业，有人认为教育是“第三产业”，教师是一门服务性很强的行业。教师是教育的主要承担者，学生是教师的服务对象。教师通过信息技术与学生进行平等对话与交流，共同成长，即所谓“教学相长”，教师应是教学中平等的“首席”，而不是“权威”。教师通过信息化的过程来培养教育服务的理念，强化平等的师生关系，从而促进教育质量的提升。

二、促进教育信息化，实现教师专业化的策略

（一）教育信息化要求教师在认识观念上进行更新

首先，教师的角色定位发生改变。教师应该改变传统的教师权威角色，运用现代信息技术，以互联网为平台，与学生进行平等对话与交流，打破传统教育教学观念的束缚，从自我封闭状态走向自由、开放、澄明的交互状态。当今世界科技日新月异，已经是一个网络无处不在的时代。教师作为教学系统的一个重要组成部分，应该在一个开放、自由的系统中与学生进行“视界的融合”。教师与学生之间的关系与角色将会发生变化，教师要适应网络带来的改变，重新认识教师的角色。

其次，教师要重新定位教学活动中的学生。传统的教学活动中，教师是知识与学术的权威，教师对学生进行“填鸭式”的教学，学生只是被动的、接受式的学习，学生没有自主权。在这种教学状态下，学生严重缺乏学习的积极性、主动性、创造性。在今天的互联网背景下，学生进行探究学习，借助网络搜索资料进行创造性的学习。学生的学习积极性、主动性得到了充分的发挥，学生不再只是一个“井底之蛙”，在某些方面，可能“弟子不必不如师”（韩愈语）。所以，在网络的支持下，教师要重新审视自己的教学对象。

最后，教师要对教育中介进行再认识。教育中介是指那些在受教育者与教育者之间起桥梁作用的物质与意识的东西。教育中介包括物质中介与精神中介。教育物质中介主要指教学内容和教学工具。传统的教学活动中教师有一支粉笔、一本教材、一张黑板就能进行教学。今天的教学活动中，教室已

经成为多媒体教室了，投影仪、电脑、音响、麦克风等信息技术设备远远优越于粉笔的功能。教师没有驾驭信息技术的素质，怎么能进行教学活动？教学的工具也发生了变化，教师需要再认识教学工具。教学内容当然也不再是孔子时代的“六艺”，也不再是“四书”“五经”和“一本一纲”（教学大纲和教材），而是包括教材在内的多方面的知识内容。获得知识的手段不只是教师上课，还可以从生活中、从互联网上获得，知识不仅出现在书本上，还出现在网络中、电视媒体中。所以，教师要重新认识教学内容。

（二）教育信息化要求教师在教育教学能力方面进行不断的提高

首先，教师要掌握基本知识与技能。教师应掌握的基本知识包括：了解教育技术的基本概念；理解教育技术的一些主要理论基础；掌握教育理论的一些基本内容；了解基本的教育技术研究方法。基本的技能包括：掌握 Windows 的一些基本操作方法，能够进行 Word 文档编辑处理；掌握信息检索、加工与利用的方法，如利用 Google、Baidu 等网站进行搜索下载；掌握教学媒体选择与开发的方法；掌握教学系统设计的一般方法，如制作电子教案、采用 PowerPoint 等制作教学课件。

其次，教师要具备一定的教学应用与创新的能力。教师能够利用互联网进行查找资料，如电子教案、学术论文；教师能够利用互联网来发表教学论文，如可以申请自己的 E－mail 来进行论文投稿；教师能够利用互联网同学生进行交流与联系；教师能申请教育博客进行思想交流；教师能够利用信息技术进行教育教学管理、学生管理，能够利用加密技术对学生的成绩、学生的评价、考核进行档案管理。

参考文献

［1］王中华．体验教育信息化［J］．教育信息化，2006（2）．
［2］教育部．中小学教师教育技术能力标准（试行）．
［3］王俊贤．教育信息化与教育技术培养［J］．教育信息化，2005（4）．
［4］李克东，等．《标准》制定的思路、意义［J］．中国教师，2005（3）．

班级管理信息化

随着现代科学技术的迅速发展，以因特网（Internet）为代表的信息技术逐渐进入社会各个领域，当然教育领域也不例外。于是乎，教育现代化日益为社会广大人士所重视，而教育信息化是实现教育现代化的基础和条件，是教育现代化的重要内容和主要标志，以教育信息化带动教育现代化成为当今世界教育改革和发展的共同趋势。教育信息化涵盖了学校教育信息化、家庭教育信息化、社会教育信息化。学校教育信息化，特别是校园网在各个层次学校的开通与日益普及，网络对学生的学习与生活产生了越来越重要的影响，同时也对班主任工作的开展提出了新的挑战。作为班主任，需要通过营造学生喜闻乐见的现代信息技术氛围，来开展具有信息时代特征的班主任工作，推进班级管理信息化，以便提升班级管理的质量与教育效果，从而更好地促进学生身心健康的、全面地发展，实现教育目标。

一、班级管理信息化的界定

（一）信息化的起源

信息化（Informationalization）一词最早于20世纪60年代出现在日本的一些学术文献中，当时对“信息化”这一概念主要是从产业角度进行阐述和界定的。20世纪70年代，德国、欧共体和联合国教科文组织等国家及国际组织先后出台了一系列推动信息技术在社会中应用和发展的规划，这些规划都把信息基础设施作为重要一环。1993年9月，美国克林顿政府正式提出建设“国家信息基础设施”（National Information Infrastructure，NII），俗称“信息高速公路”（Information Superhighway）计划，其核心是发展以Internet为核心的综合化信息服务体系和推进信息技术（Information Technology，IT）在社会

各领域的广泛应用。在其带动之下，许多发达国家和发展中国家相继出台了一系列国家信息基础设施建设规划，从而带动了全球信息化建设的浪潮。教育信息化的概念是在20世纪90年代伴随着信息高速公路的兴建而提出的。我国自20世纪90年代末开始，随着网络技术的迅速普及，整个社会的发展与信息技术的关系越来越密切，人们越来越关注信息技术对社会发展的影响，“社会信息化”的提法开始出现，联系到教育改革和发展，“教育信息化”的提法也开始出现了。现在，政府的各种文件已经正式使用“教育信息化”这一概念，并高度重视教育信息化的工作。

（二）教育信息化的定义

尽管教育信息化这一概念已在我国广泛使用，但对教育信息化的定义却是众说纷纭。笔者比较认同祝智庭教授的定义：“教育信息化是指在教育领域全面深入地运用现代化信息技术来促进教育改革和教育发展的过程，其结果必然是形成一种全新的教育形态——信息化教育。”

（三）班级管理信息化的含义

笔者在对教育信息化的理解上，进一步认为，班级管理信息化是指在教育领域全面深入地运用现代信息技术来促进班级管理工作的改革与发展的过程。主要包括班级管理设施信息化、班级管理资源信息化、班级管理制度信息化等方面。

二、班级管理信息化的特性

（一）班级德育的人文性

信息技术在日益普及，校园网络的建设促进了学校班级管理工作。在信息化条件下，特别是在互联网的环境中，以计算机为媒介的交流（Computer Mediated Communication）形式下，班级德育工作的开展可以做到充分体现人文性。如学生在做错事情时，他可以在班级网络论坛上写匿名的道歉日记或忏悔录，这样可以避免因写真名而带来的尴尬，充分体现了人文性。还体现在班级德育评价中，同学之间的评价，可以通过班级网络主页上的讨论，进行实话实说而没有现实生活中班级讨论中那么多的顾忌，从而提高班级德育评价的实效性。

（二）班级管理的交互性

在班级管理信息化条件下，通过人—机交互、机—机交互实现了学生与学生之间的交互、学生与班主任之间的交互。由于计算机网络的交互包括了面对面、文字和图像以及视频媒体、程序软件等交互形式，所在学生与学生之间的交互、学生与班主任之间的交互的过程中，仍然可以拥有视听形象系统通道和视听符号信息通道。如班主任可以在网络上通过视频来与学生进行面对面的开展主题班会。学生的许多信息也可以与班主任进行交流，从而更好地实现班级管理。

（三）教育资源的共享性

通过网络能够实现教育资源的共享。许多教育资源不仅是本班的教育资源在本班级内部进行共享，而且还可以共享其他班级的资源，甚至其他学校的班级资源和其他网站的教育资源。这种教育资源有利于班主任进行班级管理工作，也有利于学生进行自我教育。

（四）班级工作的协作性

计算机支持的合作学习（Computer - Supported Cooperative Learning，CSCL)，就是利用计算机技术（尤其是多媒体和网络技术）来辅助和支持合作学习。CSCL 的交互为实现班级工作的协作创造了条件。在 CSCL 的背景下，学生可以进行集体讨论、轮流发言、流线操作来实现协作学习和协作工作。在班级网络社区，班主任可以让学生各司其职，扮演不同的角色，来协作班级管理工作。班主任还可以网络平台与任课教师进行协作管理班级，还可以与学生协作管理班级。

三、班级管理信息化的特性

（一）引导功能

班主任不仅是班级工作的组织者，班集体的指导者，也是学生健康成长

的引导者，通过班级管理信息化，班主任可以去引导学生的成长。在信息化条件下，班主任可以引导学生去学习那些先进人物的事迹，去学习卫生常识与心理保健知识，去学会尊重他人遵守社会公德，而且在虚拟网络环境中，还可以让学生进行角色扮演，使学生充分学习到做人做事的知识、态度和能力，从而引领学生成长。

（二）管理功能

通过班级管理系统的建立可以充分开展班级管理工作。班级管理系统提供了学生的学籍管理、成绩管理、考勤记录、奖惩记录、个别教育档案、班级工作计划、班会档案，以及班级工作日志、课程表、座次表、班费收支情况记录和带班老师的课程教案管理、听课记录、班级请假情况登记、学生通讯录等，这些全面地记载了班级的有效管理信息，能够为班主任进行班级管理提供重要保障。

（三）教育功能

班级管理信息化，不仅有利于管理，而且有益于教育。要进行班级管理，首先需要班主任自身学习信息技术知识，掌握技能，这是班主任自身的教育与学习。在网络条件下，学生需要了解和熟悉网络方面的知识与技能，这是学生一方面的学习，同时还可以充分利用网络教育资源进行自我教育。还有在班级管理过程中，班主任利用网络媒介对学生进行思想教育和其他方面的教育。这些都有利于教育的开展，也丰富了教育的内容，增加了教育的途径，还有利于培养学生的创新精神和创新能力。

（四）调节功能

班级管理过程中，班主任可以在网络空间进行发挥协调作用。在社会与日俱增的激烈的竞争中，学生的学习压力、心理压力也相对加大。面对学生的压力，班主任可以借助信息化手段，如通过与学生进行 QQ 聊天或在班级网络论坛中进行对话来排解，而且学生还可以与其他教师，与其他同学进行交流思想来缓解压力。面对日益复杂的班级管理工作，班主任自身也可能出现心理情绪问题，如有烦躁不安，甚至有不想当班主任的想法，班主任也可以通过网络手段来发泄和调节自己的心理情绪，从而更好地进行班级管理工作。

（五）凝聚功能

在班级管理工作中，班主任需要加强班级的凝聚力。班级管理信息化为实现班级的凝聚力提供了重要的技术手段与工具。借助信息技术，班主任建立自己班级网页、班级博客（BLOG）日志、班级网络论坛为学生提供一个虚拟的班级网络环境。在班级网络社区，班主任与学生之间的关系因为相互之间交流而更加密切，因为交流形式的开放师生关系变得更民主平等。学生与学生之间的关系，也因交流多而变得更加融洽。如此一来，班主任可以在这个融洽和谐的关系中，去激发学生为实现班级共同目标而奋斗，从而加强了班级凝聚力。

（六）交流功能

在网络化的班级环境中，交流理所当然地成为了一个不可或缺的手段与工具，班主任可以充分利用网络等信息技术手段来进行班级管理，加强班主任与学生家长的沟通，及时准确地把学生在班级中的学习、生活、思想动态等与家长进行交流，家长也能把自己孩子在家里的表现汇报给班主任，从而实现家庭教育与学校教育的一致性和连续性。当然，交流还包括了家长与任课教师之间、班主任与任课教师之间、任课教师与学生之间、班主任与学生之间等方面的交流，从而更好地进行班级管理，促进学生的发展。

四、班级管理信息化建设的措施

（一）转变观念，营建环境

推进班级管理信息化必须确立以现代教育理论为指导的班级管理创新理念。必须进一步转变思想，以现代教育理论为指导，以变革传统的教育思想为先导和动力，实现管理创新。信息化的班级管理创新，要求班主任对传统的班级管理理念、班级管理模式、班级管理方法和手段进行客观分析和取舍，根据知识经济时代对人才培养的要求，充分吸收借鉴国内外班级管理改革和实践的有益经验，探索与知识经济时代教育改革发展相适应的班级管理的新路子。班级管理信息化建设重在建设，贵在应用。班级管理信息化建设并非班主任一个人的事，还要靠学校全体师生的关心和参与，学校在班级管理信息化建设过程中，要有意识地营造一个人人都会用、乐于现代信息技术进行教学、管理和学习的大环境。

（二）建立科学的班级管理信息系统

班级管理信息系统的建设涉及信息技术和信息资源两方的建设问题。信息化班级管理手段是班级管理适应社会进步和科学发展的必然选择，是实现班级管理现代化的前提和关键。要让信息网络技术广泛渗透到班级管理的全过程，充分利用现代信息技术，建立起先进、可靠、完善的技术平台，为实现班级管理网络化和信息处理的智能化提供有力的技术支撑。信息资源的开发与建设是班级管理信息化核心内容，也是班级管理信息化建设的基础。班级管理的信息资源主要有：德育工作信息、班级活动信息、学生信息、教师信息、家长信息、班级档案信息等。班级管理信息资源的建设必须以现代教育思想为指导，合理规划、统筹安排，做好班级工作的采集和管理软件的开发。信息数据的采集，要注意数据的科学性和标准性，通过教学信息资源与信息技术的有机结合，建立起科学的班级管理信息处理系统，提高管理质量与效率。

（三）提高班主任的信息素养和信息管理能力

提高班主任的信息素养和信息管理能力是推进班级管理信息化建设的必然要求。随着我国中小学教育的发展，班级管理过程中的信息量迅速增长，以往的班级管理难以使各类信息得到及时处理，进行计算机网络化管理，才能及时高效地处理大量复杂的管理信息。随着当前中小学校园信息化进程的加速发展，班级管理信息化建设以校园网为依托，逐步建立班级信息管理系统，这就要求班主任能熟练地利用计算机进行电子文档、表格处理和数据库管理，利用校园网收发电子邮件、发布公文信息、进行文件传输与共享等工作。实现班级管理的信息化关键在班主任，只有把班主任的能动性和积极性充分发挥起来，才能使这项工作顺利开展下去。

五、结语

班级管理信息化是教育信息化的必然。实现班级管理信息化能为我国中小学教育开辟更加宽广的道路，我们期待着信息化的班级管理。笔者只是一孔之见，希望能做个抛砖引玉者。

参考文献

[1] 杨晓宏，等．全面解读教育信息化［J］．电化教育研究，2005(1)：27－28.

[2] 王中华．体验教育信息化［J］．教育信息化，2006（2)：17－18.

[3] 王平安，等．关于班级信息化建设的思考［J］．河北广播电视大学学报，2006（3)：97－98.

第六部分

教师专业发展的评价研究

新建本科院校教师教学激励机制的特色研究

——基于铜仁学院的个案

《国家中长期教育改革和发展规划纲要（2010—2020年）》中指出："教师要把教学作为首要任务，不断提高教育教学水平。"[1]可见，教师教学水平的提高备受重视和关注。为了进一步激发教师教学，需要对教师进行一定的教学激励措施，即构建教师教学激励机制。当然，新建本科院校也不例外。新建本科院校是指那些刚成立不久的一些本科高校，是针对老牌本科院校而言的，特别是指那些1999年高校扩招以来的新成立的本科院校。铜仁学院就是一所新建本科院校，于2006年经教育部批准成立的本科院校。在铜仁学院的教师教学激励机制的建设中，具有自身的特色，为新建本科院校教学激励机制的构建奠定了基础，本研究试图通过对作为新建本科院校的铜仁学院特色激励机制的形成做出思考，来反思当前我国新建本科院校教师教学激励机制特色。

一、教师教学激励的意蕴

1. 激励的理解

激励具有激发与鼓励的意思，是组织与管理过程中不可或缺的环节和活动。

2. 教学激励的解释

就是指为学校管理部门采取激励和鼓励的措施，来激发教师在教学工作中所付出更多的时间和精力，将达到更有效的教学效果，从而提高教学水平和教学质量的一种措施或者一种制度。

二、教师教学激励的价值所在

1. 教学激励是教师激励的重要组成部分

我们知道，在高校教师激励过程中，对教师激励有多种，有科研激励，有教学激励，还有其他的一些激励，但是，不管是研究型大学，还是研究—教学型大学，还是教学型大学，都需要重视教学，都需要关注教师的教学激励，都将教学激励视为教师激励的重要组成部分。

2. 教学激励是“教学为中心”的体现

大学的基本职能就是教学、科研和社会服务。可见，排在第一位的显然就是教学，不然，大学就不能被称为大学。既然教学是高校的中心工作，那么，对教师教学工作的肯定，对教师教学积极性的激发，即教学激励显得很有必要。

3. 教学激励是提高教学质量的需要

一般来说，高校教师的教学水平和教学质量的提高最关键的在于教师水平和教师投入教学工作的时间和精力。那么，构建教师教学激励机制，激发教师将更多的时间和精力投入到教学工作中已成为普遍的共识。[2]因此，教学激励是提高教学质量的需要，是激发教师积极投入工作的需要。

4. 重视教学激励，改变教学激励与科研激励的失衡

目前，许多高校往往存在教学激励与科研激励失衡的状态，过于重视科研激励，导致教学激励受到轻视甚至漠视的现象。因此，通过重视教学激励，能切实地改变这样的现状，从而提高教师教学的积极性。

三、新建本科院校的教师教学激励的特点

1. 采取教学激励与教学科研激励并驾齐驱的策略

新建本科院校主要是指那些在 1999 年大学扩招之后所形成的本科院校，而之前的院校我们可以称之为“老牌本科院校”。新与老本科院校比较，不难发现，新建本科院校基本上是一种“教学型的大学”，而不是老牌本科院校那种“研究型大学”（主要是指“985 高校”，正如武书连所认为的“将全国所有大学的科研得分降序排列，并从大到小依次相加，至得分累计超过全国大

学科研得分的61.8%为止；各个被加大学是研究型大学。”）和“教学—研究型大学”，因此，这种大学类型定位决定了新建本科院校以教学为主，以“应用型人才”为主，而非“研究型人才”。那么，在高校的教学管理过程中，需要重视教学，将教学摆在工作的第一位。所以，重视教学激励。然而，老牌本科院校则比较重视科研激励，更多地将人力、物力、财力投入到研究中去。当然，新建本科院校为了更好地促进教师的教学，激发教师们进行教学积极性，往往采取教学激励的方法。同时，还进行教学科研激励，即这种教师激励不是为纯粹的科研而进行的，而是围绕教学而开展的研究，关键在于促进教学水平和教学质量的提高，如铜仁学院在教师教学激励方面，采取教学激励与教学科研激励并驾齐驱的做法。一方面，采取教学科研激励，制定了《铜仁学院科研及文体艺术奖励办法》，重视教材的编写工作，奖励教师的教材研究，激励教师对课程与教材的研究工作。另一方面，采取重视教学方面的激励，制定《铜仁学院关于加强本科教学工作提高教育质量的实施意见》强调：“建立和完善各项教学成果奖励措施以及激励措施，促使教师把主要精力投放到教学工作中。”[3]

2. 进行制度激励和人文激励交相辉映

新建本科院校在教师教学激励方面制定了一定的激励制度，让教师能更好地具有积极性，但是，往往也采取人文激励，主要是由于新建本科院校“外部资金投入不足，融资渠道少且不畅”“整体处于弱势地位，难以获取教育资源”等问题。[4]如铜仁学院建立了相关的教学激励制度，同时，也进行了人文激励，从而使得两者交相辉映。

3. 学习和借鉴其他本科院校的教师教学激励制度

新建本科院校在教师教学激励方面，由于本科办学经验的不足，缺少对本科教学的理解和深化。但是，新建本科院校为了更好的激励教师从事教学与科研工作，往往采取学习与借鉴其他本科院校的教学激励政策，如铜仁学院在教学激励方面，往往向湖南吉首大学等西部地区老牌本科院校学习和借鉴。

4. 推进客观激励和主观激励的结合

高校教师的激励来源主要有以下几个方面：第一，学校激励，这是最主要的激励动力。第二，社会激励，包含政府激励、社会团体激励、社会公众（媒体舆论）激励等。第三，自我激励，主要是个人理想激励。[5]笔者认为，这些激励，可以分为主观激励和客观激励，学校与社会方面的激励属于客观激励，而自我激励属于主观激励。由于新建本科院校是新生事物，在社会上没有得到更多的“社会认同感”，往往被社会轻视。于是，新建本科院校在教师教学激励方面，更加重视学校激励和教师自我激励。铜仁学院在这些方面也进行了相应的努力，一方面学校积极为激励教师的教学，采取相应的措施，同时，鼓励教师进行自我教学激励。

5. 实现学校激励和同伴激励的相辅相成

新建本科院校为了促进教师教学的积极性，更好的实现教师教学激励，往往在学校层面进行激励，同时又鼓励教师之间的相互激励。铜仁学院坚持一方面给予教师教学更多的激励，让教师具有更好的条件进行教学，为教师教学创造更多的教学保障，从而激发教师的教学积极性；另一方面，学校往往采取让教师同伴进行激励，采取《铜仁学院关于举办第三届中青年教师课堂教学大赛的方案》，鼓励中青年教师积极参与教学。

四、作为新建本科院校的铜仁学院教师教学激励特色的形成

1. 加强教师教学激励的研究

新建本科院校是一个新的办学阶段，是一个新的办学水平，代表着新的事物，需要加强研究和关注。特别是新建本科院校在“院校研究”中应该具有一席之地，而教师教学激励机制的研究是其中的一个重要内容。因此，作为新建本科院校的铜仁学院关注和研究教师教学激励机制，一方面，在学校的决策层面加强教学激励机制的研究，另一方面，在教学科研中进行研究，如在2009年、2011年、2013年的教改项目都将《铜仁学院教师教学激励机制研究》列为研究课题，进一步关注对教师教学激励机制的特色的研究，进一步促进其研究在教学理论与实践中的发展。

2. 推进学校特色教师激励的发展

教师教学激励机制的特色是学校发展的一个概览，是学校特色的重要表征。通过对学校教师特色的激励，一方面，能总结教师教学激励方面的制度特色，能反映该高校在学校教师教学方面的制度特色。另一方面，能够更好地反映出学校领导和学校决策者在学校制度的制定和学校管理的政策方面的

一个特色。因此，推进学校特色教师激励的发展，能促进学校在构建区域性特色、学科特色、教师特色等学校特色的发展。

3. 运用激励理论促进教师的教学积极性

根据马斯洛需要层次论，我们知道，教师教学需要一种尊重，需要得到心理满足，需要一种高峰体验，需要得到学校领导和其他教师的认可。教学激励机制是一种期待，是一种对教学成就的肯定，是一种评价，也是一种正能量，能为教师开展自己的教学，能鼓励教师在教学过程中敢于创新，敢于发挥自己的教学个性，能提高自己的教学水平，促进教师教学的积极性、创新性和主观能动性都是具有非常大的作用。

4. 积极学习与借鉴其他高校的教学激励办法

学习是时代的需要，在新建本科院校的发展过程中，也需要不断进行学习。面对如何进行教师教学激励，铜仁学院积极学习其他高校的教学激励方法，如向贵阳学院、凯里学院等学校学习如何去激励教师进行教学，提高教学水平和教学质量。

五、深化新建本科院校教师教学激励特色的举措

1. 前提：高校决策者需要认同教师教学激励机制的特色

在教师教学激励机制构建过程中，高校决策者需要认同教师教学激励机制的价值。“高校教师教学工作的好坏，不仅与教师自身业务能力水平有关，更取决于他们的工作积极性和创造性的发挥。”[6]可见，教师教学激励机制在教学过程中具有重要价值和意义。因此，在高校教学管理决策过程中，教师需要加强教学激励机制，重视教师教学激励制度的构建，注重本学校的特色，重视本学校教师教学的激励。

2. 关键：教学管理部门需要加强教师教学激励机制的特色

毋庸置疑，激励是高校教师管理工作的核心部分。在教师的教学过程中，教学管理部门需要充分认识到教师是一个个体，更是一个群体，需要得到人性化的重视，充分认识到他们的各种心理需要和价值实现需要，通过认识到本学校教师的特色，从而构建适合新建本科院校教师教学的激励机制，而不是“人云亦云”的进行教学管理工作。

3. 基石：教师自身需要关注教师教学激励机制的特色

教师教学激励制度是基于教师、为了教师、在教师范围内进行的教师教学激励，是关系到一个学校范围的每一个教师的切身利益。因此，教师自身需要重视和关注教师教学激励，更需要重视自身的价值需要和个性化的教学激励需求。

4. 条件：科研方面需要重视教师教学激励机制的特色

在教师教学激励机制构建过程中，需要加强对该问题的研究和探索，不仅从理论上进行研究，包括对国内其他本科院校的教师教学激励机制的研究，还需要不断学习和借鉴其他国家的教师教学激励机制，通过对其他高校的学习与借鉴做到“洋为中用”，实现“他山之石可以攻玉”，当然，学习与借鉴不是照搬，而是在此基础之上构建自己学校的特色。

参考文献

［1］教育部．国家中长期教育改革和发展规划纲要（2010—2020 年）［N］．中国教育报，2010 -07 -30（1）．

［2］王辉．高校教师教学激励体系建设研究［J］．内江科技，2008（8）：56 -57.

［3］铜仁学院．关于加强本科教学工作提高教育质量的实施意见。［EB/OL］．http：//2012. gztrc. edu. cn/jxgz/ShowArticle. asp？ ArticleID = 1920.

［4］王玉丰．中国新建本科院校的兴起、困境与出路［J］．高等教育研究，2011（11）：53 -60.

［5］刘红宁．建立高校教师教学工作激励机制的探讨与尝试［J］．中医教育，2013（3）：29 -30.

［6］方国娟，陈益林．高校教师教学积极性激励策略研究［J］．大学：学术版，2010（11）：21 -27.

高校教师教学激励的问题影响因素与对策

——基于铜仁学院的个案

2010 年颁布的《国家中长期教育改革和发展规划纲要（2010—2020 年）》中强调："大力提高高校教师教学水平、科研创新和社会服务能力，引导教师潜心教学科研，鼓励中青年优秀教师脱颖而出。"[1] 于是乎，高校逐渐认识到大学的三个基本功能就是"教学""科研""社会服务"。然而，教师教学是大学最基本的功能。因此，高校对教学和教师教学水平逐渐重视起来，而对于教师教学激励问题也得到了更多的"共鸣"。毫无疑问，高校教学激励一直是一个备受重视的问题，但是，在高校教学激励的过程中，却往往出现这样或者那样的问题，究其原因主要在于教师自身的原因，学校决策者的原因。为了促进高校教师更好地教学，高校需要采取相应的策略来促进教师教学的积极性，不断激发和激励教师的教学主动性，能动性和创造性。笔者以铜仁学院为个案进行相关的研究。

一、高校教师教学激励的问题

1. 教学激励受到忽视

在高校科研备受重视的前提下，教学往往被遭遇"冷门"，那些兢兢业业、踏踏实实的从事教学的教师往往在职称评定、年终奖、评优等方面遭到不合适的回报。而那些搞科研的、申报课题的、写书的教师却常常备受重视甚至重用。这样一来，许多致力于教学的教师就产生一种懈怠心理，甚至过着"做一天和尚，撞一天钟"的日子。

2. 科研激励与教学激励的失衡

在大学建设过程中，为了更好地突出学校的成绩，往往学校在科研激励方面比较重视，但是对教学激励却是显得不够重视，诸如铜仁学院在科研方面一直就比较重视，制定了《铜仁学院科研成果奖励办法（试行）》《铜仁学院科研及文艺创作奖励办法》等校级文件。但是对于教学方面取得的成果却很少关注。可见，高校科研激励与教学激励的失衡。

3. 教学激励缺少制度保证

一般来说，对于科研成果的评定、科研成果的奖励等方面，高校都具有自己一套评价方式和评价指标，都受到重视和关注。并且在学校制度层面上得到保证和实施。例如，铜仁学院每一年都根据《铜仁学院科研及文艺创作奖励办法》进行科研奖励，并在学校网站和学校的报刊栏中张榜公布，以激励更多的教师去从事课题申报和论文发表工作。但是，对教学方面却不存在制度化的保证。

4. 教学激励文化的缺失

在高校教学过程中，教师的积极性缺乏，教师教学激励没有受到关注，在教学方面，不管是管理层面，还是教师层面，都没有形成一种重视教学，特别是重视本科生教学的局面，因此，高校教师教学激励文化没有形成。

二、高校教师教学激励的影响因素

1. 学校管理者的因素

第一，大学行政化严重。高校教师教学激励机制的形成与大学管理者是分不开的，毕竟大学校长是学校的灵魂，校长及其管理团队的决策直接影响到教学激励机制的形成。在当前，大学行政化严重的视域下，教师更多的是关注“官”、“钱”，“学而优则仕”，在今天得到的新解就是一方面在学术上有成绩的教师能步入到“官”的级别，能做到“加官晋爵”。另一方面在教学上能得到更多的领导赏识和学生认同的教师也能“名利双收”，这样一来，那些“学而优”的教师就汲汲于“做官”和党领导，对教学不重视了。以铜仁学院为例，那些学位高、职称高、科研成就大、教学水平高的教师往往更重视和热衷于去当领导，对教学却不够重视，等等。那些真正去认真教学的教师积极性就受到挫伤，教学激励无从谈起。第二，不求有功但求无过的心态。在新建本科院校中，往往是更多地强调“千万不能出错”，这是游戏规则或者说“潜规则”，因此，教师在教学中只是“不求有功但求无过”，不去进行教学改革和教学创新，也无所谓教学激励。当然，管理者因素还有其他方面在影响着教师教学激励机制的形成。

2. 教师自身的因素

在教学激励机制的构建中，教师自身对教学激励的认同程度，对教学激励的态度和情感等方面都影响和左右着教师的教学激励。一方面，教师对教学自身的认同度不高，更多的时候教师认为“教学有无激励都行”，使得教学激励得不到相应的认同。另一方面，对教师教学激励机制的建设不够重视，没有去努力争取。

3. 社会性原因

“大学无特色是中国大学最大的特色”。我国高校的千篇一律和趋同化，已经是不争的事实。在一些重点大学，特别是研究型大学中，都重视科研，这是属于正常的现象，但是一些新建本科院校，也学习其他的院校，采取重视科研，轻视教学的做法，以至于教学与科研天平的倾斜，导致对教学的不重视，那么，对教学激励也就不重视了。

三、高校教师教学激励的对策

1. 教师教学激励理论的关照

在高校教师教学激励过程中，我们需要认真的思考有哪些理论在起着重要作用，因此，我们需要去思考诸如激励理论、期望理论、积极心理学激励等理论对高校教师教学激励的关照。笔者认为，当前，首先重要的理论是期望理论和马斯洛需要层次理论。通过期望理论和马斯洛需要层次理论，我们可以让教师在教学工作中获得更加明白对其工作的积极性的期待，对其教学工作需要的满足。

2. 促进教师科研激励与教学激励的平衡

不可否认的是，在当前高校激励中，科研激励和教学激励是两种重要的激励方式。但是，在两种激励的过程中，往往显得不平衡，或者过于重视科研激励，或者重视教学激励，而更多的是重视科研激励。因此，为了进一步促进教师的教学工作，为了提高教师的教学积极性，学校需要进一步规范教师的教学激励。如铜仁学院进一步将教学与科研结合起来，让通过科研来促进教学。反之，通过教学来提高科研，从而实现教学与科研之间的互动，达到教师科研激励与教学激励的平衡。

3. 促进教授治学

教授治学是当前大学内部管理体制改革的重要内容，是教授参与学术管理和大学事务管理的重要表现，既能促进大学管理决策的民主化和科学化，也能彰显大学特色。[2]可见，通过大学教授治学，能更好地化解大学国语行政化的局面，同样对于促进教师教学的积极性，教师参与教学管理的主动性都是一个重要举措。

4. 完善教学奖励机制

为了进一步促进教学奖励机制的形成，需要完善教学奖励制度。第一，教学奖励应有足够的力度。第二，精神奖励与物质奖励相结合。第三，设立教学名师计划，明确教学名师的责任与义务。

5. 加强高校教师教学激励的研究

高校教师教学激励是一个重要的大学研究内容，特别是大学章程的研究，大学的内部管理机制研究，大学教学管理创新研究等高校研究。因此，加强高校教师教学激励研究，一方面，可以提高学校研究特色；另一方面，通过该研究能进一步形成教学激励机制，为促进教师教学的开展，提高教师教学的效果都是大有裨益的。

总之，“激励因素对教师教学效能有着深刻的影响，激励因素与教师效能普遍呈现正相关”。[3]因此，当前进行高校教师教学激励机制研究具有深刻而重要的意义。

参考文献

[1] 教育部．国家中长期教育改革和发展规划纲要（2010—2020 年）[N]．中国教育报，2010－07－30（1）．

[2] 李水霞，王中华，熊梅．教授治学的文化困境与出路［J］．现代教育管理，2013（7）：27－31.

[3] 赵鑫全．激励因素对高校教师教学效能的影响［J］．中国劳动关系学院学报，2012（3）：107－109.

质量观转型视域下的大学教师评价制度

美国教育社会学家马·特罗指出，以毛入学率为标准，将高等教育划分为精英教育阶段（15%以下），大众化教育阶段（15%～50%），普及教育阶段（50%以上）三个阶段。1999年以来的高等教育的扩招，标志着我国高等教育大众化时代的来到，到2009年我国高等教育在学规模达到2979万人，毛入学率达到24.4%，到2020年预计达到3550万人，毛入学率达到40%。可见，我国高等教育已经步入大众化教育时代。在高等教育大众化时代，不仅是“量”的扩张，也是“质”的变化，包括“教育观念的改变，教育功能的扩大，培养目标和教育模式的多样化，课程设置、教学方式与方法、入学条件、管理方式以及高等教育与社会的关系一系列的变化”。[1]近些年来，社会普遍反映和呼喊高等教育质量因为数量的扩张而质量下滑，尽管高等教育大众化的变化，但是“质量：高等教育的永恒主题”[2]。因此，我们需要关注高等教育质量，而“高等教育质量的保证，主要靠教师”[3]。所以，提高高等教育质量的关键还是在高等教师的质量，在于高校教师队伍的建设。《国家中长期教育改革和发展规划纲要（2010—2020年）》中指出，以中青年教师和创新团队为重点，建设高素质的高校教师队伍。大力提高高校教师教学水平、科研创新和社会服务能力。[4]我们要建设高素质的大学教师队伍，首当其冲的就是需要判定与评价什么样的教师才是优秀的教师？没有对大学教师的正确定位与判定，我们很难达到对大学教师队伍整体建设。同时，科学、合理的大学教师评价制度的构建也是现代大学制度建设中比较重要的一环，因此，我们需要重视现代大学教师评价制度的建设。然而，高等教育大众化时代的质量观不同于传统精英高等教育阶段将“质量”等同于“唯一”“高标准”“优秀”以及“卓越”，而是丰富的、多样化的。[3]在高等教育质量观大众化时代开始发生转型。那么，在高等教育质量观转型过程中，我们将如何去构建大学教师评价制度呢？笔者基于对高等教育质量观的变迁视角对大学教师评价制度进行些许思考与探究，期许能为我国现代大学教师评价制度的构建提供微弱的建议与参考。

一、大众化条件下我国高等教育质量观的转型

教育质量观是指：“对教育工作及学生质量的基本看法。主要着眼于对学生质量的评价，因学生质量取决于教育工作质量。”[5]高等教育质量观是指人们对高等教育质量的看法和观点，对高等教育中的教学水平、科研能力、社会服务能力等大学教师质量和办学质量以及学生毕业时所具有的创业能力和就业能力等学生质量的一种评价。同时，我们认为高等教育质量观不是静止不动的，而是随着经济和社会发展，人们对高等教育规律认识的加深在不断地变化。在我国高等教育改革过程中，我们需要认识到高等教育质量观在进行转型。

（一）从唯一性的高等教育质量观转向多样化的高等教育质量观

教育质量标准可以分为两个层次，一个是一般的基本质量要求，另一个是具体的人才合格标准。对高等教育来说，前者所指的是一切高等教育，都要依据我国教育目的和高等教育一般培养目标，培养德、智、体、美全面发展，人文素质和科学素质结合，具有创新精神和实践能力的专门人才；后者所指的是依据各级各类高等教育的具体培养目标所规定的质量要求，是衡量所培养的人才是否合格的质量规格。[1]但是，在我们传统的高等教育质量观中，过分强调培养那种精英标准，以学术性来判定学生的成功与否，更多的是重视知识与技能的获得，忽视了学生的创新能力和实践能力的培养，关注学生的学术性标准，忽视了学生的职业性标准。因此，可以说我们过去的高等教育质量标准注重的是一般的基本质量要求，注重大而空的标准，全国大学一个模式，没有考虑到大学有研究型大学、教学型大学、创业型大学等多个层次和类型结构的定位。我们只是一味地去强调培养专门人才，忽略了复合人才、T 型人才的培养。在当前高等教育改革过程中，我们需要具有多样化的高等教育质量观：研究型大学必须坚持学术质量观、一般本科院校必须树立社会需要导向的高等教育质量观、普通专科教育应当坚持个人选择导向的高等教育质量观、社会办高等教育可以坚持市场需要导向的质量观。[6]

（二）从静态的目标质量观转向动态的过程质量观

在过去的高等教育质量观中，我们更多的是强调“高等教育的任务是培养具有创新精神和实践能力的高级专门人才，发展科学技术文化，促进社会主义现代化建设”。“高等教育必须贯彻国家的教育方针，为社会主义现代化建设服务，与生产劳动相结合，使受教育者成为德、智、体等方面全面发展的社会主义事业的建设者和接班人。”[7]可见，我们高等教育质量观往往是一种静态性的目标定位性的，而不是动态的过程性的教育质量观，没有看到在高等教育过程中，高等教育内部本身在发生着变革，特别是在今天高等教育大众化条件下，我们高等教育培养的人才必须更加关注学生的创新能力、就业能力，关注高等教育的学术标准和品质的同时，需要关注学生的通识教育，培养学生的学习能力以及创业能力，关注学生的学习兴趣和学习愿景等动态的过程性教育质量。因此，我们高等教育质量观需要从大而空的口号式的教育质量观转向实体性的大学教育内部过程的教育质量观。

（三）由外部质量观转向内部质量观

一直以来，我们高等教育行政化的取向严重。“大学行政化的问题可以分两个层次，一个层次是大学内部：校长、院长、校内行政领导和教授应当是什么关系；一个层次是大学外部：政府教育行政部门和大学应当是什么关系?”[8]一方面导致高等教育的政治化功能过分夸大，大学往往是行政命令的附属物，高等教育质量的高与低由领导说了算，高等教育质量的评定与行政有着千丝万缕的关系。另一方面大学内部行政化，也就是大学教学质量的“好”与“差”由行政领导说了算，这是一种外部质量观。在今天的高等教育大众化时代，我们需要遵循大学的学术自由、大学办学自主权，大学去行政化，关注大学内部质量观，关注大学办学规律，关注“大学者，非有大楼之谓也，有大师之谓也”。重视大学有大师，有大师才有名校，关注大学内部的教学质量和学生的学习能力与创新能力的培养。因此，我们高等教育质量观需要从由外部质量观转向内部质量观。

（四）从社会需求定位的质量观转向个性化需要的质量观

我国传统意义上的高等教育质量观是从社会定位出发的，只是考虑社会的需求，也就是说社会需要什么规格的人才，我们就办什么样的大学，培养什么样的人才，没有考虑到进入大学的学习者的需要。即不管你是否对大学和专业感兴趣，只要将学生招录过来，学生是没有选择余地，而且在大学培养过程中，开设的专业与课程学生是没有自由选择的权利。因此，在今天高等教育大众化时代，高等教育质量观需要转向个性化需要的质量观，大学学习者具有更多的选择自由，可以选择课程，也可以选择教师，还可以进行学校与专业的选择。这样一来就注意到学生的学习愿景和职业兴趣，关注到学生的学术性与就业性等方面的选择，关注到学生的个性化需要。

（五）从产品质量观到顾客质量观

产品质量观主要有两个方面，一方面是产品符合规定，另一方面是适应市场的需要。高等教育产品质量观主要是指培养出来的大学生达到了大学教育毕业要求和规定，实现了大学教育目标，大学培养出来的毕业生能找到工作，能实现就业。一直以来，我们国家高等教育采用产品教育质量观，即大学培养的毕业生达到德智体全面发展的专门人才，符合大学毕业的规定的课程学习，能达到考试分数的及格以上，同时实现大学生就业，发展到后来我们以大学就业率来判断一所高校的教育质量，即：“高等教育产品质量观认为，高等教育的产品是学生，高等教育适应市场的需要就是要适应人才市场的需要，按照人才市场的需要培养适销对路的人才。”[9]这是我们一贯坚守的高等教育产品质量观。但是在高等教育大众化过程中，出现了大学毕业生就业困难，学生的创业能力和创新能力不强，学生的学习兴趣不高和学生缺乏个性等不良情况。因此，高等教育质量观需要实现转型，需要考虑到“顾客”的利益和需求，需要转向顾客导向的教育质量观。明确学生、家长、政府、企业都是学校的顾客，办学必须坚持顾客导向，站在顾客立场上思考，从顾客的需求出发，实现顾客价值、达成顾客满意并积极引导顾客需求。[10]

（六）从本土化质量观转向国际化质量观，即从封闭质量观走向开放质量观

高等教育国际化已经是当代教育发展的一种趋势，特别是我国在加入WTO以来，我国高等教育逐渐融入国际社会，我国提出了“坚持以开放促改革、促发展。开展多层次、宽领域的教育交流与合作，提高我国教育国际化

水平”的目标，将我国高等教育深入国际社会中，不断加强与世界一流大学的交往与沟通，实现经验交流和资源分享，并努力建设达到世界一流大学的水准。在构建世界一流大学的高等教育国际化进程中，我国高等教育质量观也开始从本土化的教育质量观开始向国际化的教育质量观，借鉴美国等发达国家“世界一流大学”的高等教育经验，改变我国高等教育质量观的封闭状态，形成开放的、交流状态的教育质量观。

（七）从单向的质量观转向整体的质量观

高等教育质量观是一个系统的质量观，而不是一个片面的，单向的质量观，但是我国往往只是注重培养人才，关注高校毕业生质量，重视其知识与技能的学习的考核与评价，而又忽视学习者的创新能力与实践能力的评价；往往忽视了对大学教师的质量的评价，而在大学教师评价的质量观上又侧重于大学教师的教学能力与教学水平的评价，忽视大学教师在科研质量方面、社会服务质量的评价。可见，以往的高等教育质量观显得片面和单向，缺乏整体性的质量观。实际上，“教育质量观应是对教育质量内涵的全面评价、整体性的评价，也即教育质量观应包括对教育服务质量的认识与评价，还包括对受教育者发展程度质量的认识与评价”。[11]因此，我们需要高等教育质量观需要实现从单向的质量观转向整体的质量观转型。

二、高等教育质量观转型视域下现代大学教师评价制度构建

（一）在大学教师评价理念上树立以促进大学教师专业发展为主

大学教师的评价是对大学教师的教育与教学质量的一种判断与评定，确定大学教育质量的高低与大学教学的有效性与否。在大学教师评价之前，我们需要确定其评价理念，即我们采取什么样的评价来判定教师的教学效果，我们评价大学教师的目的是什么？这是一个逻辑起点和前提基础。当前，我们大学教师评价注重教师的硬性指标，如科研项目的级别是否是国家级部级科研项目与科研论文是否发表在 SCI、EI 或者 CSSCI 等检索来源期刊级别上的数量，更加可以说是一种绩效评价。但是绩效式的教师评价是一种以目标为核心的评价，评价的重心指向教师工作的绩效，往往通过一定的量化指标

来反映教师的工作成果及目标的实现程度。[12] 在这种量性评价的基础之上，很难促进大学教师的教学积极性和社会服务的积极性，更多的教师将精力和时间用于科研上去，从而轻视大学教师的教学质量。因此，在当前高等教育质量观的转型的背景下，大学教师评价制度需要进行改革，注重大学教师评价的“质”与“量”的结合，构建大学教师制度，使大学教师评价“目的是促进教师的专业发展与提高教学效能”。[13]

（二）在大学教师评价目标上，需要做到目标定位明确、全面、体现层次性

第一，树立明确的大学教师评价目标。对于教师评价目标认识不清晰，势必引起评价实践工作的混乱。缺乏教师评价的明确目标，会带来评价者事先意想不到的后果。从而产生教师评价的负效应。[14] 因此，我们大学教学评价需要树立明确的评价目标，一方面通过大学教师评价促进大学教师的教学积极性，提高教学效率和质量，同时也提高科研和学术水准以及提高社会服务能力。另一方面通过大学教师评价来促进大学教师参与到学生的学习中来，与学生形成学习共同体，形成学生的创新能力和创业能力，提高大学生的质量。

第二，大学教师评价目标要全面，形成整体性大学教师评价体系。在日本大学教师评价体系中，有 80% 以上的大学把评价目的设定为“根据教师自我检查改变教学和科研意识”和“激励教师个人教育科研水平的提高”。另外“激励教师争取外部的科研资金”“推进教师个人对社会的贡献”“提高教师间的公平性和认同感”“明确教师个人期望的工作内容需求”“教师个人目标和组织目标的互动”“精简机构，减少财政支出，实现教师业务的平均化”。国立大学的目标设定侧重于“向社会说明责任”，私立大学实现“教师资源重组”的倾向比较明显。[15] 可是，在我国大学教师评价的目标显得“大而空”、显得很宽泛，但是没有形成一个整体性。因此，我们大学教师评价需要全面评价教师的教学、科研、社会服务等多方面的全方位立体性的评价教师。一方面可以促进大学教师评价中的公平性、公正性、公开性；另一方面也可以促进大学教师提高教育质量的动力。因此，我们需要对大学教师评价目标需要做到全面和整体性。

第三，做到大学教师评价的层次性。“不以规矩，不成方圆。”我们不对

大学教师进行评价是行不通的，但是对大学教师采取同一个评价方式也是行不通的，而且是有害的。一个不争的事实是，在我国大学建设过程中大学之间存在地区差距，存在大学层次的差距，有国家教育部管理的部属院校，有属于省级管理的大学，也有地方性院校，而且有些大学属于研究大学、有些大学是属于教学型大学、有些大学是属于创业型大学，不一而足。那么，不同的差异性的大学能用一个标准去评价和衡量大学教师吗？答案是否定的。因此，我们在评价大学教师时，需要根据高等教育质量观的不同具体要求，做到大学教师评价的层次性。

（三）在大学教师评价内容上，关注教学、科研、社会服务等方面的整体评价

在大学教师评价指标体系中，我们需要采取什么样的指标体系来对大学教师评价进行评价呢？这是关切到大学教师评价的具体操作层面的内容。有的学者认为大学教师评价需要以教师素质、教学质量、科研成果、工作成绩作为评价指标。[16]有的学者认为大学教师评价“应将大学教师评价模式由现行的综合评价，转变为教学与科研的双轨道评价”。[17]我们认为，在大学教师评价体系构建中，需要将大学教师的教学质量、科研质量、社会服务质量等三个大的方面来综合评价，不仅考虑到教师的教学水准、指导学生学习的质量，同时关注他们的科研质量以及社会服务质量。因为当前高等教育质量观转型，不仅需要关注学生的知识与技能学习的质量，而且关注学生的创业能力和就业能力以及学生的创新精神和实践能力的培养质量等方面，在这样的境遇下，大学教师评价指标体系需要进行改进和完善，体现大学作为教学、科研、社会服务等传统的大学功能，以及新的功能：知识转化、促进就业和终身学习。[18]

（四）在大学评价主体上，关注教师自我评价、学生评教、同行评价、教师委员会评价

1. 大学教师自我评价

教师自我评价是大学教师按照一定的目的和标准对自己的职业素养、言行以及思想、个性等方面进行自我判断和评定，这是尊重教师主体性评价的重要体现。同时，教师自我评价是教师专业自主发展的内在需要，也是教师专业化发展和完善的动力机制，还是当代大学教师评价发展的一种趋势。通

过自我评价，提高大学教师自律能力和自觉性，提高教师的主动性和能动性，积极为提高高等教育质量服务。

2. 大学教师同行评价

同行评价是大学教师评价中的重要主体，因为“隔行如隔山”，同行对大学教师的了解程度更高，从理论上讲应该是比较可行的一种评价，但是目前我国大学教师同行评价存在评价机制不健全、评价不客观、评价不透明等不足。[19]因此，我们需要加以改革和完善同行评价。

3. 学生对大学教师评价

学生对大学教师评价是学生的一种权利。特别是在“个适性教育质量观”下，学生对于大学教师具有选择的权利，同样，学生对于大学教师的教学质量和科研质量、社会服务质量等方面可以进行评价，可见“学生评教是高等学校教学质量保障的根本制度”。[20]因此，在大学教师评价过程中，我们需要完善学生评价教师的评价体系。

4. 教师委员会评价

大学教师评价改变过去过于行政化的评价以后，特别是在“教授治校”的前提下，成立大学教师委员会，通过教师委员会对教师教育工作的肯定或者否定的评价，从而进行奖惩，实现通过大学教师委员会的评价来促进大学教师教育质量的提升。

（五）在大学教师评价原则上，需要注重科学性、多元化、去行政化、人本性

第一，科学性原则。在大学教师评价过程中，需要坚持科学发展观，以“评价的目的不是为了证明，而是为了发展”的评价为导向，通过评价促进大学教师的个体发展，实现大学教师队伍的发展。第二，坚持多元化原则。在评价大学教师时，需要关注多元化，从多方位对大学教师进行评价，实现让每一个大学教师都能通过评价实现一定的发展和成功，而不是通过评价来打击教师的教育积极性和上进心。因此，应该避免采取单一的评价指标体系来评价大学教师的教学、科研、社会服务等。第三，去行政化原则。大学行政权力与大学学术权力关系是我国高等教育教学管理中一种比较棘手的问题，是一对需要亟须解决的矛盾。在大学教师评价过程中，我们需要进行高校教师评价机制的“去行政化”。[21]从而加强大学教师的学术自由权利，提高学术

权力在大学教师评价过程中的分量，赋权大学教师的教学自由和学术自由，给大学教师以专业发展的空间。第四，人本性原则。我们大学教师评价也需要反对那种冷漠地以绝对的数量化的指标来衡量大学教师的教育工作的成果，而需要采取质性评价、过程性评价，关注大学教师的教学“在场”，重视教师教学过程的评价，注重评价方式的人文化，将教师看做是一个“人”，而不是教学机器和教育工具，同时需要扩展科研评价的内涵，立足采纳切合高校自身办学定位的科研评价内容和方式，以凸显教师主体性的自我评价为主导，坚持评价主体的多元化；重视评价的反馈环节，赋予教师充分的话语权。[22]

（六）借鉴美国等世界一流大学的教师评价制度，构建中国特色大学教师评价制度

随着高等教育国际化，我们大学教师评价制度也需要适应国际化的趋势，同时实现超越和创新，构建中国特色的大学教师评价。一方面，我们需要借鉴美国等世界一流大学比较完善的大学教师评价制度，如美国大学教师评价是随着时代的发展不断变化的，教师评价的理念、类型、方法、技术及其所面向的对象一直处在变革中。总的来看，教师评价特别是教学评价变得越来越复杂化，从非正式的、简单的评价发展为正式的、全面的、系统的评价，从量化的、描述性的评价发展为多元的、价值判断，从研究评价发展为教学评价和服务评价，从聘任评价、晋升评价、终身教职评价发展为年度评价、终身教职后评价。[23]另一方面，在借鉴和学习别国大学教师评价制度经验的基础之上，我们需要构建中国本土化的、适合我国国情的、符合当前大学实际状况的大学教师评价制度，以便推进我国高校教师队伍建设，促进我国高等教育质量的提高。

三、结语

在当前高等教育质量观转型过程中，高校教师评价制度也需要重新构建，以便适应不同的教育质量标准。一方面便于大学教师更好适应高等教育质量观的变迁，为大学学习者提供适合其发展的个性化教育，也为社会与市场培养适销对路的人才，而且还跟上高等教育国际化发展的步伐。另一方面也有利于大学生教师的专业发展以及中国特色的高校教师队伍建设。

参考文献

[1] 潘懋元．高等教育大众化的教育质量观［J］．江苏高教，2000（1）：6，7.

[2] 张传燧．质量：高等教育的永恒主题［J］．湖南师范大学教育科学学报，2009（3）：12.

[3] 蒋冀骋，徐超富．大众化条件下高等教育质量保障体系研究［M］．长沙：湖南师范大学出版社，2008：13，25.

[4] 教育部．国家中长期教育改革和发展规划纲要（2010—2020 年）［N］．中国教育报，2010－07－30（1）．

[5] 顾明远：教育大辞典（上）［M］．上海：上海教育出版社，1998：798.

[6] 戚业国．论高等教育大众化时代的教育质量观［J］．高等师范教育研究，2002（2）：44.

[7] 中华人民共和国高等教育法．

[8] 丁东，谢泳．大学行政化与高教大跃进［J］．民主与科学，2007（3）：33.

[9] 漆新贵，蔡宗模．产品质量观、服务质量观与大学人才培养模式的转型［J］．国家教育行政学院学报，2009（9）：56.

[10] 成丙炎．顾客导向视野下的高职教育质量观［J］．中国成人教育，2009（23）：43.

[11] 魏宏聚．教育质量观的内涵、演进与启示［J］．教育导刊，2011（1）：8.

[12] 杜育红．教师评价：注重绩效还是促进发展［J］．教育理论与实践，2004（7）：29.

[13] 陈玉琨．教育评价学［M］．北京：人民教育出版社，1999：98.

[14] 徐延宇．大学教师评价目标的反思［J］．学园，2009（2）：43.

[15] 苏君业，尹贞姬．日本大学教师评价制度及借鉴［J］．大连大学学报，2010（5）：122.

[16] 姜伏莲，张丽．普通高校教师评价指标体系［J］．泉州师范学院学报：社会科学版，2004（1）：23.

[17] 付八军，冯晓玲．大学教师评价的双轨制 [J]．辽宁教育研究，2008 (6)：86.

[18] 王洪才．大学“新三大职能”说的缘起与意蕴 [J]．厦门大学学报：哲学社会科学版，2010 (4)：5.

[19] 周美丽．大学教学同行评价的现状及对策分析 [J]．当代教育理论与实践，2011 (9)：55.

[20] 别敦荣，孟凡．论学生评教及高校教学质量保障体系的改善 [J]．高等教育研究，2007 (12)：78.

[21] 张杰．高校教师评价机制的“去行政化” [J]．现代教育管理，2011 (9)：69.

[22] 熊岚．人本取向的高校教师评价研究 [J]．高校教育管理，2007 (1)：48.

[23] 叶赋桂，田静，罗燕．美国高校教师评价的变革及其动因研究 [J]．教育学报，2008 (5)：80.

论终身教育理念下的教师终身教育体系构建

一、终身教育的含义

终身教育（Lifelong Education），作为一种教育理念、教育思想、教育原则，自古代开始就有之。但是随着科学知识和技术的进步、人口增长、自由闲暇的时间增加、思想意识形态的危机等情况的出现，终身教育被日益受到关注，特别是《终身教育引论》的出现，震撼了整个世界的教育界，世界各个国家不断关注与重视之。到今天，终身教育在我国的理论研究和实践已经广泛开展，终身教育已经成为“与生命有共同外延并已扩展开社会各个方面的这种连续性教育”。

二、终身教育的内容

1. 教育机会均等

第一，继续教育和在职培训是符合经济、民主的要求。通过继续教育和培训能够提高竞争力，为个人更新知识提高机会和提供晋升的可能性。第二，引起继续学习的欲望是终身教育的价值所在，给更多的人提供继续教育和继续学习的机会。第三，机会均等是一个重要原则。

2. 终身教育建立在四个支柱的基础之上：学会认知、学会做事、学会共同生活、学会生存

学会认知的途径是将掌握足够广泛的普遍知识与深入研究少数学科结合起来，以便从正身教育提供的机会受益。学会做事，主要获得能够应付许多情况和集体工作的能力，在学习与工作交替的教育发展中进行的。学会共同生活本着尊重多元性，平等了解，在学习中也应学会共同生活。学会生存，以便更充分地发展自己的人格，并增强自主性、判断力、个人的责任感。“四大支柱”基础之上的终身教育注重把教育作为一个整体来加以设计，强调四大能力的培养。

3. 终身教育的终身性

终身教育是持续的，贯穿一生的各个过程。终身教育反对学校教育和成人教育之间的分裂现象。从时间上来看，终身教育倡导教育和学习是从一个人出生到死亡的全过程，即“活到老，学到老”。终身教育通过各种形式的教育方式来补充学校教育，将家庭教育，学校教育和社会教育三位一体的沟通和连接起来。学习与工作不是一个绝对的分裂过程，职业培训既包括在学校教育过程中，也将发生在职业岗位中。终身教育的空间、方式、时间都打破了原由教育概念的局限性，充分体现出终身教育的终身性。

4. 终身教育密切联系生活

终身教育建立在“终身、教育、生活”等基本术语之上的。终身教育与生活的联系非常缜密。终身教育强调在生活中接受教育，同时可能也给他人以教育，每个人终身都在作为所属社区的社会环境中学习与生活，“所属社区具有巨大的教育影响，不论在学习合作方面，还是在可能以更深入的方式积极学习公民的权利与义务方面，都是如此”。终身教育理论认为参加社团、宗教团体和政党等活动也可以促进其学习。

5. 寻求教育的协同作用

（1）需要寻求教育形式和教育环境的多样化和互补性，满足社会表达的多样性和教育途径的多样化。

（2）教育已经成为社会所有人的事情。教育不仅是学校教育工作者的工作内容，而且涉及了社会全体公民的切身利益。

（3）继续教育和培训不仅符合文化发展需要，而且符合迅速变革社会中的每个人积极自力更生方面的至关重要的新要求。

6. 自我教育

（1）自我决定希望学习的课程数目、课程内容和进度。

（2）自己选择教育和学习时间。

（3）自我选择学习和培训的方式。

三、终身教育理念下的教师终身教育体系构建

（一）教师需要树立终身教育理念

终身教育是21世纪的重要的教育概念。建构教师终身教育体系，首先，

需要教育理念的形成，让教师树立持续专业化发展、继续教育与在职培训、终身学习等教育理念。其次，从教育教学理念的转化进行构建，让教师树立终身教育理念下的师生关系，教育教学观念。

（二）教师成为终身学习楷模

常言道：学高为师，德为范。这个观点说明教师需要做学生的榜样，那么在终身教育理念下，教师需要成为终身学习的楷模。而且我们从我国的《中小学教师职业道德》规定："崇尚科学精神，树立终身学习理念，拓宽知识视野，更新知识结构。潜心钻研业务，勇于探索创新，不断提高专业素养和教育教学水平。"从中我们可以看出，教师需要不断更新知识与能力，具备终身学习的能力。从"美国教育者誓词"中"我还将坚持不懈地维护这一信念——鼓励并尊重终身学习和平等对待所有的学生"。也可以看出，教师需要成为终身学习的楷模。

（三）实现教师职前教育与在职教育的一体化

从师范教育发展到教师教育，这个是教育理论和实践的发展。教师教育包括了职业教育和在职教育培训。在传统的教育理念下，教师教育的职业教育和在职教育是分裂的，这样不利于教师教育的一体化发展。在终身教育理念下，关注教师职业教育与在职教育、培训的一体化。

（四）构建教师继续教育和在职培训的法律保障

第一，国家需要在教育法规上把终身教育和终身学习作为每一个公民的权利和义务。教师作为公民有权利和义务去接受终身教育，并付之终生学习。第二，需要专门制定《中华人民共和国教师终身教育法》，诸如教育经费的筹集、教育资源的配置、监督评估的实施、考核发证的渠道、助学奖励的标准、管理职能的归属等，均做到能在法律上有法可依，形成教师终身教育体制和运作机制，以规范和保障教师终身教育体系的构建。第三，除了在法律上明确教师终身教育外，还需要采取具体的法律法规来保障教师终身教育的顺利发展。

（五）形成民主和谐、开放的师生关系，形成学习共同体

"学习共同体"（Learning Community）或译为"学习社区"。学校班级学

习共同体是由学习者（学生）和助学者（教师）共同组成的，以完成共同的学习任务为载体，以促进成员全面成长为目的的，强调在学习过程中以相互作用式的学习观作指导，通过人际沟通、交流和分享各种学习资源而相互影响、相互促进的基层学习集体。它与传统教学班和教学组织的主要区别在于强调人际心理相容与沟通，在学习中发挥群体动力作用。学习共同体的构建，有利于终身教育理念下的合作、开放、和谐的师生关系的建立，有利于教师终身教育体系的建立。

（六）教师终身教育体系的监督机制

教师终身教育体系的建立必须以一定质量作为保障，最大限度地开发教师的潜在能力，包括思想品德、智力和身体、心理等综合素质的提高，要特别注重培养教师自主更新知识、新技术的能力以及创新能力。同时要制定相应的质量监督体系与评价指标，并根据不同层次、不同类别的情况进行有效的督察。第一步，要在党和政府的监督下建立一个教师终身教育中心，可以专门设立，也可在高等教育机构内部设立，专门从事教师终身教育的调查研究，校内学习情报的收集以及在校内推行教师终身学习活动。第二步，要组建教师终身教育评估机构，主要是评估教师继续教育和在职培训的开展实施情况，既包括对教师继续教育实施机构的评估，也包括对教师个体及群体的评估。第三步，创建教师终身教育网络系统，方便、快捷地向教师提供有关终身教育资源和信息。向教师介绍学习的场所、费用、时间等内容，能随时对教师的教育咨询进行合理的回应，也能让教师们在线学习和交流经验，使交流与沟通畅通无阻。

（七）拥有信息技术基本素质，形成终身学习能力

教师要掌握基本知识与技能，为教育终身教育体系提供技术保障。教师应掌握的基本知识包括：了解教育技术的基本概念；理解教育技术的一些主要理论基础；掌握教育理论的一些基本内容；了解基本的教育技术研究方法。基本的技能包括：掌握 Windows 的一些基本操作方法，能够进行 Word 文档编辑处理；掌握信息检索、加工与利用的方法，如利用 Google、Baidu 等网站进行搜索下载；掌握教学媒体选择与开发的方法；掌握教学系统设计的一般方法，如制作电子教案、采用 Power Point 等制作教学课件。其次，教师要具备

一定的教学应用与创新的能力，构建教师终身学习能力。教师能够利用互联网进行查找资料，如电子教案、学术论文；教师能够利用互联网来发表教学论文，如可以申请自己的E－mail来进行论文投稿；教师能够利用互联网同学生进行交流与联系；教师能申请教育博客进行思想交流；教师能够利用信息技术进行教育教学管理、学生管理，能够利用加密技术对学生的成绩、学生的评价、考核进行档案管理。

（八）加强教师终身教育体系构建研究

理论是行动的先导，在教师终身教育体系的构建过程中，首先需要对教师终身教育理论的研究，只有有了更好的理论体系构建，才有更好的终身教师教育体系构建实践的发展和促进，因此，需要关注教师终身教育体系的研究。第一，广泛学习和借鉴发达国家的教师终身教育理论。第二，从我国传统文化中寻找教师终身教育理论养料。第三，从教师终身教育实践中总结经验和升华终身教育理论，等等。

参考文献

[1] 王中华．研究性学习与终身教育［J］．成人教育，2006（6）：50.

[2] 王中华．论农村终身教育体系实施的策略［J］．职教论坛，2008（6）：23.

[3] 王中华．教育信息化与教师专业化发展［J］．临沂师范学院学报，2007（5）：112.

[4] 刘培蕾．终身教育思想对高校教师的新要求［J］．成人教育，2006（8）：51.

[5] 保罗·郎格朗．终身教育引论［J］．北京：中国对外翻译出版公司，1985：32－35.

“教授治校”的检视与反思

我们都知道，一个政策的制定往往首先是需要讨论与反复争辩以及斟酌，最后在协商的基础之上达到某种一致意见，从而形成一种政策和制度。2000年左右，东北师范大学在校长史宁中教授的领导下，建立了学校教授委员会，教授治学重在治“学”。治学的主要内涵是指治学科、治学术、治学风和治教学。[1]从此，“教授治学”实践与理论研究在我国拉开了序幕，关于到底是教授治校，还是教授治学的讨论也非常激烈。《国家中长期教育改革和发展规划纲要（2010—2020年）》中指出：“充分发挥学术委员会在学科建设中、学术评价、学术发展中的作用。探索教授治学的有效途径，充分发挥教授在教学、学术研究和学术管理中的作用。”[2]在这里，提到了“教授治学”，在治学的基础之上不断提高教授的学术管理能力以及进行“教授治校”。在“教授治校”的研究过程中，有些学者比较赞同“教授治校”，有些学者不认同“教授治校”，有些学者将其改良为“教授治学，校长治校”。有些学者认为“教授治学是教授治校的倒退”。[3]那么，在当前我国高校教育改革过程中高校管理体制如何改革，特别是如何进行构建“教授治校”制度，要不要“教授治校”？能不能“教授治校”？怎么样进行“教授治校”？关于这些问题的研究和关注比较多。笔者在对当前我国研究者的研究基础之上，进行了一些反思和研究，以便为我国更好推进教授治学，构建“教授治校”的现代大学管理制度提供些许建议与参考。

一、“教授治校”的理解

当前对于“教授治校”，没有一个统一的答案，对其界定和解释比较多，笔者举其中几种理解来进行探讨。

（1）对“教授治校”的比较宏观的解释。有学者指出，“教授治校”是指对教授在高等学校活动中具有较大影响力状况的俗称。教授影响力主要有三种表现方式：第一，通过控制讲座、研究所、教研室等基层教学与研究组织的教学、科研、人事、财务决策权，控制组织的中低级教师及学生。第二，与其他控制基层组织的教授一起组成教授团体如教授会、评议会、学术委员会等影响或控制学系、学部、学校的学术与教学决策以及其他有关决策。第三，借助个人学术威信，以专家、顾问等名义参与政府高等教育管理部门或者其他机构，影响政府的高等教育决策。[4]

(2) 而一种比较中观“教授治校”的定义，则认为“教授治校”是指通过大学宪章或规程以及一定的组织形式，由教授执掌大学内部的全部或主要事务，尤其是学术事务的决策权，并对外维护学校的自主与自治。[5]

(3) 一种比较具体的或者说比较微观的定义。它是指：一方面，教授力量作为一个集体共同参与治校；另一方面，教授团体与以书记为代表的党委以及以校长为代表的行政共同治理大学，三者是联合而非对立的关系。从更深意义上来说，由于大学所处环境的变化，“教授治校”逐渐演变为大学各种利益相关人员参与的“共同治校”。最后，就治校的结果来看，“教授治校”应为参与治校而非决定治校。[6]综合上述定义，笔者认为，“教授治校”主要是指将教授看作大学主体，正所谓大学是大师之谓，而不是大学官员之谓，能对大学内部事务，如学术事务、学科事务、研究事务、人事方面的事务等管理事务具有一定的参与权力与管理决策权力，能进行学术自由、学术自治和决策方面的话语权力。

二、对“教授治校”的检视

(一) 支持派：竭力支持“教授治校”

处于支持派立场的学者对“教授治校”具有的看法也有一定的差异，但是总的来说是一种支持的态度。我们通过对当前文献研究，特别是中国知网的搜索，可以看到，“教授治校”的价值：第一，认为“教授治校”是大学校长的依靠的力量，通过“教授治校”能更好实现大学内部管理，如学者指出的教授“治校”是大学管理的传统，也是大学校长必须依靠的管理大学的力量。[7]第二，认为通过“教授治校”，大学更能体现其“大学本色”，凸显大学是高深学问之场所，而不是大学官员聚集的地方。因此，提出“教授治校”更科学，它能改变“大学不像大学”的现象，“一个高校的水平如何，不是看它有多少官员，而是看它拥有多少在国际和国内都十分知名的专家和学者”。[8]第三，认为“教授治校”是现代大学的重要特征，也是中国现代大学的标志。在大学管理体制改革过程中需要坚守与维护“教授治校”，因为中国在移植西方现代大学制度时，注重引入“教授治校”原则，并通过设立评议会及教授会在制度上给予保障，大学评议会及各科教授会亦为学术自由与学术独立精神之制度性保障。“教授治校”使大学免受教育行政部门的过分干涉，堪称中国现代大学独立之重要标志。[9]第四，认为“教授治校”是大学去行政化的重要切入点，通过“教授治校”能更好地处理大学内部管理系统行政权力与学术权力的问题，能更好地解决大学去行政化的问题，因为高校“行政化”，必然会降低校务决策的科学性、妨碍学术事务的有效开展、阻滞多元权力的参与和监督、破坏高校以“松散联合”为特征的有效运行。要改变这种状况，迫切需要建立“教授治校”机制，从校级管理和院系管理两个层面“去行政化”。[10]第五，认为“教授治校”是大学民主化进程的一项重要内容和途径。通过“教授治校”，教授参与大学内部事务管理如学术管理等，实现大学管理的民主化，“在高校民主化进程中，教授群体通过教授会的形式发挥着越来越重要的作用，通过参与决策、治教治学等来治校”。[11]第六，认为可以从经济学上寻找教授治校的存在的支柱和基础。我们可以从纳税人机制、教育的产业性、全球化交往、创新教育的追求等几个方面寻找教授治校的理由。[12]

（二）中间派：需要实行“教授治校”，但是“教授治校”存在困境

第一，认为“教授治校”是必要的，也是可行的，但是“教授治校”不是一件容易的事情，特别是在当前我国大学变革阶段，教授治校可谓是“任重而道远”。如学者万启伟指出了“教授治校”存在九个方面的困境[13]：法律层面的不支持、没有“教授治校”的运作机制、教授委员会对高校事务决议过程存在缺陷、校资金的来源将影响教授委员会的治校效果、“教授治校”后高校的社会影响力将受影响、“教授治校”与“校长治校”之间存在着矛盾和冲突、“教授治校”中教授的水平有待考证、教授的人品与生活习惯对

“教授治校”的考验、“教授治校”的预期产出与社会的需求不完全吻合。因此，“教授治校”还需要继续努力和不断改善。第二，“教授治校”是一种重要的理念，但是教授参与治校，而不是教授完全对大学事务的管理，教授可以与校长实现共同治理。目前来说，持“共同治理”理念的学者还是比较多的，对“教授治校”采取一种折中的看法，如“教授参与治校：治理理念下的新阐释”。[14]

（三）不赞同派：对“教授治校”持怀疑态度

第一，认为“教授治校”不是解决中国大学管理体制的最好办法和关键，关键是建立专业管理队伍。学者指出解决中国高校体制问题的关键，不仅不是“教授治校”，而恰恰是要打破“教学系统”和“管理系统”之间非正常的循环，让教授去当教授，让管理者去当管理者，从而建立真正专业的管理者队伍。管理者不必是教授、博导、院士，教授们也不必是管理者。[15]第二，认为“教授治校”需要建立制度，不建立制度，“教授治校”会变相成为教授官员治校。“不以规矩，不成方圆。”必须在宏观上完善宪政制度，在微观上建立学术规则，教授治校才能由梦想变成现实。不完善宪政制度，大学没有良好的外部环境，教授治校就只能是教授官员治校。不建立内部规则，不从制度上约束教授，教授同样会滥用权力。[16]第三，认为“教授治校”不能解决大学内部管理的事务，需要将教授治校实现为“校长治校、教授治学”。正如有学者指出，所以教授之于大学的最首要的任务，是治学，是道德文章，是学术精进。而“治校”，是校长的任务，由校长带着职员群体，从事大学的治理。而且，校长一定也是教授，如果这位校长能够循着“教授就是大学”“大学是一个学术共同体”的理念，从某种意义上，也就是“教授治校”了。[17]

（四）改良派：“教授治校”到“教授治学”

第一，主张从“教授治校”到“教授治学”，实现通过“教授治学”来体现“教授治校”，实现“教授治校”。持有这种观点的学者认为“教授治校”需要发展到“教授治学”，他们认为“教授治学”缘于“教授治校”是新时期教授治校在我国的表现。“教授治学”是发挥民主促进大学健康发展的必由之路。探索“教授治学”的有效途径促进大学健康发展势在必行。[18]第二，认为需要对“教授治校”与“教授治学”的调和。对于“教授治校”不能进行很好的实现，同时“教授治学”也不能有效得到实现，于是产生了对“教授治校”与“教授治学”的调和，并认为“教授治校”与“教授治学”在高校治理的过程中处于两难选择“境地”，实施参与式管理是“教授治校”与“教授治学”的一个“调节器”。通过一定的途径和方法，参与式管理会极大地提高高校管理效益，平衡行政权力与学术权力的冲突。[19]

三、大学“教授治校”的策略之思

（一）正确定位“教授治校”

第一，正确对待当前“教授治校”的理念和制度之定位。当前对于“教授治校”是一种理念，还是一种制度，有些学者认为“教授治校”是一种理念，有些学者认为是一种制度，那么，“教授治校”是一种理念，还是一种制度呢？笔者认为，“教授治校”不仅是一种大学管理理念，更是一种管理制度。能促进大学治理的科学化、正确对待学术权力在大学中的地位，因为大学是高深学问的地方，需要凸显教授在大学学科建设、学术发展、人才培养、教师人才的招聘与晋升等方面的决策和管理的权力，因此，“教授治校”是一种管理制度，我们需要加以重视。第二，正确处理“教授治校”中的教授是个体的教授还是群体的教授。“教授治校”不直接指向某个人，而是教授整体，它也不是一种政治策略，而是一种教育思想，一种大学管理价值取向，一种保证大学为之大的根本制度安排，也意味着大学管理体制中政府权力、学校权力和学术权力三者关系的重构，重构的目的是强化学术权力体系。因此，在进行“教授治校”过程中，我们需要认识到“教授治校”是一种教授群体参与大学内部事务管理，并在大学与政府之间的代理与委托关系，教授与大学之间的代理与委托关系中具有一定的地位与作用。

（二）恰当处理好大学内部与外部权力关系

第一，恰当解决大学与政府、市场等外部的关系。在大学改革过程中，要进行“教授治校”需要解决大学与政府、市场之间的外部关系。在大学与政府之间的关系上，存在疏离型政校关系、隶属型政校关系、合作型政校关系。[20] 长期以来，我国大学管理模式一直是采取中央集权模式，也就是大学是政府出钱投资办理，同时政府选派大学校长，对大学的人事权力、财政权力、对外事务权力等都是政府所有。因此，大学是政府部门的一个行政机关，一般来说，大学领导都是具有一定的行政级别，如副部级、厅级、副厅级等级别，每个校长不仅是一个学者，而且是具有行政级别的政府官员。可见，我国大学与政府之间是一种隶属型政校关系。在这样的政府与大学关系中，“教授治校”很难实现。然而，在治理型社会背景下，具有权力中心的多元化、民主化、法治化等特点，从而大学需要加强权力的多元化，有必要改造政府与高校间的虚拟委托代理关系，使高校拥有更多自治权，并建立健全信息沟通、激励、约束和竞争机制。[21] 因此，为了更好促进“教授治校”，我们需要构建学术权威、市场、政府权力之间的协调关系，处理好大学与政府之间的委托代理关系，以及大学与市场之间的关系，正如美国教育家伯顿·克拉克所倡导的“学术权威、市场、政府权力”三角协调模式[22]（如图 1 所示）从而规范三者权力的边界，实现大学管理的民主化管理。

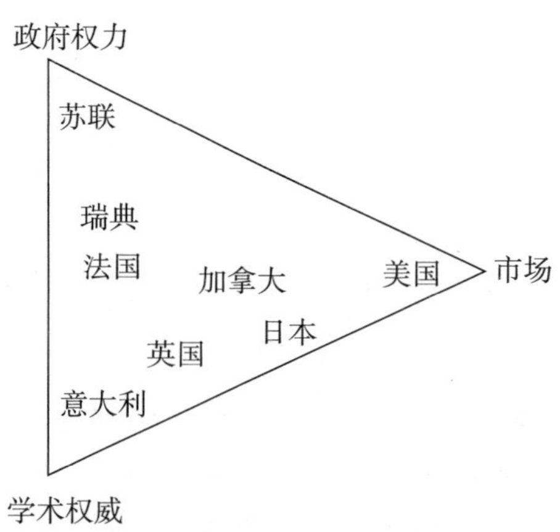

图 1　伯顿·克拉克的三角协调模式示意

第二，推进大学内部管理体制改革。在推进“教授治校”过程中，我们需要处理好大学内部管理中的行政权力与学术权力之间的关系。一直以来，我们大学过分行政化，大学学术权力被边缘化，这样就出现了怪圈，大学成员，包括教师和学生等内部人员对大学的管理没有话语权，没有决策权，没有参与权，大学管理成为教育行政部门的附属，大学行政化使得大学违背教育管理的本质和规律，体现为官僚化、科层化、专制化、同质化。[23]在这样的背景下，大学“教授治校”根本不能推进。因此，在进行“教授治校”过程中，需要厘定行政权力与学术权力的边界，使行政权力服从学术权力，强化高校行政组织的服务功能，彰显学术权力在高校治理结构中的核心地位和本体价值。[24]在这样的背景下，教授治校的条件下，大学脱离过分行政的干预，实现大学内部的管理与自治，“大学才将更像大学”。

（三）“教授治校”对教授的要求

1. “教授治校”的态度

“管理是服务”已经成为一种管理理念。在“教授治校”过程中，教授首先需要进行教授认真、负责、仔细等方面的态度，能真正为大学的发展服务，具有一种服务于大学学生、服务于大学的未来命运前途，教授不仅需要“独善其身”，更需要具有“兼善天下”的意念和姿态。在以大学主人翁的姿态来参与大学的管理与决策，来为大学内各成员服务，以及维护大学的权益为己任，关注大学的发展，教授需要具有这样的态度，才使教授治校得到更好的推进。同时，大学教授具有保守的一面，因此，大学教授需要具有改革的愿景和勇气。

2. “教授治校”的能力

一般来说，能力结构包括自然素质要素、智力要素、知识要素、动力要素、社会智力场五个方面（如图 2 所示）。[25]笔者认为，“教授治校”中的教授不同于校长、副校长等这样的专门管理人员，主要是形成教授群体，对大学学术、学科专业建设、人事招聘等具有参与管理的权力，因此，在管理方面的权力相对比校长会弱些，这是正常的，因此，教授一方面具有较强的学术能力，另一方面具有相当的管理方面的能力，如协调能力、沟通能力、合作能力、表达能力等方面的能力是教授参与管理的条件。总之，教授需要具有健康的身体素质（自然素质要素）、情感智力和理性智力（智力要素）、扎实的专业知识和广泛的社会科学文化知识等（知识要素）、魅力与人格等（动力要素）、沟通、交际、合作与分享等方面的智力（社会智力场）五个方面的能力。

3. “教授治校”中教授的责任与义务意识

“教授治校”不仅需要一定的态度，也需要一定的能力，更需要具有责任

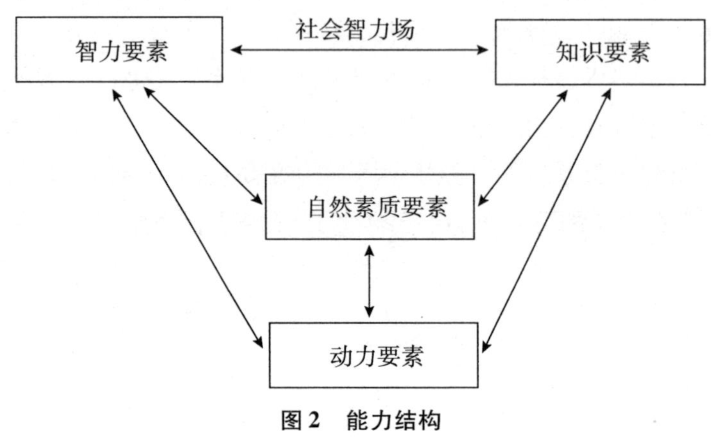

图2　能力结构

和义务。“教授治校”赋予了教授一种权利，同时也赋予了教授一定的责任和义务。在“教授治校”推进过程中，教授需要问责，谁有权，谁就有责。对于教授在大学事务管理过程中的权利，需要进行设限，对教授的责任需要进行规范和管理，教授自身需要自觉，然后才能更好去进行大学管理决策与建议，才能更好从事大学管理事务工作。

（四）先进行“教授治学”，建构教授委员会制度

在“教授治校”的过程中，我们可以先建立教授委员会制度，中国教授委员会是建立“党委领导、行政管理、教授治学”新型高校管理模式的重要基础，其本质是“教授治学”。[26]通过“教授治学”，构建教授委员会制度，充分发挥教授委员会制度的价值，让教授在进行学术管理过程中积累经验，探索更多的途径，从而发挥教授在大学事务管理中的作用。笔者认为，“教授治校”与“教授治学”是并不矛盾和水火不容的两个事务，而是两者之间，一方面存在交叉，另一方面其本质也是一致的。通过“教授治学”，提高教授在学术管理过程中的地位与价值，凸显大学是高深学问的场所，而“教授治校”也期望通过教授参与大学学术管理以及大学事务的管理，从而实现大学去行政化。可见，“教授治校”与“教授治学”本质上是一致性的，都是为了解决行政权力与学术权力之间的平衡关系，但是大学管理的关键在于促进大学管理的科学化与民主化。我们也知道，大学变革是一个渐进的过程，因此，在“教授治校”过程中，“教授治校”是实现大学管理科学化和民主化的有效途径，而“教授治学”是推进教授治校的必要和可能途径。

（五）先实验，后推广，再普及

中国大学变革是当今时代的一个主题。“教授治校”作为一种大学管理理念和管理制度在欧美已经运行了几个世纪，“教授治校”具有相当的意义与价值，这是不可否认的，然而，“中华民国”初期我国大学所进行的“教授治校”在中国的失败，表明“教授治校”的实现还需要将其与我国具体国情结合起来。在当前进行“教授治校”的理念和实践改革过程中，我们需要关注到大学现实，可以采取先让一部分学校试验，如南方科技大学（筹）通过海选推举出朱清时作为创校校长，朱清时校长又以去行政化作为南方科技大学的基本特色，并推出授予学校自己文凭的举措，这一系列动作表明南方科技大学在进行一场现代大学制度的试验。通过实验，在取得一定的“教授治校”和大学去行政化方面经验和效果的基础之上进行推广和普及。从而推进我国大学又快又好、更快更好发展。

（六）落实和完善“教授治学”的法律法规

我们知道，教授的权力来源于传统的、法律的、学术的方面。同时，大学是一个学者团体，具有严密的组织、法人的性质、自己的章程和共同的印记。因此，要进行“教授治校”需要赋予教授法律方面的权力，需要修改《高等教育法》《教育法》等方面的条款，不断完善教授治校的法律条款，让教授治校做到有法可依才行，为教授治校提供法律保障。

参考文献

[1] 史宁中．教授治学：大学科学发展的基本理念[N]．中国教育报，2009-09-07.

[2] 教育部．国家中长期教育改革和发展规划纲要（2010—2020年）[N]．中国教育报，2010-07-30（1）.

[3] 王长乐．“教授治校”与“教授治学”辨［J］．江苏高教，2011(6)：4.

[4] 朱九思，姚启和．高等教育词典［M］．武汉：湖北教育出版社，1993：139-140.

[5] 欧阳光华．教授治校：源流、模式与评析 [J]．高教发展与评估，2005 (4)：12.

[6] 徐吉洪．解析“教授治校”[J]．高教研究与实践，2010 (4)：17.

[7] 眭依凡．教授“治校”：大学校长民主管理学校的理念与意义 [J]．比较教育研究，2002 (2)：1.

[8] 范先佐．教授治校更科学 [N]．北京科技报，2009-10-12.

[9] 左玉河．坚守与维护：中国现代大学之“教授治校”原则 [J]．北京大学教育评论，2008 (2)：128.

[10] 陈何芳．教授治校：高校“去行政化”的重要切入点 [J]．教育发展研究，2010 (13-14)：68.

[11] 夏秀芹．高校民主化进程中教授参与决策的途径——教授治校 [J]．高教论坛，2010 (3)：99.

[12] 包国庆．教授治校的理由 [J]．现代大学教育，2002 (4)：71.

[13] 万启伟．“教授治校”策略在高等教育发展中的困境探析 [J]．知识经济，2010 (8)：130.

[14] 康全礼．治理理念与教授参与治校 [J]．理工高教研究，2004 (2)：4.

[15] 海马．打破“教授治校”的神话 [J]．教育与职业，2006 (11)：68.

[16] 木然．教授治校还是规则治校 [J]．民主与科学，2010 (4)：25.

[17] 陈望南．教授治学，校长治校（下）[N]．南方日报，2010-06-09.

[18] 刘丹，徐远火．从教授治校到教授治学 [J]．科教导刊，2011 (11)：21.

[19] 袁耀梅．参与式管理：“教授治校”与“教授治学”的一个“调节器”[J]．长春工业大学学报：高教研究版，2008 (4)：23.

[20] 朱新梅．知识与权力 [M]．北京：教育科学出版社，2007：26.

[21] 李建奇，钟云华．基于委托代理理论的政府与高校关系构建 [J]．中国人力资源开发，2008 (8)：9.

[22] 伯顿·R 克拉克．高等教育系统 [M]．王承绪，徐辉，殷企平，等，译．杭州：杭州大学出版社，1994：159.

[23] 田汉族，孟繁华．从行政化到去行政化：大学管理本质的回归 [J]．高校教育管理，2011 (3)：11.

[24] 祁占勇．高等学校学术权力本位治理结构的现实困境与逻辑路向［J］．高等教育研究，2011（2）：31.

[25] 魏晨明．能力结构浅析［J］．潍坊学院学报，2011（2）：137.

[26] 杨元业．教授治校的道德要求［N］．中国教育报，2007－08－28.

第七部分

教师发展的专业化研究

让教师成为知识资本家

早在16世纪，英国的弗兰西斯·培根就说过，“Knowledge is power”（知识是力量），对知识进行了经典的诠释。在今天的知识经济时代和知识社会背景下，知识的价值显得尤为突出。因此，当前对知识的研究和关注比以往任何时期都重要，特别是对作为知识分子的教师更加需要重视知识，关心知识，关注“知识人”。1998年《知识资本家：中国知识分子面对知识经济的抉择》一书的出版，引起了社会的很大轰动，社会上对于知识资本家的讨论和研究也越来越多，从1997年至目前为止，以“知识资本”为篇名的论文达到592篇。硕博论文达到38篇，关于“知识资本”的书本不下10本。在知识社会中，“知识人不仅要成为资本的驾驭者，同时，知识本身也将作为资本存在于新的经济运行环境中。知识分子亟待解决的问题是，在知识经济到来之前，主动地进入自己的社会角色和人生角色，主动地进行自我文化改造和观念更新，以成为新经济的主角。人类将结束知识与资本长期隔离甚至对立的局面，知识和资本将融合在一起，知识资本家将成为未来经济的主角”。[1]那么教师是否需要成为知识资本家呢？尽管目前对知识资本的研究比较多，特别是对企业知识资本的研究关注较多，但是对于教师成为知识资本家的研究不多见甚至没有。因此，笔者试图从知识资本家的视角来思考，探寻知识资本与知识资本家的内涵，去思考教师如何拥有知识、如何运作和管理知识以及如何创造知识，实现知识价值的增值。充分发挥知识“资本”的意义，成为知识资本家，从而促进教师专业化发展，提高教师地位，提升教学品质，创造更多的教育家。笔者乃一孔之见，期望大方之家指正。

一、什么是教师知识资本家

（一）知识资本的理解

1. 知识资本的含义

资本是指能带来价值增值的货币。马克思在分析产业资本的时候提出了“$G-W-G'$”公式。知识资本将物质产业资本公式转换为“$P-W'-G'-P'$”，从而改变了对生产资本（P）的掩盖。[2]那么知识资本是什么呢？目前，对于知识资本的概念还没有统一的定义，而且有些成为智力资本，有些成为知识资本，笔者将其成为知识资本。现列举一些有代表的定义：

（1）1969 年，美国经济学家加尔布雷斯提出知识资本的概念，并指出知识资本是一种知识性的活动，是一种动态资本，而不是固定的资本形式[3]。

（2）瑞典保险公司的首席知识资本执行官埃德文森对知识资本进行了定义：知识资本是所有对企业做出贡献的专业知识、应用经验、组织技术、客户关系和职业技巧。1996 年，埃德文森和沙利文认为知识资本是市场价值与账面价值的差距，即知识资本（*IC*）=市场价值（*MV*）-账面价值（*BV*），形成“h-s”结构。[4]

（3）《财富》杂志编辑斯图尔特（Thomas A. Stewart）认为知识资本体现在企业的人力资本、结构资本、客户资本三者之中，形成“h-s-c”结构。[5]

当然，对于知识资本的定义还比较多，我们比较赞同知识资本的定义是：“一种潜在的、无形的、动态的、能够带来价值增值的价值。”[6]

2. 知识资本的特点

第一，知识资本的创新性。教师知识资本具有创造性，不仅是一种知识的累积，更是一种创新，如教师的教育科研等，都在进行知识的创造和创新。第二，知识资本的外部共享性与排他性共存。知识作为一种产品，有时候是具有外部共享性，如基本的公共文化知识是可以进行大众共享的。但是知识资本是具有排他性，知识资本是个体的知识，特别是“隐性知识”或者说“缄默知识”是存在于知识资本拥有者那里，往往是别人很难学习到和转让给别人的，因此知识资本是不可直接继承。而一般的资本是可以直接转让的，如公司的财产等可以进行继承。知识资本需要通过知识的学习进行转化，如教师通过知识的教学，让学生继承了教师的教育思想和教育文化知识等。第三，知识资本的流动性。知识资本的流动性包括两个方面：一是指知识资本中某些知识要素的转移与共享，没有知识的转移与共享就没有知识资本的更新、积累和增值；二是指知识资本要素的转化过程，这种转化过程实际是知识资本价值实现并转化为货币收入的过程。[7]第四，磨损折旧的无形性。知识折旧规律告诉我们[8]：在西方的白领阶层中流传有一条知识折旧定律：一年不学习，一个人所拥有的知识就会折旧80%；当今时代是一个资讯爆炸的时代，今天的一份《纽约时报》比17世纪一个普通英国人一生的经历还要多。可用的资讯平均每四年就增加一倍；在美国找工作，高等学院所颁发的毕业证书五年内有效。在知识折旧规律面前，教师的知识同样也在不断地折旧，而且是无形的。特别是在教育改革过程中，一些新的教育观念，教育思维方式、教育方法、教育模式等在不断冲击着教师的知识，所以，教师的知识的折旧也显得很迅速。第五，知识资本的增值性。教师知识资本是具有增值性，能通过教师的教育教学，让学生在掌握知识的过程中实现知识资本的增值，如通过教师的知识，让学生学习到更多的知识，从而进行知识的创新，实现知识资本的增值。第六，长期收益性。知识资本不像机器、厂房之类的物质形态的产业资本，当机器用坏了就消耗掉了，但是知识资本不是一次就消耗掉了，而且知识资本积累得越多越具有更大的价值，就如社会上所说的“医生、教师越老越值钱”，这样的话具有一定的道理，因为当教师积累的知识资本越多，能更好去进行认识教育的规律，更好去从事教师工作和培养人。可见，教师的知识资本具有长期性。

（二）知识资本家的界定

对于什么是知识资本家，我国学者刘保国认为[9]，知识资本家是在知识经济时代，人类凭借自身力量，特别是对知识资本的追求、自身知识素质的提高和管理才能的增长而形成的知识的所有者和经营者集团。我们认为，知识资本家不是靠剥削他人的劳动成果的人，而是具有知识资本的理念，不断去追求知识的积累，运用知识、管理知识、创新知识，并以知识为生活和生存的手段，能实现知识增值的知识所有者或者组织。所以说，让教师成为知识资本家，不仅是个体的教师成为知识的经营者、管理者和创造者，也指涉

教师队伍，实现教师队伍整体的专业发展。

二、教师为什么要成为知识资本家

（一）终身学习的需要

自从1968年美国学者哈钦斯（R. M. Hutchins）在《学习化社会》（The Learning Society）中率先提出“学习化社会”的到来，认为学习社会是社会全体成员充分发展自己能力目标的社会。1996年《教育——财富蕴藏其中》中指出人类需要学会认知、学会生存、学会做事、学会共同生活。2003年的《开发宝藏：愿景与策略》（Nurturing the Treasure：Vision and Strategy 2003—2007）中指出学会改变（Learning To Change）。为适应终身学习的浪潮，我国政府不断强调构建学习型社会、学习型家庭、学习型学校等的重要性。在终身学习的背景下，教师不仅作为文化与知识的传播者，作为知识的拥有者，而且还应该不断进行知识的学习，加强知识的积累，促进知识的创新和创造，同时也使知识增值，扩大知识的价值，成为知识资本家。

（二）促进教师专业化发展的需要

1966年，联合国教科文组织提出了“教师作为一种专业”。教师专业化的提出在20世纪60年代。但是教师专业化发展的道路却走得非常的艰难，而其中关于知识资本的掌握就是一个重要原因。我们都知道，一个行业的创新能力和技术壁垒越高，由于知识的不可替代性，使知识创新在竞争中具有排他性，那么竞争者就难以进入。在这样的条件下，教师职业就具有更加标准化的职业规格和专业限制，使得教师职业更加专业化，而不是人人都可以从事教师这个职业。在今天，教师专业化发展已经是当代的教师职业生涯中的一个重要关键词。教师专业化背景下，教师需要建构自己的专业知识结构。教师的知识结构，主要包括处于未来教师专业知识结构最基础层面的是有关当代科学和人文两方面的基本知识，以及工具性学科的扎实基础和熟练运用的技能、技巧；具备1～2门学科的专门性知识与技能，是教师专业知识结构的第二个层面；教师专业知识结构的第三个层面属教育学科类，它主要由帮助教师认识教育对象、教育教学活动和开展教育研究的专门知识构成。[10]通过教师成为知识资本家，教师不仅掌握上述所述的教师专业知识结构，并能充分运用知识，去进行教育教学，提高教学质量，实现知识资本的转化，促进教师专业化发展。

（三）建设教育家式的教师队伍的需要

《国家中长期教育改革和发展规划纲要（2010—2020年）》中指出，在建设教师队伍过程中，需要提高教师地位，维护教师权益，改善教师待遇，使教师成为受人尊重的职业。严格教师资质，提升教师素质，努力造就一支师德高尚、业务精湛、结构合理、充满活力的高素质专业化教师队伍。要完成这样的历史使命，我们需要加强教师队伍建设。目前，中国教师队伍比较庞大，但是中国教师队伍中参差不齐，教师队伍建设还是一个比较长期的过程。在建设教师队伍过程中，需要教师掌握知识，培养更多的教育家。但是，教育家的诞生不是偶然的，需要各种各样合适的条件。教师职业成就感便是促进教育家涌现的必要条件之一。[11]在促进教师成就感的过程中，我们需要关注教师成为知识资本家，让教师认识到知识资本的价值，去学习知识，提高知识的价值，实现教育知识的增值，从而提高教师的整体素质。

（四）适应后现代知识增长方式的需要

后现代视域下，知识增长速度之快令人难以想象，以前那种只是传递给学生以学科知识的教学方式已经不适应时代的要求。在后现代知识性质和知识增长方式的支配下，教师扮演了一个课程知识的“传递者”、“解释者”以及学生学习课程知识的“组织者”和评价学生掌握课程知识情况的“评价者”与相关评价信息“反馈者”的角色。[12]在这样的知识语境下，教师需要不断进行知识转型、知识运作与经营，同时，还需要进行知识管理，实现通过知识转换来达到教师角色的转变，而这个过程就是知识资本的运作过程。因此，在后现代知识增长方式转换过程中，教师需要成为知识资本家。

（五）应对教育改革

在当前的基础教育课程改革过程中，教师需要适应课程改革，不断学习新课程的理念，学习《课程标准》，对新课程改革背景下的新的课程内容、课程评价方式、课程实施方式、师生关系、教学方式等变革进行学习，教师在适应新课程改革过程中，更需要进行教育创新。为了更好地进行教育创新，教师需要更新自己的知识体系，优化自己的知识结构，不断创造出新的教学方式，形成新的教育观念，进行教育研究。在这个过程中，教师也需要进行知识资本的经营与管理，需要将自己的知识进行内化和外显，需要以“知识资本家”的角色参与到教育改革过程中来。

（六）教师专业知识个性化的需要

根据著名学者波兰尼的知识理论，知识是个体知识和缄默知识。“既然所有知识都是个体认识的结果，都包含着个人的系数，都受到个体缄默知识和缄默认识的支配，那么它们的真理性就是相对的，就只能在个体背景上才能得到真正的理解。”[13]可见，教师专业化知识结构中的知识客观需要教师进行知识的个体化认知和个体化建构，让知识具有个性化品质，这样一来才能更好去从事教学。因此，要让知识成为教师个体的知识，特别是教师的缄默知识成为教师的内在知识，需要教师知识的内化过程，进行知识的体验、经营和进行知识的管理，这个过程就是教师进行知识运作和原始积累过程，也是教师进行知识增值的过程，还是教师成为知识资本家的过程。

（七）形成教学智慧，提高教学质量

“孩子们需要我们的指引，才能找到他们自己的生活方向。”[14]在指引学生的过程中，教师需要形成教学智慧。不容置疑，教学智慧的形成需要以知识为基础。在教师智慧形成过程中，教师不仅需要理论知识，也需要实践性知识，这点也被大家广泛认同。在教师知识的形成过程中，教师需要学会知识管理，对教学情境中的教学知识与经验不断进行学习、积累、交流、分享和创新，也就是进行知识资本运作的过程。可见，在教师教学智慧形成过程中，需要教师不断成为知识资本家。

（八）形成学术道德的需要

当前，学术道德的问题是大家非常关注的问题之一，如学术期刊收版面费的问题、找他人代写论文、抄袭他人学术成果问题等引起了广泛的关注，一方面是功利取向所导致，另一方面是不尊重知识产权的表现。我们认为，通过教师成为知识资本家，能更加明白知识产权的价值，让教师懂得学术成

果的保护意义，知道知识创新的意义、学术道德的价值、知识产权的重要性，才能更好去维护自己和他人的知识产权。因此，教师成为知识资本家，是维护知识产权、尊重学术道德的需要。

（九）未来社会发展的需要

美国学者托夫勒的《第三次浪潮》中指出，在经历了农业社会、工业社会，步入到信息化社会，而信息化社会具有不确定性，如表1所示。对于未知的未来世界，我们是渴望，还是恐惧；是美好的憧憬，还是怀抱忧虑。教育之所以能解决无知和应对未来的不确定性，关键在于教师的知识资本，教师的教育智慧。通过教师成为知识资本家，不断进行知识积累和知识创造，教给学生终身学习的能力和知识基础，才能让学生面对未来的未知世界。

表1　　未来社会的不确定性

确定	知识	无知
	资料	知识
	预测	归零边缘
	现实生活	思考多元策略
不确定	信息（Information）	智慧（Wisdom）
	深思熟虑	超越人性典范
	科学实证	长久视野

资料来源：陈国华．未来学内涵与外延；兼论在教育上的议题［J］．教育研究月刊，2003（5）：117.

（十）进行绩效责任的需要

2009年，教育部发布了《关于做好义务教育学校教师绩效考核工作的指导意见》，指出义务教育学校教师的绩效工资分配将以绩效考核结果为主要依据，建立符合教育教学规律和教师职业特点的教师绩效考核制度教师绩效工资。绩效工资在全国广大中小学校，特别是义务教育阶段基本上建立起来。“绩效工资的实质是基于人力资本价值差异而形成的价格差异机制。”[15]我们认为，教师绩效工资制度的建立，不仅体现了重视人力资本的价值，更加关注到教师知识资本的价值。因为学校中人力资本的价值说到底就是教师的知识资本的价值在发挥作用，所以人家付出多少，学校就有责任付出多少绩效回馈给人家，这两者之间的“盈亏底线”必须建立。[16]因此，要更好进行推广绩效工资，将教师的绩效责任制度建立起来，关键在于重视教师的知识资本，将教师视为知识资本家。

三、教师如何成为知识资本家

（一）具备教师知识资本的理念

1. 具有知识资本的理念

在知识社会中，“知识人”是社会的标记、象征和社会理想的承载者。“知识人”是社会的“原型”。知识人界定了社会的效能高低，也体现了社会的价值、信仰、规范。[16]在知识社会中，教师需要成为“知识人”，不断学习知识，让知识为社会服务，要成为知识资本家。同时，教师需要使学生成为“知识人”，教给学生获得知识资本的意识与能力。因此，首先需要教师具有知识资本的理念，为成为知识资本家奠定必要的基础。

2. 掌握知识资本的一般性运作规律

教师成为知识资本家，在具有知识资本理念以后，还需要对知识资本的运作规律进行掌握，知识如何成为知识资本，知识资本如何增值等一系列的过程，我们教师都需要把握。知识资本的一般规律，如下图所示。这样，教师才能更好去把握知识资本，去发展自我和开展教学工作。

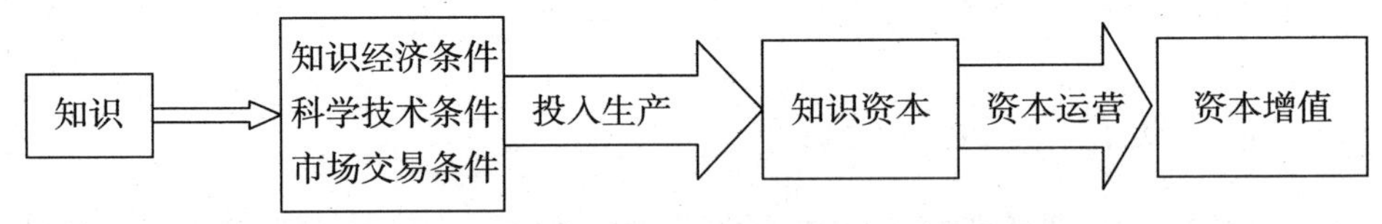

知识资本的一般规律

资料来源：朱亚男，等. 知识资本定量评价模型研究［J］. 科学管理研究，2005（6）：80.

（二）改革教师教育课程体系

德国教育家、哲学家康德说过，人只有经过教育才成其为人。一个人要想成为教师也就必须经过教师教育。在今天，教师教育是一个人成为教师的必要途径。因此，要让教师成为知识资本家，就需要一个教育过程。但是，现有的教师教育课程体系中没有对知识资本的重视和关注，因此，需要加强教师教育课程体系的改革，坚持建构“以学思结合、知行统一、因材施教为原则，实行通识课程 + 学科组课程 + 教学技能提高性课程结合的课程体系”，[17]从而重视教师知识资本在教师专业发展过程中和教育教学过程中的价值，不断培养职前教师的知识资本观念，为教师进一步成为知识资本家提供前提性的条件。

（三）进行知识资本的积累

职前教师的知识资本积累主要是依靠教师教育，而在职的教师又如何进行知识资本的积累呢？

1. 教师的知识资本的分享

教师间的知识交流与分享，是教师知识资本积累的重要途径，一方面有利于学生的教育，因为学生的学习和教育不是一个教师能完成的，需要教师群体之间的相互配合，进行全方位的培养，才能养成学生的完全人格。同时通过教师知识之间的交流能促进教师知识管理能力和知识创新能力。但是长期以来，教师的个人知识与观点不是被忽视而遭到边缘化，就是被学者专家的知识殖民化，导致教师个人知识大多被紧紧地锁在自己的脑中，受到教室生活的“隐私性”的全保护。[18]因此，我们需要打破传统的教师知识缺乏交流与分享的封闭状态，进行教师知识资本之间的对话与交流，共同实现知识资本的交流与分享，进行教师间的合作学习，促进教师知识资本的共同增长。

2. 教师个体反思

教师的知识资本的积累需要一个过程中，特别是在进行教学的教师来说，需要对自身的教学实践进行总结和反思，通过反思能产生深思熟虑的行为，能积累知识经验，形成教师实践性知识。[19]通过实践性知识的获得，给教师知识资本增加了一些积累，在这些实践性知识的基础之上进行知识的内化和知识结构的建构，从而获得新的知识资本。

3. 充分利用开放教育资源，不断进行教师知识资本的积累

2002 年在巴黎所举行的“开放课件对发展中国家高等教育的影响”研讨会上，联合国教科文组织提出了“开放教育资源”，并认为开放教育资源是指免费、公开提供给教育者、学生、自学者可反复使用于教学、学习和研究的数字化材料。2004 年认为开放教育资源包括三个方面的内容。第一，学习资源。课件、内容模块、学习对象、学习支持和评价工具、在线学习社区。第二，教师支持资源。为教师提供能够制作、改编和使用开放教育资源的工具及辅助资料，师资培训资料和其他教学工具。第三，确保教育和教育实践质量的资源。[20] 2009年，开放教育资源被定义为自由地、开放地提供给教育者、学生和自学者来使用以及教学、学习与研究的再利用的数字化材料。[21] 在教师知识资本积累过程中，教师首先需要树立开放教育资源的理念，并重视开放教育资源。当前，在世界范围内都比较重视开放教育资源建设，教师需要具有开放的视野，不断充分利用其开放教育资源。其次，教师需要掌握开放教育资源的反复。教师在充分重视利用免费的、能反复使用的、公开的开放教育资源在知识资本形成过程中的价值的同时，需要不断去发掘开放教育资源，掌握获得开放教育资源的反复，从而更好地去获得更多的知识资本的积累。

（四）进行知识资本的管理

1. 树立知识资本管理的理念

斯蒂芬·P. 罗宾斯指出：智力资源（知识资本）和物质资源以及财务资源具有同等重要性。[22] 可见，教师知识资本是教师个体竞争和学校之间的竞争的核心竞争力。因此，教师要想成为竞争的胜利者，就需要成为知识资本家，具有知识资本管理的理念，不仅能对实践性知识和理论知识，而且对显性知识与隐性知识进行管理，实现知识资本的最大限度地提高和最大限度地价值增值。

2. 教师自身需要具有知识资本的管理能力

教师在成为知识资本家的过程中，需要不断对自己的知识进行整合、分享、创新等知识资本的运作过程，在这个过程中，教师如果不进行知识资本管理，就达不到实现知识资本的增值，不能促进教师自身的专业成长，不能最大限度地促进教学质量的提高，也不能促进学校的发展。因此，教师不仅需具备知识资本管理的思想意识，更需要具有知识资本管理方面的能力，如知识资本的获得能力、转化能力、应用能力、保护能力等，如表 2 所示。学校领导需要懂得进行教师知识资本管理操作。教师知识资本是学校组织中重要的财产，需要加以管理，以便更好去利用和发展，知识资本的管理需要经过知识资本创造、知识资本固化、知识资本评估、知识资本价值增值等管理过程，如表 3 所示。

表 2　　基于过程分析的教师知识资本管理能力

能力维度	教师知识资本管理能力	相应的知识资本管理流程
知识资本的取得能力	识别有价值隐性知识的能力	多样化的知识获得过程
	在校内外学习新知识的能力	
知识资本的转化能力	隐性知识显性化的能力	知识资本生产过程
	经验总结和开发能力	
知识资本的应用能力	将新知识整合与教学的能力	知识资本扩散过程
	与教师沟通协调的能力	
	应用信息技术管理的能力	
知识资本的保护能力	编辑和积累个体知识的能力	知识资本生产过程
	发布出版个体知识的能力	

表 3　　知识资本管理过程模式

阶段 过程	知识资本创造	知识资本固化	知识资本评估	知识资本价值增值
初级阶段	显性知识的整合、外部知识内部化、建立知识库、专家系统等	规范创新过程，系统化组织的原创知识	评估学校知识资本的存量	知识产权的申报、分类和维护，以保证不受侵犯
中级阶段	隐性知识显性化、个人知识组织化、显性知识内化，鼓励实践社区、形成知识共享文化	改善创新过程以节约成本和时间，提高创新效率	评价学校知识资本管理的过程效率	关注特许经营（如专利、商标等），保护市场份额
高级阶段	通过组织学习以改善教职工的心智模式，构建能充分体现教职工利他主义本性的组织管理模式	持续生成创新观念，不断形成创新成果，构建创新型组织	构建知识资本评估国际（国内、行业）统一标准，建立标杆，增强学校间的可比性	知识资产的战略组合，知识资产的独立商业化，并引领市场方向

资料来源：改编自戚啸艳，等．基于过程的知识资本管理模式研究［J］．科研管理，2007（4）：85.

（五）进行终身学习

在终身教育、终身学习的视域中，学习是一种需要和责任，那么，教师作为人类知识与文化的传播者责无旁贷地需要学习。2008 年修改后的《中小学教师职业道德规范》明确将“终身学习”作为一项重要的职业道德规范，指出教师需要“崇尚科学精神，树立终身学习理念，拓宽知识视野，更新知识结构。潜心钻研业务，勇于探索创新，不断提高专业素养和教育教学水平”。[23]因此，教师需要终身学习才能不断适应当前的教育教学改革的需要，不断在适应的基础上进行超越，超越现有的教育制度和教育文化，不断形成知识资本，应对未来社会的具有不确定性的教育状况。

（六）养成教育家的气质

教师需要成为知识资本家，但是教师不仅是知识资本的拥有者、运作者、管理者、创造者，更需要具有教育智慧，成为能促进教育创新，提高教育品质的教育家式的教师。在今天，我国广大学校不是缺少教师，而是缺少大师，所以我们还很理解原清华大学校长梅贻琦先生的话，“所谓大学者，非谓有大楼之谓也，有大师之谓也”。大师的出现不是一天两天的事情，是需要教师包括知识资本在内的整体素养的提高。需要成为教育家，因此，“优秀教师要提高不能只围绕着中小学的教材转，也不只是学习教育理论，更重要的是要提高整体素养，养成教育家的气质”。[24]当前，在教师专业化发展视角下，教师需要不断提高自身的知识资本，不断去提升自己的个性化品质，促进教师综合素养的发展，不断成为知识资本家，成为教育家式的教师。

四、结语

总之，在今天的知识社会，教师需要重视知识的获得，关注知识的管理，加强知识的创新，提升知识资本，不断成为知识资本家，从而更好去进行个体专业成长，发展为教育家式的教师。提高教师队伍的整体素养，改善教育质量，在当前基础教育课程改革过程中，让更多教师认识到：改革是为了增加效应又减少经济代价和政治代价[25]。通过教师知识资本的增值，增加教育改革的价值与效用。

参考文献

[1] 林茵．读《知识资本家》[N]．中华读书报，1998－11－11.

[2] 侯东成．试论知识资本的特点及形成条件［J］．毛泽东思想研究，1999（增刊）：143.

[3] 张耀学，董向荣．国外知识资本理论研究进展［J］．情报理论与实践，2002（1）：18.

[4] 袁庆宏．企业智力资本管理［M］．北京：经济管理出版社，2001：213.

[5] 柯平．知识管理学［M］．北京：科学出版社，2007：232.

[6] 保健云．知识资本——知识经济时代知识资本的开发、经营与管理［M］．成都：西南财经大学出版社，1999：78.

[7] 冯天学，等．知识资本的概念、结构与特征分析［J］．哈尔滨工业大学学报：社会科学版，2006（1）：85.

[8] 佚名．知识折旧定律［EB/OL］．http：//www. morningpost. com. cn/itpd/yhty/2011－03－07/134662. shtml，2011－03－07/2011－04－18.

[9] 刘保国．知识经济·知识资本·知识资本家［J］．求实，2003（10）：30.

[10] 叶澜．新世纪教师专业素养初探［J］．教育研究与实验，1998（1）：44－45.

[11] 邓睿，王健．提升教师职业成就感——催生教育家的现实途径[J]．2011（2）：14.

[12] 石中英．知识转型与教育改革［M］．北京：教育科学出版社，2002：211.

[13] 石中英．波兰尼的知识理论及其教育意义［J］．华东师范大学学报：教育科学版，2001（2）：44.

[14] 马克斯·范梅南．教学机智——教育智慧的意蕴［M］．李树英，译．北京：教育科学出版社，2001：80.

[15] 杨挺．教师绩效工资制度审视：人力资本的视角［J］．中国教育学刊，2010（7）：21.

[16] 彼得·F. 德鲁克．后资本主义社会［M］．傅振焜，译．北京：东

方出版社，2009：170，171.

[17] 王俭，陈玉琨．切实加强队伍建设努力提升教育质量 [J]．教师教育研究，2010 (5)：5.

[18] 陈美玉．教师在九年一贯课程实践中的个人知识管理 [J]．教育研究月刊，2002 (1)：41.

[19] 王继新．教师知识管理与教师专业化 [J]．教育技术导刊，2005 (1)：6.

[20] 弗莱德·穆德．利用开放教育资源推进终身学习 [J]．开放教育研究，2007 (4)：33.

[21] BISSELL A. Permission Granted：Open Licensing for Educational Resources. [J]. The Journal of Open and Distance Learning，2009 (24)：97.

[22] 戚啸艳，等．基于过程的知识资本管理模式研究 [J]．科研管理，2007 (4)：81.

[23] 教育部．中小学教师职业道德规范（2008 年修订）.

[24] 顾明远．在教育家书院成立大会上的讲话 [J]．教师教育研究，2010 (4)：3.

[25] 米歇尔·福柯．规训与惩罚 [M]．刘北城，杨远婴，译．北京：生活·读书·新知三联书店，2007：90.

在参与课程决策中实现教师的专业化发展

课程决策是新课程改革倡导课程管理体制三级管理体系构建的重要步骤，也是课程发展过程中重要的一环，因此，它逐渐受到广大教育界和社会人士的广泛重视与普遍关注。在今天，各行各业都在喊“专业化”的进程中，教师专业化也不例外，从20世纪60年代开始逐渐成为世界范围内一个重要的教育话题，我国从20世纪90年代开始也加强对教师专业化的研究和实践，而且关注教师专业化的人士越来越多。“教师作为课程中的人，课程是其实现自我专业发展的存在世界。”[1]可见，教师与课程关系非常的密切，而作为课程领域一个十分重要的内容的课程决策，与教师的专业发展不无关系。

一、课程决策的内涵剖析

（一）课程决策的含义

综合国内外学者的论述，笔者认为课程决策是在课程哲学的指导思想下，一群人、一部分人或者一个组织机构在对课程进行分析、计划、执行、评价等过程中，对课程方案的选择和判断的一个过程。

（二）课程决策的主要内容

第一，关于课程目标的决策，即确定教育活动所要达到的目的或者说教育活动的意图是什么。第二，关于课程内容的决策，即确定为了达到或实现课程目标要选择什么样的教材。第三，关于学习体验和教学策略的决策，即为了达到课程目标，确定学生将要做些什么，教师需要做些什么来帮助学生达到课程目标的要求。第四，关于课程媒介或资料的决策，即确定运用什么性质的材料作为媒介，把课程内容展示给学习者。第五，关于课程评价的决策，即对正在进行中的学习的进展情况或程度以及类型做出判断评价，并确定进行这种评价的目的或意义是什么。

（三）课程决策的程序

决策的一般程序为“察觉和分析问题→明确决策目标或准则→制定可行方案→分析比较方案→选择满意方案→实施决策方案→监督与反馈”。[2] 在课程决策过程中，也需要遵循决策的一般原理，同时需要结合自身的特点进行，具体而言：第一，确定课程决策目标。第二，准备课程决策方案。第三，选择课程决策方案。第四，实施课程方案并进行追踪决策。

二、课程决策对教师专业化发展的价值

（一）教师课程决策意识的觉醒，促进教师专业角色理念的形成

“教师课程决策是教师权力意识的集中表现。”[3] 过去由于教师自身缺乏课程决策的意识与能力，导致教师缺乏课程决策意识。一旦教师具备参与课程决策的权力，就进一步会从自身的专业发展角度去思考课程问题，去从事课程与教学工作。同时，当教师充分认识到课程决策的意义与价值时，当教师具备参与课程决策的愿景时，教师就具备了参与课程决策的前提和基础，教师的主动性、积极性、创造性才会发挥出来，教师专业意识也才会出现。

（二）教师参与课程决策能力的发展，提高教师专业技术和能力

教师课程决策能力是教师在针对具体情境中的课程与教学问题作出选择和判断以及评价的一种能力。课程决策能力包括课程来源、决策活动、课程研究三个领域中的知识、技能、智力（如下表所示）。教师在课程来源、决策活动以及课程研究等方面的课程决策能力，是教师专业能力的一种体现，是教师专业能力在课程实践中的一种运作。

课程决策能力的基本结构

	知识	技能	智力
课程来源	√√	√	√
决策活动	√	√√	
课程研究	√	√√	

资料来源：丁念金，席梅红．中小学教师的课程决策能力探微［J］．集美大学学报，2006（2）：35.

（三）教师参与课程决策，实现教师专业知识的提升

在整个课程决策过程中，教师需要管理学、信息科学、运筹学、教育学、心理学等方面的学科知识以及相关的条件性知识。因此，课程决策过程就是一个知识的运用过程，通过课程决策，能够实现教师专业知识的提升。

（四）教师参与课程决策，提升教师专业服务意识

在教师参与课程决策的过程中，教师通过对社会和教育目的的分析，考虑到家长和学生的教育需求，从各种课程方案中选择和判断最适合各个学生社会性和个性发展需要的课程方案，来对学生进行教学和评价，来促进学生知识与技能的发展，提高学生的身心素质，让学生体验过程与方法，形成正确的情感态度价值观等。可见，课程决策过程就是教育服务的过程。教师通过参与课程决策，形成了专业服务意识，提高了教师专业发展水平。

（五）教师参与课程决策是教师社会地位和专业地位的提升

以往课程改革和课程实施过程中，教师处于被动地位，即只是执行他人制定课程的实施者，教师缺乏课程的话语权和决策权，缺少专业自主性和能动性，专业地位得不到体现。在今天的课程改革中，倡导教师参与课程决策，更有利教师专业地位的提高，实现教师专业自主和专业发展。

三、教师参与课程决策，实现教师专业化的策略探析

（一）树立和强化教师参与课程决策的理念

1. 教师需要充分认识到课程决策是教师的一项课程权利

一般认为，课程决策包括国家层次的课程决策、地方层次的课程决策，

还包括了学校层次的课程决策以及课堂层次的课程决策。不同层次的课程决策主体是不一样的，在学校层次的课程决策和课堂层次的课程决策，更加需要教师的参与和实践。因此，在课程改革实践中，教师需要认识到，课程决策不是教育专家的一种专利，也是教师的一项重要课程权。教师不仅有权力去参与课程决策，而且有责任、有义务去参与到课程决策中来。

2. 教师需要具备课程决策主体的意识

第一，教师需要具备课程决策主体的意识。教师课程决策意识是教师自主性的一种重要表现，“教师不是孤立于课程之外，而是课程的有机成分、课程的创造者、课程的主体”。[4]因此，在课程决策过程中，教师首先需要做到树立自主参与课程决策的主体意识，只有在充分彰显教师课程决策主体意识时，教师才会发挥主人翁的精神，积极投入到课程实践中来。

3. 完成课程决策角色理念的转换

教师需要改变只是作为单纯的课程实施者、教学大纲的执行者等被动的传统课程角色，去形成作为课程研究者、课程开发者、课程决策者等新型的课程角色，以教师专业眼光来对待课程、对待教学，从而提升自身的专业化水准。

（二）提高教师参与课程决策能力

1. 充分理解课程决策能力的内涵

只有理解了才能更好地把握，教师需要认识到课程决策能力不是一个简单的概念，而是一个教师专业知识的综合运用，更为重要的是在课程决策中去实践，去运用，关键是能力的养成。

2. 加强教师课程决策的协作、合作能力

教师参与课程决策，既有“教师课程决策的群体意向性”，也有“教师课程决策的个体意向性”。[5]因此，在进行课程决策过程中，需要加强协作与合作，通过教师课程决策与正式课程决策之间、教师课程决策与学生课程决策之间的关系调适，实现教师课程决策能力的提高。

3. 教师在经验中不断丰富课程决策的能力

“决策能力随着教师经验的丰富而逐渐提高。”[6]在谈到经验方面，我们需要考虑到一方面是教师需要不断认真总结和反思自身的课程决策经验，从而积累自己参与课程决策的经验；另一方面需要不断向别人去借鉴课程决策的经验，实现“古为今用，洋为中用”，从而提高课程决策的能力。

（三）解决教师参与课程决策的矛盾与问题

课程决策不是一个简单的课程问题，而且是一个复杂的教育过程，在教师参与课程决策的过程中有许多因素在影响着教师。因此，我们需要解决这个过程中的矛盾与问题，其中主要有以下几个问题。

1. 教师需要树立正确的的知识观

教师的知识观主要是指教师在对待知识时所持有的观点和看法。知识观是课程观的一个重要方面，只有具备了正确的知识观，才能有更好的课程观。同时，教师知识观是教师参与课程改革中重要的一环，因此，在课程决策时，需要确立恰当的知识观。对知识是主观还是客观的问题（或者说知识是不依赖学习者而存在的客观的意义系统，还是个体体验的产物的问题），教师需要树立一个明确的观念和正确的看法。

2. 教师需要形成科学的课程价值观

在课程决策过程中，教师需要具备明确的课程价值观的选择。斯宾塞在《什么知识最有价值》中说道：“在能制定一个合理的课程之前，我们必须确定最需要指导什么东西，或是用培根那句不幸现在已经过时的话说，我们必须弄清楚各项知识的比较价值。”对于当代课程价值存在的几种：第一，斯宾塞功用主义课程价值观。斯宾塞认为科学知识最有价值。因此，我们的课程决策的时候需要将科学知识纳入到课程设计中去。第二，杜威的工具主义价值观。该课程价值观认为教师需要引导学生的社会意识，使学生了解并掌握促进社会进步的手段。因此教师在课程决策时需要加强学生对社会知识的了解，从社会、生活中学习知识。第三，布劳迪的课程价值观。该课程价值观认为学科知识的重复作用，学科知识的应用作用和学科知识的联想作用，以及学科知识的解释作用。在这种课程价值观指导下，教师课程决策更多考虑学科知识的重要性。第四，彭加勒的课程内在价值观。该课程价值观认为内在的东西才是人们的追求，如：“科学家研究自然并非它有用处，他研究它，因为喜欢它，他之所以喜欢它，因为它是美的。”这样的课程价值观指导下，教师参与课程决策过程中主要考虑到课程内在价值。总之，无论有什么样的课程价值观，就会出现什么的课程决策。因此，教师需要慎重考虑，并形成正确的课程价值观。

3. 教师需要具备恰当的、合理的方法论

在课程决策过程中，教师需要找到恰当的、符合学生身心发展的方法。在课程内容的组织和课程实施策略上，是重视内容还是重视过程，或者说是以学科的基本事实和概念为中心来建构课程，还是以生活中的实际问题来建构课程；到底是以学科基本知识为对象让学生进行纯粹的接受性学习还是以实际问题为对象让学生进行体验性的学习。在课程决策时，面对这些问题，教师“要以辩证唯物主义的方法论为思想指导”,[7]坚持既需要给学生以学科知识的学习，又要让学生去体验性学习。

（四）塑造课程决策的文化

1. 构建合作—交流的课程决策文化

联合国教科文组织在《教育——财富蕴藏其中》中指出，学会学习、学会合作、学会认知等是当代时代的重要特征，有小范围的合作与交流，有大范围的合作与交流，总之，学会合作既是一种重要的学习能力，也是一种重要的生活和工作过程。当然，教育过程是个复杂的过程，分工、合作更是不可缺的。因此，在课程决策过程中，需要建构一种合作—交流的课程文化，让学校领导、专家、教师、学生、家长等都能够具有合作的意识与能力，并在课程决策中践行合作文化。

2. 构建对话—理解的课程决策文化

正如雅斯贝尔斯在《什么是教育》中指出：“所谓教育，不过是人对人的主体间灵肉交流活动（尤其是老一代对年轻一代），包括知识内容的传授、生命内涵的领悟、意志行为的规范；并通过文化传递功能，将文化遗产教给年轻一代，是他们自己地生成，并启迪其自由天性。”可见，教育本身是一种对话，一种理解。因此，在课程决策中需要构建对话－理解的课程文化。

3. 构建反思性的课程决策文化

反思是不仅是教师的一种课程能力，反思也是将“‘学会教学（learning how to teach）’与‘学会学习（learning to learn）’结合起来，努力提升教学实践的合理性，使自己成为学者型教师的过程”。[8]因此，在课程决策过程中，让课程决策者去反思，让课程决策的执行者去反思，对课程决策进行再分析和评价，从而构建反思性的课程决策文化。

（五）构筑课程决策支持系统

（1）理解课程决策支持系统的内涵。决策支持系统（Decision Support System，DSS）是20世纪70年代美国学者M. S. Scott Morton与P. Keen等人率先提出来的一种“信息系统模型”。[9]一般认为，课程决策系统是指辅助课程决策者通过数据、模型和知识，以人机交互方式进行半结构化或非结构化决策的计算机应用系统。它是管理信息系统（MIS）向更高一级发展而产生的先进信息管理系统。

（2）明白课程决策支持系统的价值。它旨在为课程决策者提供分析问题、建立模型、模拟决策过程和方案的环境，调用各种信息资源和分析工具，帮助课程决策者提高决策水平和质量。

（3）了解课程决策支持系统的类型，课程决策支持系统包括结构化课程决策系统、非结构化课程决策系统、半结构化课程决策支持系统。

（4）掌握课程决策支持系统的基本结构：数据库、模型库、方法库、人机对话系统、知识库、专家系统等。

（六）创设教师参与课程决策的内外环境

（1）中小学校长对教师参与课程决策的领导。通过中小学校长的课程领导，实现课程决策的有序、合理进行。一个成功的中小学领导者不是去命令、控制、监督教师的课程决策，而是倾听、合作、引导、协调教师的课程决策，这种课程决策思想符合追求民主、公平、公正的教育思潮。有了坚强的课程领导，教师参与课程决策将更有成效。

（2）成立以学校为基础的课程发展委员会，对课程决策进行领导和指挥，向下设立各学习领域课程小组，负责学校总体课程规划、决策各年级各领域学习节数、审查开发的校本课程以及设计教学主题与教学活动，并负责课程与教学评价等工作。

（3）以教育法律形式保障教师参与课程决策的权力。“课程权是教育权力的一种。”[10]尽管我国以法律形式规定教师具有教学权力与教学改革的权力，但是我们需要进一步加强和完善教师参与课程决策的法律条款，以便有效保障教师参与课程决策。

（4）争取到社会领域各个方面的支持，给教师提供课程决策的空间。社会发展需要和学生发展是课程决策的重要制约因素。时代发展和社会是课程决策的大环境，教育行政部门的官员、课程理论专家等是得到社会认可，并被赋予课程决策权力的课程决策主体，他们作出的课程决策不是凭空臆想出来的，而是源自社会的期待和需要。而教师参与到课程决策中来，把教师等有关学校课程人士视为课程决策的主体，这样的理念和观点还没有得到社会广泛的认同和重视，这个过程还需要一段时间。因此，我们需要争取社会各个领域的支持与帮助，给予教师参与课程决策的时间和空间，让教师不仅获得情感上的体认与关怀，而且能够合理有效地利用社会提供的资源，积极地参与课程决策，从而推进教师专业化进程。

（七）加强教师参与课程决策的教育与培训

1. 进行教师参与课程决策的教育

教师参与课程决策不仅指的是在职教师的参与，我们更需要进行职前教师的课程决策的参与意识与参与能力的培养。在以往的教师教育中缺乏对课程决策的倡导和实践，因此，在教师教育课程设置方面，需要加强课程决策方面的课程的教学与实践，培养师范生的参与课程决策的意识和能力。

2. 加强教师参与课程决策的培训

教师参与课程决策是个比较复杂的过程，需要教师具备这方面的知识、技术、方法等，但是教师由于本身的专业知识、理论基础以及相关的课程决策知识的缺乏，不能很好地进行参与课程决策。因此，需要加强教师参与课程决策的培训，提高教师课程决策能力。

参考文献

[1] 郭元祥，等．教师即课程：意蕴与条件［J］．教育研究与实验，2008（6）：2.

[2] 邢以群．管理学［M］．杭州：浙江大学出版社，2005：75.

[3] 田秋华，冯冬雯．教师参与课程改革：核心概念解读［J］．西北师大学报：社会科学版，2008（2）：17.

[4] 张华．课程流派研究［M］．济南：山东教育出版社，2000：236.

[5] 何巧艳，黄甫全．教师课程决策本性的文化分析［J］．西北师大学

报：社会科学版，2009（5）：120.

［6］杨兰．权力、协商与教师的课程决策［J］．教育发展研究，2009（20）：49.

［7］刘焱．课程决策——从理论到实践［J］．学前教育研究，1995（1）：4.

［8］熊川武．说反思性教学的理论与实践［J］．上海教育科研，2002（6）：4.

［9］楼英伟．论课程决策系统的构建［J］．辽宁教育研究，2004（7）：66.

［10］罗晓杰．三级课程管理体制下教师课程决策权问题探析［J］．教师教育研究，2006（6）：25.

当前我国中小学教师流动研究的述评

很多年前，我国中小学教师流动的实践早已经在轻悄悄地进行，所以中小学教师轮岗并不稀奇。今年，在全国关注的两会议案中关于教师轮岗制惹来争议，江苏省教育权威部门颁布实行教师6年轮岗制度，并指出“教师轮岗是我省推进义务教育阶段优质均衡发展的措施之一，一定会执行”。[1]这一举措再次引起大家的关注。中小学教师流动是一个常议常新的问题，也是与我国中小学教师管理、中小学教师聘任制度改革与发展、中小学教师专业发展、义务教育均衡发展等问题密切关联的课题之一。因此该问题一直以来得到不同程度的关注与重视。对于中小学教师流动的问题，我们只要从中国知网（www. cnki. net）上一搜索便发现已经有过一些研究，有些从经济学理论视角、有些从伦理学理论视角、有些从管理学理论视角等理论视角来研究与探讨中小学教师流动，并取得了一定的有价值的研究成果，但是也存在不足之处。因此，笔者试图对当前已有的中小学教师流动研究展开述评，并提出中小学教师流动研究的展望。

一、当前中小学教师流动的主要研究成果

（一）中小学教师流动的含义研究

对于中小学教师流动的含义，主要有这么几种看法。

（1）有些学者从社会分层的角度来看，认为教师流动是一种职业流动，也是社会流动的一种表现，进一步将教师流动解释为：“是不同区域、不同学校之间教师的位置移动，它或许是职业水平流动，也或许是一种以人才流动为特征的向上性职业流动”。[2]

（2）有些学者认为中小学教师流动有多层含义，具体来说，中小学教师

流动包括两个方面的含义，“一是教师队伍中的人员向非教师职业流动，二是教师在不同学校之间的流动。”[3]

（二）中小学教师流动的理论视角

1. 伦理学视角

这类研究者主要探讨中小学教师流动过程中，中小学教师、学校、政府等各个主体的伦理学问题，如研究者夏仕武在《中国教师》2005 年第 11 期上发表《中小学教师流动的伦理学分析》一文，着重探讨了中小学教师流动过程中“教师免受责难”“学校难逃其责”“政府理应受罚”[4]等几个方面的伦理问题。

2. 制度学视角

从制度学来研究中小学教师流动的学者比较多，其中一部分学者从制度学上来探讨中小学教师流动，这种研究集中探讨中小学教师的制度阻力，如《我国城乡教师流动制度创建的制度阻力探析》一文就提出了“城乡教师流动制度与相关教育制度之间的冲突”“城乡教师流动制度与社会制度之间的冲突”“城乡教师流动的正式制度与非正式制度的冲突”，[5]还有一些学者思考中小学教师合理流动的制度化，进一步探讨中小学教师人事制度改革，提出改革中小学教师工资制度，推进二元户籍管理制度等相关的社会制度的改革，等等。

3. 经济学视角

这类研究者认为经济原因是中小学教师流动的一个重要原因，特别是在农村中小学教师流动原因研究中，经济原因占有重要的分量，如研究者杨廷茂、李天鹰认为“教师流动的主要原因是经济原因”[6]。

4. 社会学视角

对中小学教师流动的社会学考察主要集中思考中小学教师流动的社会因素，如学者钱扑发表在《上海教育科研》2006 年第 11 期上的《教师流动中的社会学问题探讨》一文着重探索了中小学教师流动的相关社会因素。

5. 管理学视角

这类研究主要探讨中小学教师流动的无序和促使中小学教师流动的因素与学校管理、教育行政管理是分不开的，进一步认为造成农村中小学教师流动无序与混乱的一个重要原因是“权势与知识对立”“职权与责任错位”“利益与才能失衡”[7]等管理方面的因素，因此需要从管理去寻找中小学教师流动的原因与对策。

6. 比较学视角

对于比较学研究，一方面的研究集中从美国中小学教师流动来反思我国中小学教师，如学者迟为国的《美国中小学教师的职业流动与其原因分析》一文从人力因素、工作特点、价值取向、工资水平等方面探讨了中小学教师流动原因，并进行了深入的探究。另一方面的研究主要集中在日本中小学教师流动研究，如学者彭新实在《外国教育研究》2000 年第 5 期上所发表的《日本的教师培训和教师定期流动》加强了对日本中小学教师流动的研究。

7. 法律学视角

这类研究集中在从教师劳动者的合法权益来思索中小学教师流动的，如学者洪哲在《教育理论与实践》1995 年第 3 期上发表的《论教师流动》一文就提出“教师流动是保证劳动者合法权益，合理使用人才的客观需要”[8]。再有学者麻跃辉强调“加强立法，进一步完善教师聘任制”[9]等。

（三）中小学教师流动的原因研究

（1）中小学教师流动是中小学教师的人权。研究者认为中小学教师流动是教师的人权，并指出：“劳动力归劳动者个人所有，是劳动者最重要的经济权利，是劳动者其他权利的基础，也是人权的重要组成部分。限制劳动者对自身劳动力的所有权，意味着对劳动者的超经济的强制，意味着违反人权。”[10]

（2）市场经济客观要求中小学教师资源的重新配置。“如果使中小学教师参与社会流动，就会给市场经济的发展带来无穷的活力。”[11]市场经济要求资源配置合理，中小学教师流动是教育资源、教师资源合理配置的重要表征。

（3）中小学校的管理不善、不科学、不到位等管理因素导致中小学教师流动，如“一些人为的因素造成教师流失”。[12]

（4）经济原因也是中小学教师流动的一个比较重要的原因。长期以来，中小学教师经济待遇低，而且教师的工资得不到应有的保障，加上“城乡教师的收入差距”[13]，导致了中小学教师的流动。

（5）中小学教师的个人原因也是中小学教师流动的一个原因。中小学教师的职业倦态与从众心理等，都是中小学教师流动的重要原因。

（四）中小学教师流动的影响研究

（1）中小学教师流动的积极价值研究。一部分学者从中小学教师流动的积极价值来思考和研究的，如认为合理的、有序的、双向的中小学教师流动可以起到积极作用，“对提高农村义务教育质量和促进城乡教育均衡发展起到了积极的作用。”[14]

（2）中小学教师流动的消极影响研究。有些学者主要研究和探讨了中小学教师的流动和流失的消极影响，进一步认为中小学教师流动造成“流出的教师难以及时得到补充，造成了教师队伍的不稳定，使一些学校师资结构失调，教师断层，学校整体师资力量下降”[15]等不良的后果。

（五）中小学教师流动的对策研究

对于中小学教师流动的对策，纵观近些年来的研究，主要有如下：①广泛借鉴其他国家的先进经验。如向美国、日本等发达国家中小学教师流动经验的学习。②加强立法。进一步完善《中华人民共和国教育法》《中华人民共和国教师法》《中华人民共和国义务教育法》等与中小学教师流动相关的法律，用法律保障中小学教师的定期流动。③利用“转会”的形式。中小学教师流动到那里的学校“向原来学校支付‘转会费’——经济补偿”，[16]以便促成中小学教师的流动。④加快中小学教师人事制度改革。进一步完善聘任制、教师编制以及二元户籍管理制度改革，从而实现“中小学教师流动制度化”，[17]创设有利于中小学教师流动的人文环境，实施科学化的人文管理，“取消分配，三方管理”，[18]引导中小学教师畅通流动渠道。⑤以县域为基础单位，不断完善县域中小学教师流动。在县域范围内，通过“提升理念”“创新实践”[19]等措施和途径来实现县域中小学教师流动。

二、当前中小学教师流动研究存在的不足之处

（一）中小学教师流动研究视角不够宽广

尽管当前中小学教师流动研究具有管理学、制度学、社会学、伦理学、法律学、比较学等理论研究视角，但是中小学教师研究还缺乏以下主要的

理论视角的思考：①当前研究还没有探讨中小学教师流动的文化学研究，没有从文化因素去探讨中小学教师为什么会产生流动、流动过程中其文化观念又将会是什么等文化问题缺乏研究。②当前研究还没有探讨中小学教师流动的心理学原因，从中小学教师流动的心理影响以及从心理学理论上去寻找中小学教师流动的对策。③缺乏对中小学教师流动的历史学研究，没有很好去探究中小学教师流动的历史过程，也没有预测中小学教师流动的发展趋势。

（二）中小学教师流动缺乏对当前基础教育改革的探究

在这些新教师流动的研究中，尽管有一部分学者提到过中小学教师流动与基础教育师资资源的配置问题，如“关于推进基础教育师资配置均衡化的思考”。[20]但是，中小学教师流动研究过程中很少涉及基础教育与中小学教师流动的关系，而且对于与当前基础教育改革关系的研究还不多，甚至没有讨论和研究过。

（三）中小学教师流动研究没有提及中小学教育信息化研究

在教育信息化的背景下，教育信息化会对教育领域的各个方面产生影响，因此需要去关注。然而，在当前中小学教师流动中，很少见到研究者把中小学教师流动放到教育信息化背景下去研究，根本没有研究者去思考中小学教师流动的信息化。

（四）缺乏对当前新的教育政策的关注

对于当前中小学教师流动研究往往缺乏对当前新的教育政策的关注，尽管一些学者从政策视角来思考，但是缺乏这些主要的教育政策问题的探讨：①没有与中小学绩效工资政策结合起来研究，当前中小学教师绩效工资是中小学教师流动中不可回避的一个问题，因此需要加以关注。②缺乏对中小学教师流动与中小学教师培训政策之间的关系研究，中小学教师培训也是中小学教师流动的一个重要问题，没有对中小学教师培训、中小学班主任培训等教师培训问题进行探究。③缺乏对中小学教师流动与特岗教师政策关系的研究，没有去探讨中小学特岗教师问题。

（五）中小学教师流动研究缺乏对中小学教师专业化的研究

中小学教师流动过程中，教师专业化问题是一个重要的问题。但是，当前的中小学教师流动研究中很少涉及甚至没有学者去探索和研究教师专业化与中小学教师流动的关系。

三、中小学教师流动研究的展望

（一）继续坚持中小学教师流动的比较与借鉴研究

在研究我国中小学教师流动原因、问题、对策等过程中，我们可以参考和借鉴美国、日本、法国、英国等发达国家的经验和做法，做到“洋为中用”，对他们的中小学教师流动进行比较和研究，在比较和研究其他国家的做法基础之上，充分考虑到我国现实国情和中小学教师的基本现状、中小学教育改革的实际，研究我国中小学教师流动情况，提出有针对性的管理策略和教育对策。

（二）加强中小学教师流动的法律学研究

中小学教师流动需要加强法律学上的研究，从法律上去保护中小学教师流动，保障义务教育的均衡发展，保证中小学校质量，做到“有法可依、有法必依、执法必严、违法必究”。因此，需要不断修改和完善《中华人民共和国教育法》《中华人民共和国教师法》《中华人民共和国义务教育法》等法律，制定有关中小学教师流动的法律和法规，加强中小学教师流动的法制化、规范化，促进中小学教师流动的有序性、合理性。所以说，中小学教师流动的法律学研究仍然是一个需要关注的课题。

（三）将中小学教师流动研究与基础教育课程改革研究相结合

中小学教师是基础教育改革、基础教育课程改革的重要因素和关键，可见，中小学教师关系到基础教育课程改革的成败。因此，中小学教师流动研究中需要关注基础教育课程改革研究，中小学教师流动时在基础教育改革中流动，在流动中不断进行基础教育课改革。

（四）推进中小学教师流动与心理学研究结合

中小学流动中的心理因素，需要我们研究者去调查与研究，如探讨中小学教师为什么想流动，流动过程中的心理状态又是怎么样的，流动到一个新的工作部门将是什么样的心理等一系列的心理因素，都需要我们研究者用心理学的知识与原理去解答，因此，中小学教师流动需要关注中小学教师的心理学研究。

（五）促动中小学教师流动与教育信息化研究结合

教育信息化是指在教育领域全面深入地运用现代信息技术来促进教育改革与发展的过程。教育信息化包括了中小学校信息化、中小学管理信息化、中小学教师信息化等信息化问题、在中小学教师流动中需要加强教育信息化问题的研究，需要关注如中小学教师流动过程中的管理信息化问题、中小学教师信息化问题等与中小学教师流动相关联的教育信息化问题。

（六）凸显中小学教师流动与中小学绩效工资研究结合

中小学教师流动与中小学绩效工资是息息相关的。按国家规定执行事业单位岗位绩效工资制度的义务教育学校正式工作人员，从 2009 年 1 月 1 日起实施绩效工资。当前，中小学教师绩效工资问题是一个热点问题。中小学教师工资问题牵扯到中小学教师的切实经济利益，所以中小学教师流动与中小学教师绩效工资密切相关，根据国家的相关规定“有关部门要密切配合，加强工作指导，建立健全有效的监督检查工作机制，严格把握政策和程序，指导和督促学校严格执行实施绩效工资的有关政策。”[21]因此，在中小学教师流动过程中，中小学教师绩效工资问题需要得到关注。

（七）提升中小学教师流动与教师专业化发展研究结合

我国著名教育家顾明远曾指出：教育开放、教师自主流动，其实质不是教师教育的转型，而是教师专业化、教师教育质量的提高。可见，教师流动的合理、有序是中小学教师专业化发展的必然要求和具体体现。因此，在研究中小学教师流动的过程中，我们需要关注中小学教师专业化研究。

（八）关注中小学教师流动中的特岗教师研究

“特岗计划”是中央实施的一项对西部地区农村义务教育的特殊政策，通过公开招聘高校毕业生到西部地区“两基”攻坚县县以下农村学校任教，引导和鼓励高校毕业生从事农村义务教育工作，创新农村学校教师的补充机制，逐步解决农村学校师资总量不足和结构不合理等问题，提高农村教师队伍的整体素质，促进城乡教育均衡发展。特岗教师的流动问题，是中小学教师流动的一个新的研究领域，需要我们研究者去加以研究和思考，以便更好地推进中小学教师流动问题的解决。

（九）加强中小学教师流动的实践研究

马克思哲学原理告诉我们：理论来源于实践，同时理论要服务于实践。在这个理论指导下，我们知道了中小学教师流动的理论来自于中小学教师流动的实践，同时中小学教师流动的研究需要回到中小学教师流动的实践中去，尽管有的学者进行过实践研究，如有些学者提出了“教师流动的三种实践模式”，并重视“区域中小学教师定期流动实践模式的构建”[22]。但是，现有的中小学教师实践研究较少，因此我们需要研究当前我国中小学教师流动的实际情况，在分析中小学教师流动的现状基础上来进一步思考中小学教师流动原因、策略等一系列的理论问题。

四、结语

尽管以前有许多关于中小学教师流动的论述和研究，但是就当前的情势来说，在我国基础教育改革的关键时刻，在我国中小学教师专业发展的重要过程中，我们需要加强对中小学教师流动实践的关注，同时中小学教师流动问题的研究显得十分重要和迫切。

参考文献

[1] 刘颖．江苏中小学教师轮岗铁定施行［N］．南京晨报，2010-03-31.

[2] 钱扑．教师流动中的社会学问题探讨［J］．上海教育科研，2006

(11)：4.

［3］黎琼锋．合理化教师流动初探［J］．江西教育科研，2007（2）：50.

［4］夏仕武．中小学教师流动的伦理学分析［J］．中国教师，2005（11）：9.

［5］贾建国．我国城乡教师流动制度创建的制度阻力探析［J］．教育科学，2009（5）：35.

［6］杨廷茂，李天鹰．欠发达地区县城高中教师流动原因及对策［J］．教学与管理，2009（11）：35.

［7］田锐．农村中小学教师流动：归因与对策［J］．泰山学报，2008（5）：117.

［8］洪哲．论教师流动［J］．教育理论与实践，1995（3）：28.

［9］麻跃辉．从权益保障的视角解读中小学教师的流动［J］．中国教育学刊，2005（2）：8.

［10］李健中．教师正常流动：路有多远［J］．中国人才，1996（7）：11.

［11］李立国．市场经济与中小学教师流动［J］．江西教育科研，1994（3）：20.

［12］邵学伦．关于中小学教师流动问题的思索［J］．山东教育科研，2002（8）：13.

［13］李伯玲．城乡教师的收入差距与流动问题探究［J］．中小学教师培训，2007（3）：60.

［14］庞丽娟．加强城乡教师流动的制度化建设［J］．教育研究，2006（5）：2.

［15］张丰．教师流动可以采用转会制［J］．上海教育，2000（5）：44.

［16］薛正斌，胡德海．中小学教师流动的实然与应然［J］．当代教育科学，2007（13）：45.

［17］陈坚，陈阳．我国中小学教师流动的制度化问题研究［J］．中国教师，2008（4）：5.

［18］翟光法．让教师流动之“水”活起来［J］．中小学管理，2002（11）：24.

［19］马艾云，李保江．县域教师流动机制实施框架［J］．当代教育科学，2007（9）：16.

［20］邓涛，孔凡琴．关于推进基础教育师资配置均衡化的思考［J］．中国教育学刊，2007（9）：34.

［21］教育部．关于义务教育学校实施绩效工资的指导意见．

［22］楼世洲，李士安．区域中小学教师定期流动实践模式的构建［J］．绍兴学院学报，2007（11）．

试论教师专业化背景下的教师流动

社会主义现代化建设的关键在于教育，教育的现代化关键在于教师。教师作为一门职业，具有“传道、授业、解惑”的功能，教师主要任务是为国家培养人才。今天的教师地位不断上升，教育部数据统计表明：教师已经成为令人羡慕的职业。2002 年全国各类高等学校共有专任教师 70.7 万人，比 2001 年增加 8.7 万人同比增长 14.1%，普通高中专任教师 94.6 万人，比上年增加 10.6 万人，职业高中专任教师 27.2 万人，比上年增长 0.41 万人，初中专任教师 346.77 万人，比上年增长 8.2 万人。2003 年全国各类高等学校共有专任教师 81.4 万人。其中普通高校 72.5 万人。普通高中专任教师 107.1 万人，职业高中专任教师 25.8 万人，初中专任教师 346.7 万人，全国小学教师 570.3 万人。

教师队伍是一支庞大的生力军。但是教师队伍中良莠不齐，2002 年全国高等学校、普通高中、普通初中、小学教师的合格率分别为 94.5%、72.9%、90.4%、97.4%。到 2010 年我国合格的高中教师要缺口 100 万。特别是由于过去体制下分配工作所导致的就业矛盾与问题，在市场经济条件下，需要进一步解决。教师不仅是一门职业，更是一门专业，像医生、律师一样。在教师专业化背景下，要严格教师规范，教师准入制度，实行教师资格证制度，引导教师参与人才市场的竞争，在教师队伍相对稳定的条件下应该促进教师合理的流动。教师合理流动的机制还有待建立。

一、教师专业化的定义与基本特征

（一）教师专业化的基本定义

教师在整个职业生涯中，通过专门训练和终身学习逐步习得教育专业的知识与技能并在教育专业实践中不断提高自身的从教素质，从而成为一名合格的专业教育工作者的过程。

（二）教师专业化的基本特征

教师能够运用专门的知识与技能；强调服务的理念和职业伦理；需要经过长期的培养和培训；进行不断的学习与进修；享有专业自治权利；形成坚强的专业团体。

二、教师专业化背景下教师流动的原因

（一）人才市场竞争的客观要求

市场经济条件下，人事制度是一种开放、自由的流动的用人制度。企业是市场的主体，企业将从人才市场中吸收大批人才，来促进企业的改造和发展，人才市场根据社会的需要来进行合理的人才资源配置。教师作为从事教育教学活动的重要力量，教师是传承知识、培养人才的主体。教师也应该适应市场竞争的准则，进行合理的人才资源配置。在教育是一种服务的理念下，教师要提供更优质的教育服务，那么教育行业竞争，教师人才竞争是不可避免的，教师流动也是必然的。

（二）教师队伍结构调整的要求

教师是接受社会的委托，代表国家专门从事教育工作的专业人员。长期以来，教师的任用实行部门所有制，其工资、奖金、福利等一直由国家包办。师范学校毕业就到各级各类学校去从教，并且一次性分配定终身，强求终身从教。理想上是好的，有利于教师队伍的合理安排，有利于教师队伍的相对稳定，实际上导致了教师队伍结构的不合理。许多教师想脱离教育行业，导致许多优秀教师的流失。

（三）合理的教师流动有利于教师队伍结构的优化

教师队伍结构包括学历结构、性别结构、年龄结构、地区结构、级别结构等。2003 年全国普通高校、普通高中、普通初中具有高级职称教师的

比例为39.5%、17.9%、4.9%，普通初中教师具有本科学历的占23%，小学教师具有大专学历的占40.5%。教师的学历结构还不合理，应该鼓励小学、初中、高中、大学等各阶段的教师进行互相流动，促进教师队伍的结构更加合理。

（四）促进教师专业成长的需要

教师“术业有专攻”。教师流动有利于教师的自我实现，有利于教师的终身教育、终身学习。教师要进行职前教育、在职培训，再去适应不同年龄阶段、不同地区的学生的教育教学。教师的流动可以让教师适应能力会更强。日本的教师转任制度就要求教师在一个学校3~5年之后，进行校际转任。教师的流动可以让教师往专业方向发展，促进教师的专业成长。

（五）促进区域间的教育平衡发展

在我国进行工业化、城镇化的过程中，要不断消除城乡差异，实现城乡一体化。建设全面的小康社会需要，教育要实现现代化，要求区域间的教育平衡发展。目前，东西部的差异还比较大，西部地区人才缺失严重。根据甘肃省2003年的调查显示：1998—2002年，133家科研单位调出4986人，调入3054人，调出远远大于调入。在国家进行西部开发的号召下，教师的流动，有利于城乡的互补，有利于东部教育的繁荣，有利于西部教育的发展，有利于促进西部的教育现代化，有利于全国教育的均衡发展。

（六）全球化趋势要求教师的流动

全球化狭义是从孤立的地域国家走向国际社会的过程。从广义上讲是全球经济、文化交流日益发展情况下的世界各国间的影响、合作、互动愈益加深，使得具有共性的文化模式逐渐普及推广成为全球通行标准的状态和趋势。2001年中国加入WTO，中国逐步走入国际社会，中国入世承诺中，除幼儿园教育、军事教育、政治教育以外，初中教育、高中阶段、大学教育、成人教育等都向外开放。要求教师竞争，加大了教师的流动力度。联合国教科文组织认为“应鼓励在国外的学者返回本国工作，也鼓励大学志愿人员自愿到发展中国家的高等院校从事科研工作”。

三、教师流动的管理

（一）在法律政策上，继续完善教师聘任制度

法律要为教师的流动提供保障。严格教师资格证制度。日本在战后采取了“非定向的师范教育”，并且实行《教师资格鉴定合格证书》制度，80年代末又改革为专修、甲、乙三种合格证书制度，进一步规范教师流动，促进教师专业化。虽然我国制定了《教育法》《教师法》《教师资格条例》等法律，但是关于我国教师流动的法律法规还有待完善。

（二）在观念上，树立正确的教师流动观

教师流动是人才流动的重要表现。在市场经济条件下，人力资源进行有效的配置，要求教师进入人才市场的竞争。人才竞争的客观结果是有一部分人上岗，有些人失业、待业。对于待业的教师来说，必须认识到自身的竞争状况，应该进行学习进修、培养与培训。在教师专业化背景下，要改变教师是“铁岗位”的观念，从而树立正确的教师流动观。

（三）建立相应的教师流动机制

教师流动需要建立一个相适应的机构来组织教师的流动，管理教师队伍，以避免教师人才流动时所带来的混乱局面。首先，建立一个教师档案管理机构。在人才市场上进行档案流动管理。其次，建立一个高效的网络信息管理系统。在网上发布招聘信息和录用信息。再次，建立一个再就业培训机构。针对教师人才市场的激烈竞争，对处于劣势的教师进行培训和职业指导。最后，建立一个教师社会福利和保险机构。对于教师的失业社会福利和保险机构要发挥作用，为教师流动提供坚实的后盾。

（四）教育行政部门和学校管理部门要加大力度促进教师流动

教育行政部门要搞好教师人事制度的改革，保障地区的教师的流动正常进行，要采取一些合理的措施来促进教师的流动。1996年《跨世纪人才》第2期介绍了外国人才流动的10种制度：责任制、聘用制、兼职制、辞职制、

交流制、借调制、甄选制、转任制、优惠制、轮换制。教育行政部门可以借鉴外国的人才流动制度制定“本土化”的教师人才流动制度。学校管理部门要搞好教师的选拔、聘用、考核、奖励等工作，加强组织领导，为促进教师的合理流动创造条件。

参考文献

［1］洪哲．论教师流动［J］．教育理论与实践，1995（3）．

［2］孟令熙．教师流动规律及其对教师管理的启示［J］．教师教育研究，2005（5）．

［3］中国教育和科研计算机网．

［4］朱耀廷，等．诸子人才观与现代人才学［M］．北京：中国广播电视出版社，1997.

［5］教育部．中小学教师教育技术能力标准（试行）．

［6］张传燧．教师专业化：传统智慧与现代实践［J］．中国教师，2005（1）．

［7］UNESCO. 世界高等教育会议宣言［J］．教育参考资料，1999（3）．

后　记

本书是笔者在搜集了近 10 年的研究成果基础之上，聚集了 42 篇论文，从文化学、历史学、心理学、评价学、信息学等多视角来进行研究的。

在本书的论文搜集过程中，还有一些没有搜集到本书之中来，主要是考虑到篇幅问题，当然，笔者是尽量将这些论文从这几个角度来进行处理。

在本书的出版过程中，一直得到贵州师范学院副校长郭文教授的关心，在此表示衷心的感谢。

本书的出版得到了贵州师范学院教育发展研究中心主任唐志明教授的关心，在此表示感谢，同时感谢贵州省高等学校人文社会科学基金的资助。

本书的出版离不开中国财富出版社相关同志的努力和付出，特别是策划编辑王淑珍女士的辛勤工作，在此一一表示感谢。

感谢本书中所引用文献的作者。

王中华

2015 年 3 月